提问诸子丛书

黄坤明 主编

提问吕不韦

郭志坤　陈雪良 著

中西書局

图书在版编目（CIP）数据

提问吕不韦/郭志坤，陈雪良著. --上海：中西书局，2012.1
（提问诸子丛书/黄坤明主编）
ISBN 978-7-5475-0325-6

Ⅰ. ①提… Ⅱ. ①郭… Ⅲ. ①吕不韦（？～前235）－人物研究 Ⅳ. ①B229.25

中国版本图书馆CIP数据核字(2011)第234152号

提问诸子丛书
黄坤明 主编
提问吕不韦
郭志坤 陈雪良 著

责任编辑 刘寅春
装帧设计 梁业礼 王轶颀
出版发行 上海文艺出版(集团)有限公司(www.shwenyi.com)
中西書局 (www.zxpress.com.cn)
地　　址 上海市打浦路443号荣科大厦17F(200023)
经　　销 各地新华书店
印　　刷 上海图宇印刷有限公司
开　　本 690×980毫米 1/16
印　　张 10.25
版　　次 2012年1月第1版 2012年1月第1次印刷
书　　号 ISBN 978-7-5475-0325-6/B · 020
定　　价 38.00元

提问诸子丛书

总　序

读诸子百家书，发觉古贤的思维模式有一个显著特点：善于提问。“孔子入太庙，每事问。”（《论语·八佾（yì）》）这个典故是人们熟知的。说孔子来到祭祀周公的太庙，提问频率之高，问题触及面之广，使亲历其境的人们感到惊异：都说孔子知礼，怎么还提问不断呢？面对发问，孔子的回答既简洁又精彩：“是礼也！”其意是讲，我是个善于提问的人，善于提问才使我真正知礼啊！这是发生在孔子早年的事。“三十而立”后的数十年间，无论是教学弟子，还是答问友朋，或者与列国君臣周旋，孔子都喜欢用提问的方式来探求真知。在诸子中，孔子的影响是最大的，用司马迁的话说，是“学者宗之”的。正因为如此，孔子倡导的提问式思维模式影响了一代又一代文人墨客，成为中华文化的好传统。

提问对人来说真是个奇妙的东西，它会使人兴奋，使人坐卧不安，使人有索解的欲望，使人有不倦的探求精神。一个问题解决了，又会有新的问题产生。任何一个人都永远生存于提问和被提问之中。我们完全可以这样说，提问是驱动思想发展的真正的“永动机”。

我们常说，理论始于问题，科学始于问题，我们又何尝不可以说，学习始于问题呢？

我们常说，提出问题往往比解决问题还要难，其价值也往往更大。善于提问，敢于提问，正是孔子等先哲留给我们的一份极为珍贵的遗产。

我们着手策划这套有关前贤先哲的丛书的时候，孔子等先哲倡导的“提问”思维模式一下激活了我们这些后学的思维。先哲们的思想是不朽的。为何不把先哲请到“前台”进行访谈呢？他们的身世如何？他们是怎么生活和学习的？为了传播学说，他们又是怎样远行千里的？说是学习，他们有没有实际意义上的课堂？他们手里捧着的又是何种意义上的“书本”？他们四处游说的学术主旨是什么？……甚至他们穿的服饰、吃的食品、驾的车辆都会在我们的心头形成一个个有情有趣、有滋有味的问题。

有鉴于此，我们将这套丛书取名为“提问诸子丛书”。这里有跨越时空的对话、通俗流畅的语言、富含哲理的剖析、见解独特的解说、图文并茂的装帧、考之有据的典章、实地拍摄的文物图片。我们所做的一切，都是冀望读者能喜欢这套独具特色的图书。

黄坤明

2010 年春于杭州

前　言

吕不韦，在先秦历史上，以至于整部中国文明史上，应该是个极为亮丽的生命符号。

在先秦，有诸多被冠之以“集大成者”的大师级人物，而最配得上这一称号的，看来就是吕不韦了。“兼儒墨，合名法，知国体之有此，见王治之无不贯。”（《汉书·艺文志》）他不只把春秋战国期间数百年间诸子百家的精华采集起来，熔会于一炉，还加以提炼，成之为“王者之治”的精品。说他所著的《吕氏春秋》是一部“古典的王政全书”，毫不为过。

在吕不韦之前，百家人物或力主法治，或倡言德治，吕不韦站了出来，说：“你们说的都对，又都不全对！”他，吕不韦，想奉行的主旨是什么呢？就是“霸王道杂之”。吕不韦把法治与德治糅合起来的治国方略，一用就是两千年。

吕不韦是一个伟大的理想主义者。他说：“天地万物，一人之身也，此之谓大同。”（《吕氏春秋·有始览》）其意是，天地万物虽各异，但像人的身体一样，是一个不可分割的整体，有着“大”的“同一”性。从此，中国文化中增添了一个崭新的、梦一般美好的、引人前瞻的语汇：“天下大同”。作为一种梦境，《礼记》中描述过它，太平天国的英雄好汉们践行过它，康有为在《大同书》的名义下追寻过它，连中国共产党人也认同它。中共领袖毛泽东说过“大同者，吾人之鹄也”，如今建设的是“小康社会”，而“大同之世”是我们的终极目标。

梁漱溟认为：“中国文化是孝的文化。”而《吕氏春秋》在子书中率先征引《孝经》一书，并大加张扬。说吕不韦开了有汉一代“以孝治天下”的先河，并不过誉。

就文化领域来说，吕不韦也功不可没。称司马迁是中国的“史学之父”，他的煌煌巨著《史记》稳踞“二十四史之首”，那是谁都不会怀疑的。可是，又有谁知道，司马迁的鸿篇钜制却是取法于吕氏《春秋》的。清代文史大家章学诚明确而肯定地说：“吕氏之书，盖司马迁之所法也。十二本纪仿十二月纪，八书仿八览，七十列传仿六论，则亦微有所以折衷是也。”“折衷”云云，变通也。“法”与“仿”是基本的，“折衷”只是“微有”而已。

伟哉吕子，历史是不会忘记这样一位两千多年前的巨子的。

郭志坤　陈雪良

2011 年 4 月

目　录

第一章

弃商从政

商人？不就是被大政治家管仲按“士、农、工、商”序列排在末位的商贾么？在战乱频仍的春秋战国时期，那些“天下熙熙，皆为利来；天下攘攘，皆为利往”的商人，能有多大的能耐和作为呢？

不！想当年，就是在兵连祸接的中华大地上，有几多腰缠万贯的大商巨贾，他们迎着呛人的火药味，冒着生命的危险，纵横天下，结驷连骑地活跃在列国的大城小邑。他们或以巨富显世，敢与王者埒富；或与权贵联袂，“束帛之币以聘享诸侯”（《史记·货殖列传》）。吕不韦就是战国时期庞大的商人群体中出类拔萃的一员。

我们不敢妄断吕不韦是出生于一个世代商贾的家庭之中，但是，有一点可以肯定，他的父亲是个商人，而且是个见过大世面、有过大阅历的商人。从现有的史料看，吕父带着他的儿子至少周旋于卫、魏、赵、秦等国之间，一面是经商，一面又与那里的上层社会有着经济、政治，乃至文化的某种联系。当然，吕父主要的活动还在于经商，即使与各国权贵间有某些人脉交往，从主观意愿上看，还是为了赚钱和谋利。而在其父羽翼下渐渐成长起来的吕不韦却青出于蓝而胜于蓝，他大胆地迈出了弃商从政这一步。通过与秦在赵国为质的异人的交情，一步步登上了秦国权力的峰巅……

一问

在研究先生您的生平的诸多作品中，著名学者林剑鸣的《吕不韦传》是功力独具的。他在这部传记中一开头依据《史记》以及有关史料作了一大段文学性的场景描述，十分精彩。严肃的学术专著，一开头就这样大段的场景描写，您觉得有必要吗？读罢，人们一定会问：当年的华北大地为何气氛那样“凝重肃杀”？而商人打扮的年青人为何又是那样的“踌躇满志”？这些，您能作答吗？

吕不韦

吕答：我觉得，学者林剑鸣的描述是神来之笔。优美细腻的文学笔法背后隐伏着的是严肃而凝重的时代风云。可以说，当时大国争霸的形势尽在不言中了。

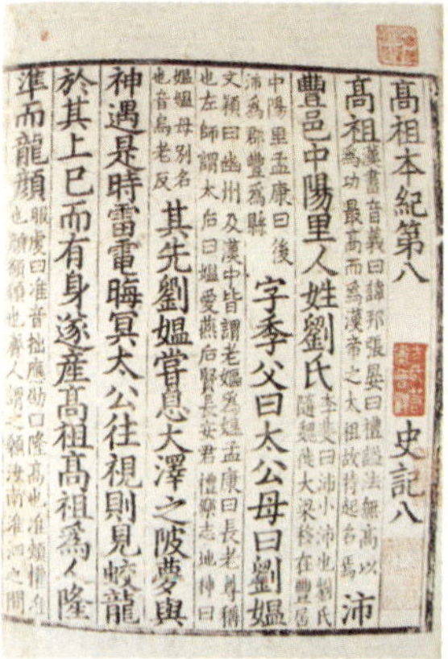
高祖本紀第八　史記八
高祖（漢書音義曰諱邦張晏曰禮謚法無高以為功最高而為漢帝之太祖故特起名焉）沛豐邑中陽里人姓劉氏（李斐曰沛小沛也劉氏隨魏徙大梁移在豐居中陽里孟康曰後沛為郡而豐為縣）字季父曰太公母曰劉媼（文穎曰幽州及漢中皆謂老嫗為媼孟康曰長老尊稱也左師謂太后曰媼愛燕后賢於長安君禮樂志地神曰媼媼母別名也音烏老反）其先劉媼嘗息大澤之陂夢與神遇是時雷電晦冥太公往視則見蛟龍於其上已而有身遂產高祖高祖為人隆準而龍顏（服虔曰准音拙應劭曰隆高也准頰權準也顏額顙也齊人謂之顙汝南淮泗之間……）

《史记》（宋代刻本）书影

要问当时华北大地气氛为何那样“凝重肃杀”吗？要知道，在距今两千六百多年前的春秋时代，中华大地上有140余国。经过长期的争斗，到战国时期，只剩下了十余国，能在政治军事舞台上角逐的只有齐、楚、燕、韩、赵、魏、秦七国，世称“战国七雄”。到公元前三世纪时，情势大变。地处中原的韩、赵、魏三国都已衰弱。曾经号称“东帝”的齐国，在公元前284年经秦国为首的韩、赵、魏、燕、秦五国联军重拳一击，几至亡国。公元前260年长平一战，赵国40万士兵被坑，再也无法与秦抗衡了。此时，秦国独强的局面已经形成，对山东六国来说，形势哪有不“凝重肃杀”之理？而在如此凝重到让人窒息的氛围中，我吕不韦，作为一个年轻的商贾，仍然“踌躇满志”地行进在邯郸的驿道上，那定然是与山东六国的败亡命运无涉了。如果我与六国王室的命运有什么瓜葛的话，我是怎么也轻松不起来的。

《吕不韦传》书影

这里想插问一下您的生年。人是在时间和空间中生存的，如果连生年都闹不清，那事情就不好办，很多问题就说不清。介绍人物总得让人明白最基本的“某某，某年某月生”。《史记·吕不韦列传》给了后人这样一个信息：“当是时，魏有信陵君，楚有春申君，赵有平原君，齐有孟尝君，皆下士喜宾客以相倾。”既然是“当是时”，那就明白无误地告诉人们，您是与战国“四君子”同时代的人。不过那样还不够具体，有无更具体、更可靠的生年时间可以确定呢？

司马迁像

吕答：我的一生与秦王政有着千丝万缕的联系，最可靠的是按秦王政的生年推定我的生年。秦王政是生于公元前259年（秦昭王四十八年正月）的，这是史有明文的，那么，可以作这样的推算：如果秦王政生时，我是25岁，那么我的生年当是公元前284年了。这个年代很好记，正是秦为首的联军将“东帝”齐国打得永世不得翻身的那一年，而当秦国把另一强国赵国在“长平大战”中打得落花流水之时，我已25岁了。有了这样的时间座标，我一生的作为都有较为准确的时间依托了。

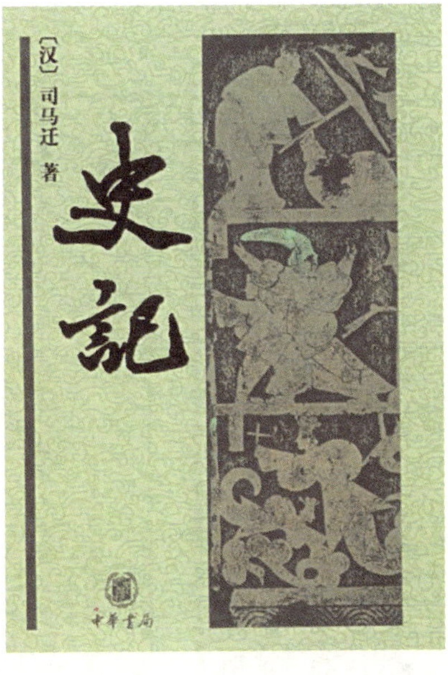

《史记》（中华书局出版）书影

三问

据我们所知，您是古代一个极有声望的家族的后代，其祖先可以追溯到传说中的炎帝时代。作为炎帝之裔、伯夷之后，您的先祖因有功而封于吕地（今河南南阳一带），从此以吕为姓。在中国历史上以周文王师和《太公兵法》闻世的姜太公吕尚，就是您的800年前的远祖。后来，吕尚因功封于齐，而吕姓集中居住的吕地，在周初仍被封为吕国。不论从吕尚的齐国看，还是从地在三晋的吕国看，到您来到人世时，都属行将灭亡的六国的地域范围。自己的母国行将灭亡，您怎么会那样的悠闲自在、视若无睹呢？

吕不韦

吕答：我在《吕氏春秋·遇合》篇中说过这样的话："凡遇，合也。时不合，必待合而后行。故比翼之鸟死乎木，比目之鱼死乎海。"我是说，凡是双方视为知遇的，那是因为合得来。如果一时合不来，那只能等到合得来再行动了。比翼鸟没有合伴就宁愿死在树上，比目鱼找不到好伴侣宁愿死在海里。这里强调的是一个"合"字。我的意思是，在六国那里找不到能"合"的君主的话，就到别处去找，"必待合而后行"，我寻觅着。不知大家注意到没有，我在《吕氏春秋》中多用"天下"一词，我在寻找"合"时，并不限于故国，我的目标是"天下"。

吕尚像

吕尚，姜姓，名尚，字子牙，其先祖伯夷掌管四岳有功，封于吕（今河南宛县），子孙以封地为氏，故名吕尚。

《吕氏春秋·遇合》书影

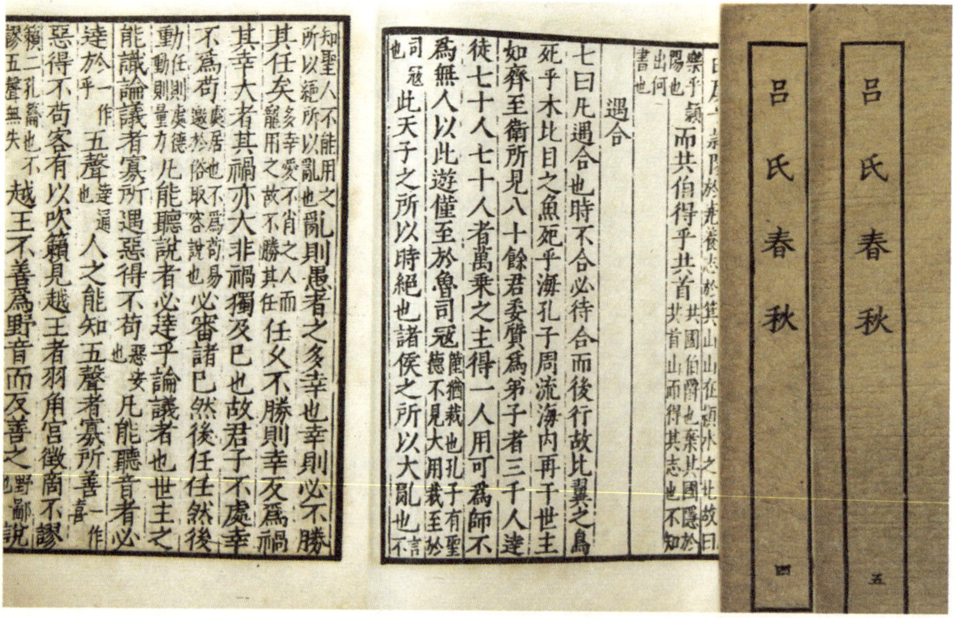

遇合

七曰凡遇合也時不合必待合而後行故比翼之鳥死乎木比目之魚死乎海孔子周流海内再干世主如齊至衛所見八十餘君委質爲弟子者三千人達徒七十人七十人者萬乘之主得一人用可爲師不爲無人以此遊僅至於魯司寇此天子之所以時絶也諸侯之所以大亂也

亂則愚者之多幸也幸則必不勝其任矣任久不勝則幸反爲禍其幸大者其禍亦大非禍獨及已也故君子不處幸不爲苟必審諸已然後任任然後動凡能聽說者必達乎論議者也世主之能識論議者寡所遇惡得不苟凡能聽音者必達於五聲人之能知五聲者寡所善惡得不苟客有以吹籟見越王者羽角宮徵商不繆越王不善爲野音而反善之

上面说到的吕地和齐地，那是祖上的吕姓所在地。后来，吕国也灭亡了，齐国也只是吕尚带过去的一脉。更多的吕姓人氏流落到了他方。您的里籍在哪里呢？这似乎是个谜。《史记》称：“吕不韦者，阳翟大贾也。”（《吕不韦列传》）而《战国策》则说：“濮阳人吕不韦贾于邯郸。”（《秦策五》）洪家义在《吕不韦评传》中依据上述史料作出这样的结论：“作为商人，迁居是常有的事。《史记》说的可能是原籍，而《战国策》说的可能是新居。”您以为此说然否？

吕答：其实，《史记》与《战国策》各有各的讲法，说的根本不是一回事，而洪家义先生的论断刚好把意思弄反了。《战国策》讲的是我吕不韦的籍贯，即祖籍，“濮阳人吕不韦贾于邯郸。”意思是明确的，说我的祖籍在濮阳，只是后来在邯郸行商，语气肯定，语意明确。而《史记》写的是我早年的经营生涯，“吕不韦者，阳翟大贾人也。往来贩贱卖贵，家累千金。”这是作为一个商人原始积累的过程，通过阳翟地区商场上的一番拼博，我成了一个“家累千金”的大商人。作为大贾，我是属于阳翟的。正如后人讲华侨旗帜陈嘉庚先生是南洋巨商，可不等于说他的籍贯在南洋，其实他是福建人。

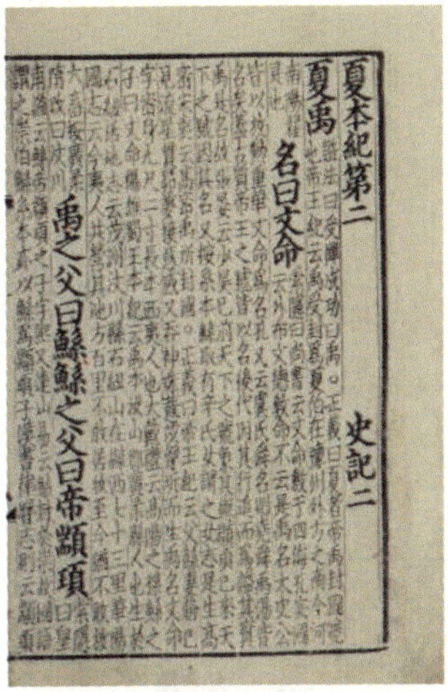
夏本紀第二　史記二
夏禹　名曰文命
禹之父曰鯀鯀之父曰帝顓頊

《史记》书影

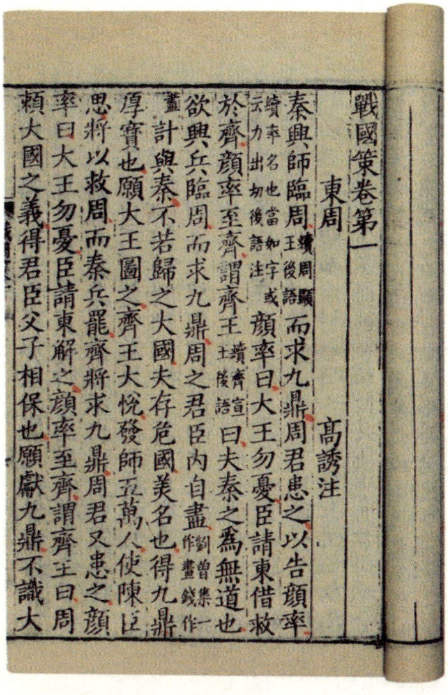
戰國策卷第一
東周　高誘注
秦興師臨周而求九鼎周君患之以告顏率
顏率曰大王勿憂臣請東借救
於齊顏率至齊謂齊王曰夫秦之為無道也
欲興兵臨周而求九鼎周之君臣內自畫
畫計與秦不若歸之大國夫存危國美名也得九鼎
厚寶也願大王圖之齊王大悅發師五萬人使陳臣
思將以救周而秦兵罷齊將求九鼎周君又患之顏
率曰大王勿憂臣請東解之顏率至齊謂齊王曰周
賴大國之義得君臣父子相保也願獻九鼎不識大

《战国策》书影

《战国策》是中国古代的一部国别体史书，主要记载战国时期谋臣策士纵横捭阖的斗争。全书依次分国编写，分为12策，所载历史，上起前490年智伯灭范氏，下至前221年高渐离以筑击秦始皇，为先秦历史影响最大，散文成就最高的著作之一。

五问

吕不韦

我们明白了，您是身为濮阳（今河南濮阳西南）人的。据我们所知，濮阳可是个商业味极浓的大去处。濮阳实际上就是古帝丘，相传古帝颛顼（黄帝之孙）死后即葬于此。在悠久的历史过程中，濮阳的商业经济得到了巨大的发展，逐步成为中原水陆交通的中心之一。这对于您日后成为一个大商贾很有影响吧？

帝颛顼像

吕答：这种影响是当然的。但是，学者们往往忘记了经济之外的其他一些要素。濮阳与中原另一水陆交通枢纽陶（今山东定陶）相距只百里。“朱公（即范蠡）以为陶天下之中，诸侯四通，货物所交易也。”（《史记·货殖列传》）春秋时期的陶朱公范蠡即在此“三致千金”的。定陶的兴盛，促成了濮阳的繁荣。濮阳属卫国，因此又简称卫。当时人乐于“陶、卫”并称。说我生于濮阳对我日后的商人气质有影响，一点也不假。

但是，还有一点是更为重要的。就在我青少年时期，秦国攻占了原属于宋国的定陶，将其纳入了秦国的版图。定陶与秦本土不连接，中间隔着个魏国（卫已并入魏）。过往秦本土与定陶之间，必取道濮阳，秦文化也渐次渗入到濮阳地区，也融入了我这少年人的心田。这样，我就会兼具秦魏两种文化，眼界之开阔也非他地人士可比了。后来陶地成了秦大臣魏冉的封地，这又给我与魏冉之间的交往架起了一座天然的桥梁。后来我选择魏冉之弟华阳君的女儿华阳夫人作为政治跳板与秦王室交往，这也是与地缘关系的亲近有关的吧！这当然是后话了。

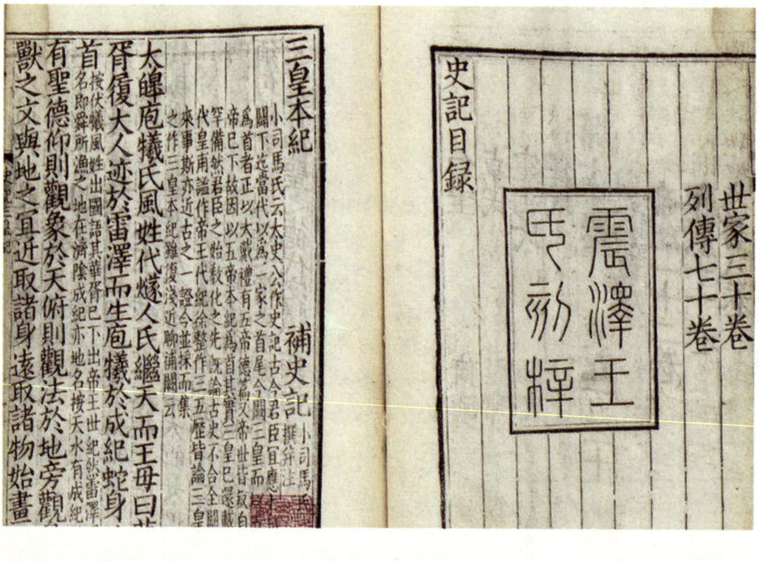

《史记·三皇本纪》（司马贞补撰）书影

夏禹像

您早年经商致富的地方是阳翟（今河南禹州）。阳翟既是商业要冲之地，又是文化名城。它是古夏禹国的所在地，有着诸多夏禹治水的传说和遗址。阳翟是当时最有名的瓷都，后来又一度是韩国的国都。您选择阳翟作为经商致富的第一站，是否就是冲着那里的瓷品交易而去的？

吕答：这当然是重要的原因之一。我那时就有诸多夏禹治水的传说。要知道，对我们那个时代的人来说，陶瓷对人们的日常生活非常重要。我的故乡濮阳与阳翟只有百里之遥，我到那里去贩卖陶瓷，比起远道而来者来说，有着极大的地利优势。可能我父亲的经商发家地就在阳翟也说不定，我只是继承了父亲的经商道路罢了。还有一层，也许是更重要的。阳翟在地域上更偏西，是韩国与秦国犬牙交互的地方。因此，那里虽属韩地，却有着更多的秦风。我的到那里去经商，是可以接受更多的秦文化的。

夏禹治水雕像

禹，姒姓夏后氏，名文命，号禹，后世尊称大禹。相传禹治黄河水患有功，受舜禅让继帝位。禹是夏朝的第一位天子，因此后人也称他为夏禹。是与尧、舜齐名的贤圣帝王。

《史记》和《战国策》谈到您早年的行踪时，都提到了三处：一是濮阳，二是阳翟，三是邯郸。这三地分属三晋：濮阳属魏，阳翟属韩，邯郸属赵。这本身就说明您这个大商贾实际上实施的是当时的国际贸易。阳翟离您的故土濮阳只百里之遥，而邯郸则远在千里之外了，您为何舍近而求远，到那么远的邯郸去经商呢？

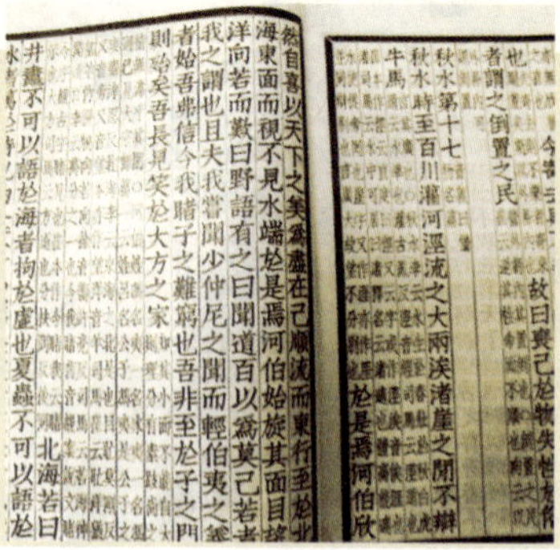

《庄子·秋水》书影

吕答：在当时，邯郸确是个好去处。邯郸的繁华，那是濮阳、阳翟都不能比拟的。这座赵国的首都始建于公元前386年（赵敬侯元年），到我那时已有百年的历史。这里不仅是赵国的经济、政治、文化中心，而且可以南通郑、卫（今河南境内），北接燕、涿（今北京市附近），东连齐、鲁（今山东境内），无疑是各诸侯国中最大的商业城市。邯郸城规模宏大，这里有金碧辉煌的宫殿，有开阔的通衢大道，有时髦而美艳的女子，有姿式优美地步行在大街上的男子。《庄子·秋水》篇中说到，当时远道而来的风流少年，看到邯郸人走路姿势那样优美，刻意仿照，结果回去路都不会走了，只好爬着回去。虽说是寓言类的故事，但多少也反映那儿的实况。当时虽是战乱岁月，但是人们的趋时心态一点也没减弱。作为好冒险的青年商人来说，我哪有不到邯郸去之理？

孙复像

孙复，北宋官吏、学者。举进士不第，遂长期退居泰山讲学，被称“泰山先生”。他力学不辍，饱读六经。《吕氏春秋》中的《劝学》、《诬徒》、《尊师》、《善学》诸篇所反映的尊师重教思想对孙复影响极为深刻，他说：“太学者，教化之本根，礼义之渊薮也。王道之所由兴，人伦之所由正。”仁宗时为范仲淹所荐，诏命为国事监直讲，宋仁宗对之甚为礼敬。

从一些史料看，您从少年起，思想就是比较开放的。据说，邯郸的文化气象大大吸引着您。当时的齐国以稷下学派著称，主要是儒家和阴阳五行学派。三晋地区有儒家，也有法家。秦国是一贯坚持法家传统，一直到秦昭王时代还是处于“无儒”状态。唯有赵国的邯郸，是包罗百家的，这是否也是吸引您的重要原因?

稷下学宫遗址

吕答：这应该说是一个很重要的原因。赵国的邯郸的包罗百家，使我太向往了。当时儒家的主流之一是荀子学派。荀子是赵国人，他的主要活动范围就在赵国。特别有意思的是，荀况在赵国邯郸的时候，也刚巧是我吕不韦与异人在邯郸的那几年。法家的集大成者韩非和法家学说的践行者李斯，都在邯郸生活过。著名的名家代表人物公孙龙子，就是赵国平原君赵胜的门客。其他如道家、墨家的代表人物也常来到邯郸讲学。这里是杂家的发祥地。这对我后来成为大杂家不能不说是有影响的。

荀子雕像

荀子，名况，字卿，因“荀”与“孙”两字古音相通，故又称孙卿。著名思想家、文学家、政治家，曾三次出任齐国稷下学宫的祭酒，后为楚兰陵（今山东兰陵）令。他提倡“性恶论”，常被与孟子的“性善论”比较。对重整儒家典籍有相当的贡献。

您何时开始“贾于邯郸”，也是学者们感兴趣的。学者们经过研究，趋于比较一致的意见是，大约在公元前 265 年到公元前 264 年您到了邯郸，那时您的年岁当在 20 岁上下。陈雪良在《吕子答客问》一本书中也作这样的推断。这有道理吗?

《吕子答客问》（陈雪良撰）书影

吕答：有道理。如果再晚，当时的国际条件也不允许我吕不韦前行了。公元前265~264 年之间，当时秦与韩、赵之间有一段相对平静的时间，交通也相对畅通。可到了公元前263 年，情形就大变了。这一年，秦攻取了韩之南阳，这样，韩与上党之间的交通就隔绝了。第二年，秦完全封闭了韩与上党之间的交通线。公元前260 年，秦赵“长平之战”，秦完全占领了上党郡，使赵国遭受了毁灭性的打击，加速了秦统一中国的进程。我抓住了一个好时机，在交通要道没有完全断绝之前来到了邯郸。

长平之战遗址

在《战国策·秦策五》中，实录有一则著名的“父子论利”的历史掌故，不妨照录于此：“濮阳人吕不韦贾于邯郸，见秦质子异人。归而谓父曰：‘耕田之利几倍？’曰：‘十倍。’‘珠玉之赢几倍？’曰：‘百倍。’‘立国家之主赢几倍？’曰：‘无数。’曰：‘今力田疾作，不得暖衣余食。今建国立君，泽可以遗世，愿往事之。’”请问：这一历史掌故告诉了我们一些什么呢？

刘向像

刘向，西汉经学家、目录学家、文学家。著有《谏营昌陵疏》和《战国策叙录》等。

《说苑》书影

《说苑》是西汉著名学者刘向根据皇家藏书和民间图籍，按类编辑的先秦至西汉的一些历史故事和传说，并夹有作者的议论。书中多次称引《吕氏春秋》，借题发挥，含有自己的政治思想和道德观念，很有哲理性。

吕答：这一历史掌故的真实性是不容置疑的。在刘向《说苑》等都有涉及。大致的情形是这样的：是我到了邯郸后，通过某种渠道找到了秦在赵的质子异人，并与之进行了一番交谈，总体的感觉是“此奇货可居也”。但是，对此等大事，我吕不韦还不太有底，于是又兴冲冲地不远千里回家向父亲求教。应该说，这次求教是成功的，当听到父亲说“立国家之主其利无数”时，我马上下了决心，“愿往事之”，意思是说：好吧，这“建国立君”的事儿，我就铁了心干定了！

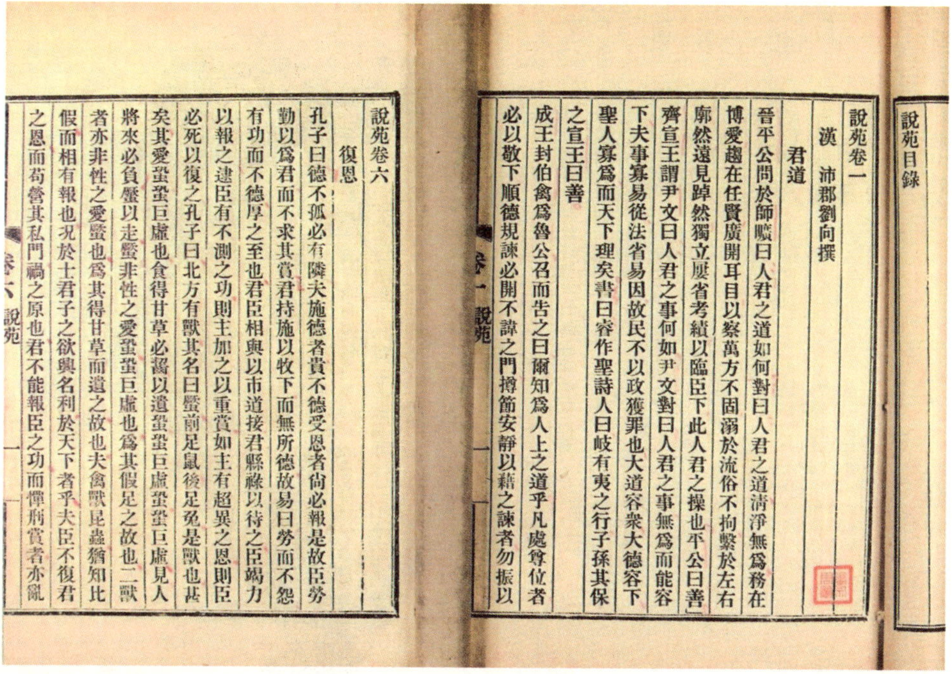

說苑目錄

說苑卷一

漢　沛郡劉向撰

君道

晉平公問於師曠曰人君之道如何對曰人君之道淸淨無爲務在博愛趨在任賢廣開耳目以察萬方不固溺於流俗不拘繫於左右廓然遠見踔然獨立屢省考績以臨臣下此人君之操也平公曰善

齊宣王謂尹文曰人君之事何如尹文對曰人君之事無爲而能容下夫事寡易從法省易因故民不以政獲罪也大道容衆大德容下聖人寡爲而天下理矣書曰睿作聖詩人曰岐有夷之行子孫其保之宣王曰善

成王封伯禽爲魯公召而告之曰爾知爲人上之道乎凡處尊位者必以敬下順德規諫必開不諱之門撙節安靜以藉之諫者勿振以

卷一　說苑

說苑卷六

復恩

孔子曰德不孤必有隣夫施德者貴不德受恩者尙必報是故臣勞勤以爲君而不求其賞君持施以牧下而無所德故易曰勞而不怨有功而不德厚之至也君臣相與以市道接君縣祿以待之臣竭力以報之逮臣有不測之功則主加之以重賞如主有超異之恩則臣必死以復之孔子曰北方有獸其名曰蟨前足鼠後足兔是獸也甚矣其愛蛩蛩巨虛也食得甘草必齧以遺蛩蛩巨虛蛩蛩巨虛見人將來必負蟨以走蟨非性之愛蛩蛩巨虛也爲其假足之故也二獸者亦非性之愛蟨也爲其得甘草而遺之故也夫禽獸昆蟲猶知比假而相有報也況於士君子之欲與名利於天下者乎夫臣不復君之恩而苟營其私門禍之原也君不能報臣之功而憚刑賞者亦亂

卷六　說苑

十一问

吕不韦

问题在于，“建国立君”是一个十分宽泛的词儿，为哪个国家都可以“建国立君”，比如说您的母国，还有您经商所在的赵国，不都可以帮他们“建国立君”吗，南宋文学家洪迈对您也提出疑问，为何非得选定秦国呢？

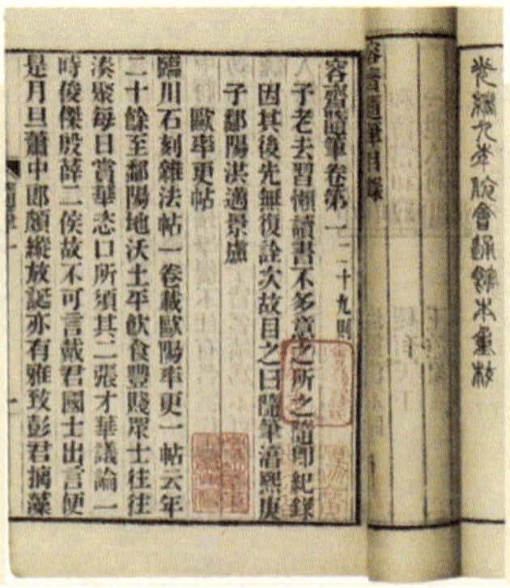
容齋隨筆卷第一 二十九則
予老去習懶讀書不多意之所之隨即紀錄
因其後先無復詮次故目之曰隨筆淳熙庚
子鄱陽洪邁景盧
歐率更帖
臨川石刻雜法帖一卷載歐陽率更一帖云年
二十餘至鄱陽地沃土平飲食豐賤衆士往往
湊聚每日賞華恣口所須其二張才華議論一
時俊傑殷薛二侯故不可言戴君國士出言便
是月旦蕭中郎頗縱放誕亦有雅致彭君摛藻

《容斋随笔》书影

吕答：请注意，我这里不是泛泛地在谈“建国立君”，我是在论“利”的前提下讨论这个话题的。说白了，我谈“建国立君”，与儒家是大不同的，儒家大谈忠君爱国，而我不管谈“建国”也好，“立君”也好，都是从“利”出发的。在我生活的那个时代，卫国日衰一日，卫国国君从“公”爵被贬为“侯”爵，又从“侯”爵贬为“君”爵，国土也小得可怜，这样的国怎么“建”得了？立那样的君，有何“利”可图？再拿赵国来说，长平一战，一败涂地，赵国王室内乱不已，一副亡国景象，还谈得上什么建国立君？唯一有希望的就是秦国。从我商人的观念看，只有把资本投在秦国头上，才可以有“无数”的利可收获，甚至世代受益。

吕祖谦像

吕祖谦，南宋著名的理学大家之一，官至秘书郎。他所创立的“婺学”，是当时颇具影响的学派之一。他对道家思想进行抨击的同时，还仿吕不韦对其加以兼容并予以改造而利用之。学者认为其居安思危的忧患意识，虽源自《周易》，但也与老庄的思想精神是相通的。画像藏台北故宫博物院。

为秦国“建国立君”也可以，又为何一定要选在赵的秦质子异人呢？这里是否受到白圭经营思想的影响？您说那是“奇货可居”，您又有什么凭证可以让人信服，抓住异人其人，他就一定可以成为您手中的“奇货”吗？

白圭像

吕答：应该说多少受到白圭“人弃我取，人取我与”思想的影响。说是“奇货可居”，这当然首先建筑在对秦国王室内情的深切了解基础上。秦昭王是秦国历史上执掌权柄最长的一位国君，在位时间为56年。他的晚年，太子死，就让次子安国君为太子。安国君有一个爱姬，号为华阳夫人。华阳夫人得到安国君的恩宠，又有权又有势，就是有一样最大的不满意，没有自己的亲生儿子。安国君生有二十多个儿子，其中有一个失宠的夏姬生的儿子叫异人。因为母亲失宠，他就在十四岁时被送往赵国为质。这些情况我是通过秦相魏冉之弟华阳君了解得一清二楚。了解了情况后，接下来就是以策略取胜了。被称为“治生之祖”的白圭不是说吗，“吾治生产，犹伊尹、吕尚之谋，孙吴用兵，商鞅行法是也”。一个高明的商人，搞政治也是有谋有略的。

白圭庙一角

白圭，先秦时商业经营思想家，也是一位著名的经济谋略家，他通过观察市场行情和年成丰歉的变化，奉行“人弃我取，人取我与”的经营方法。吕不韦深受白圭思想影响。

十三问

据史书记载，您弃商从政的第一谋略是直面异人。在秦赵交恶的情形下，异人的日子不好过。他作为秦质被安顿在邯郸郊外的一个贫民窟中。那里生活条件极差，没有贵族子弟所拥有的车马，连吃穿都不周，所谓“车乘进用不饶，居处困，不得意”（《史记·吕不韦列传》）您好不容易找到了他。请问：您是用什么方法打动这位落难王孙的？

吕不韦

吕答：我的直面异人，就是要说服异人，打动异人。我是紧紧扣住“不得意”三字做足文章。《太平御览》也辑有此事。我当时告诉异人，你父亲有二十多个儿子，为何别人都不去为“质”，而你偏偏沦落为赵国的人质呢？就因为你母亲是个被你父亲遗弃的女人，而当今最受宠的是华阳夫人，她除了没有亲生儿子之外什么都顺当。如果你不抓住华阳夫人这根救命稻草，那昭王一旦亡故，你将会更加“不得意”。要跳出“不得意”的怪圈，只有通过种种关系，去认华阳夫人为母，让她立你为“嫡嗣”。而这点上，唯一能帮上忙的就是我吕不韦了。异人听了这话，又兴奋，又感激，打躬作揖说：“必如君策，请得分秦国与君共之。”（《史记·吕不韦列传》）这话正是我最想听到的。我的直面异人的目的完全达到了。

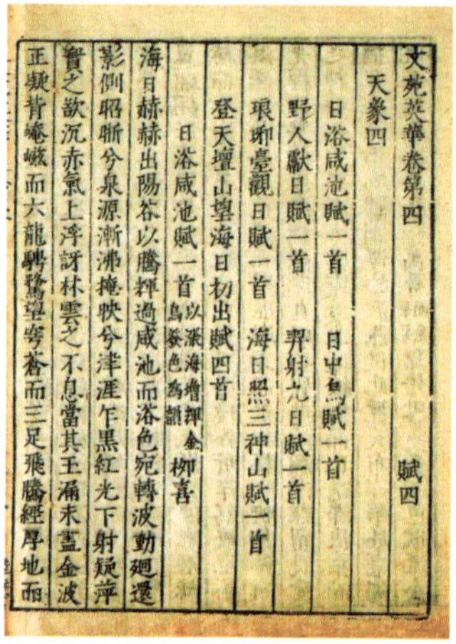

文苑英華卷第四　賦四
天象四
日浴咸池賦一首　日中烏賦一首
野人獻日賦一首　羿射九日賦一首
琅邪臺觀日賦一首　海日照三神山賦一首
登天壇山望海日初出賦四首
日浴咸池賦一首 以溟海增輝金烏發色為韻　柳喜
海日赫赫出陽谷以騰輝過咸池而浴色宛轉波動迴還
影倒昭晰兮泉源漸沸掩映兮津涯乍黑紅光下射疑萍
實之欲沉赤氣上浮訝林雲之不息當其王濔未盡金波
正輝背崦嵫而六龍騁騖望穹蒼而三足飛騰經厚地而

李昉《文苑英华》书影

李昉，宋代著名学者，宋初为中书舍人。宋太宗时任参知政事、平章事。参与编纂《太平御览》。

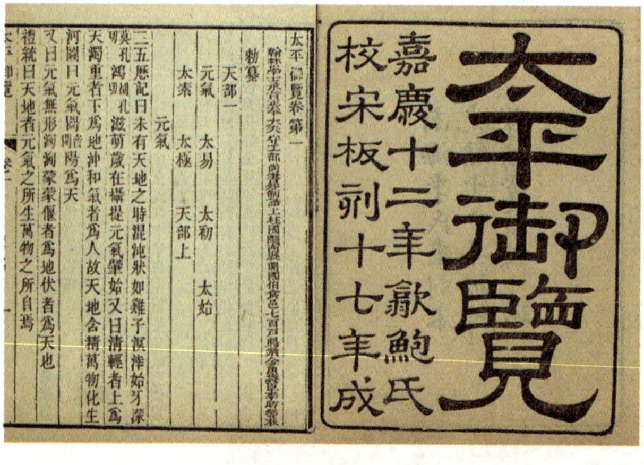

太平御覽
嘉慶十二年歙鮑氏
校宋板剞十七年成

太平御覽卷第一
天部一
元氣　太易　太初　太始
太素　太極　天部上
元氣
三五歷記曰未有天地之時混沌狀如雞子溟涬始牙濛鴻滋萌歲在攝提元氣肇始又曰清輕者上為天濁重者下為地沖和氣者為人故天地含精萬物化生
河圖曰元氣闓陽為天
又曰元氣無形洶洶蒙蒙偃者為地伏者為天也
禮統曰天地者元氣之所生萬物之所自焉

《太平御览》书影

《太平御览》是宋代著名的类书，为北宋李昉等学者奉敕编纂。书成之后，宋太宗日览三卷，一岁而读周，故更名为《太平御览》。书中共引用古书一千多种，保存了大量宋以前的文献资料，全书以天、地、人、事、物为序，分成五十五部，可谓包罗古今万象。梁启超认为，此书编纂之方法及体裁，皆本于《吕氏春秋》。

说服异人，并获取异人“分秦国与君共之”的承诺，那只是成功的第一步。更艰难的是要以更为高明的谋略，让大权在握的华阳夫人进入您设定的圈套。据相关史料所载，您是通过秦相魏冉之弟华阳君这条线路打入秦王室的核心圈的。华阳君有两个女儿，小女儿就是风头正劲的华阳夫人。为了保险起见，您找到了比较熟悉也比较好讲话的华阳夫人之姐，让她传递经过您精心加工了的异人的信息，最后竟打动了华阳夫人。我们很想知道，您在说服华阳夫人时，又是取何谋略？

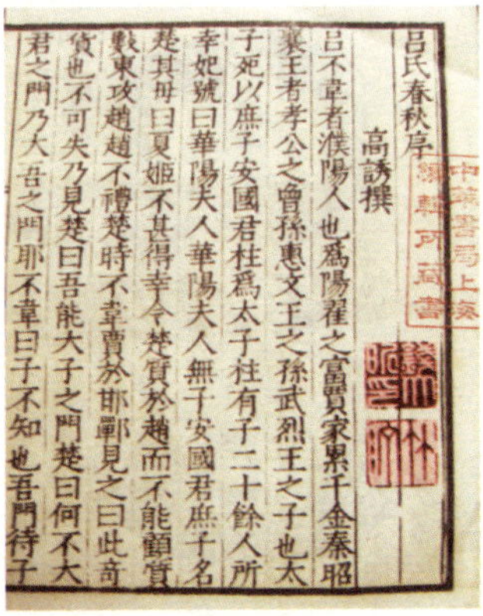
呂氏春秋序　高誘撰
呂不韋者濮陽人也爲陽翟之富賈家累千金秦昭
襄王孝公之曾孫惠文王之孫武烈王之子也太
子死以庶子安國君柱爲太子柱有子二十餘人所
幸妃號曰華陽夫人華陽夫人無子安國君庶子名
楚其母曰夏姬不甚得幸令楚質於趙而不能顧質
數東攻趙趙不禮楚時不韋賈於邯鄲見之曰此奇
貨也不可失乃見楚曰吾能大子之門楚曰何不大
君之門乃大吾之門耶不韋曰子不知也吾門待子

《吕氏春秋》书影

吕答：有关此事，在《史记·吕不韦列传》有详尽的描述。对华阳夫人，我用的谋略可以用“利诱”两个字概括。我深知华阳夫人爱财，就投其所好，“皆以其物献华阳夫人”，以取得她的好感。接着，着力于美化异人，说异人是如何如何的“日夜泣思太子及夫人”，说异人是如何如何的贤智，“结诸侯宾客偏天下”，说得天花乱坠。当时秦赵间正处于战争状态，谁都无法查证我说的话是真是假。我那样一说，华阳夫人果然信以为真。更重要的是，我强调，如将异人定为嫡嗣，“夫在则重尊，夫百岁之后，所子者为王，终不失势，此所谓一言而万世之利也”。最后我告诉她，这是她“竟世有宠于秦”的不二法门。我对她说，不这样，当你“色衰爱弛后，虽欲开一语，尚可得乎？”(《史记·吕不韦列传》)这样正反两面以“利诱”观说之，使华阳夫人顿时省悟。她与安国君一商议，决计立异人为嫡嗣，“厚瑰遗子楚，而请吕不韦傅之”。至此，我的“奇货可居”的目标可算是达到了一半。

《先秦诸子系年》书影

对于秦始皇为吕不韦私生子之说，钱穆不相信，他作了大量的证明，在《先秦诸子系年考辨·春申君见杀考》中说：“战国晚年，有两事相似而甚奇者，则吕不韦之子秦始皇政，而黄歇之子为楚幽王悍是也。然细考之，殆均出好事者为之，无足信者。”

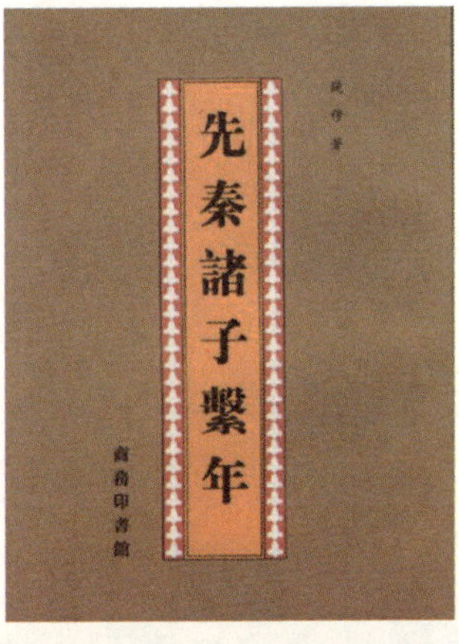

十五问

您走的第三步是影响中国历史进程和走向的“欲以钓奇”，那简直是一步险棋。《史记》上是这样记述的：“吕不韦取邯郸诸姬绝好善舞者与居，知有身。子楚从不韦饮，见而说之，因起为寿，请之。吕不韦怒，念业已破家为子楚，欲以钓奇，乃遂献其姬。姬自匿有身，至大期时，生子政。子楚遂立姬为夫人。”对此，世间颇多微词，有人以为，这乃“不韦病也”（黄震：《黄氏日钞》），意思是这是吕不韦的抹不掉的毛病和耻辱。但后世也有人为您辩解，说这是一种政治智慧，对此，先生能说些什么呢？

吕不韋

吕答：我建议，“以吕易嬴”的故事，可以与《春申君列传》中的李园女弟幸于春申君后，“知其有身”，乃进献于楚王，“遂生子男，立为太子”的故事对照着读。两个故事如出一辙，一样的时代背景，一样的故事情节，都是将“知有身”的爱妾献于王，实际上以自己的血脉替代王家血脉，以巩固自身的地位。说这是“阴谋”，当然是；说这是“政治智慧”，也没有什么错。对一切统治阶级来说，婚姻是一种政治行为。关键之处在于，这种政治行为是顺历史潮流还是逆历史潮流。战国末年，由秦统一全国已成必然之势。在这种情势下，我吕不韦“投机”于秦之落难公子，用献“知有身”的爱妾的手法，敲开“太子之门”，有什么不可呢？事实证明，我“以吕易嬴”留下的血脉嬴政（司马迁称之为“吕政”）是对中国历史作出大贡献的，这一点就是我最大的安慰了。

黄震像

黄震，南宋官员，参与修纂宁宗、理宗两朝《国史》、《实录》等。学宗朱熹，兼综叶适“功利之学”，主张经世致用，反对空谈义理，著有《春秋集解》、《礼记集解》、《黄氏日钞》(后收入《四库全书》)、《古今纪要》等。

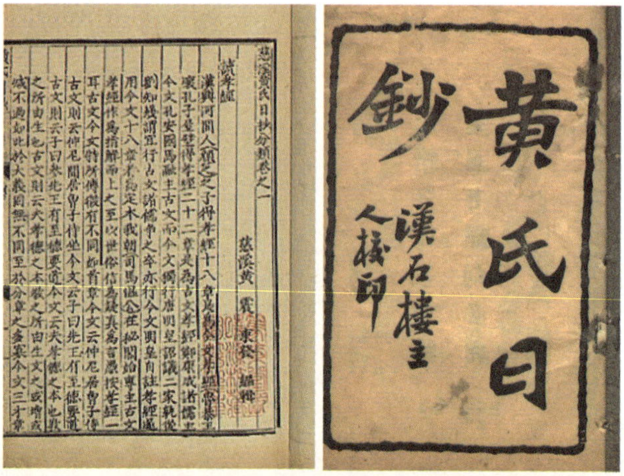

《黄氏日钞》书影

在《史记》中，有“至大期，生子政”一语。后世的学者在“大期”上煞费了苦心。有的说，“大期”，就是十二个月。异人娶赵姬十二个月后才生下嬴政，可见那是异人的血脉。有的学者不同意这种说法，认为太史公用的是曲笔，用“大期”一语，实际上要引起人们注意，进一步强化“自匿有身”。还有人说，在《秦始皇本纪》中太史公直呼“吕政”，一语道破天机：“吕政者，是吕不韦幸姬有娠，献庄襄王（异人）而生始皇，故云吕政。”但还是有一些史家为尽力为始皇的私生子身份辩护，似乎那样有什么不光彩似的。对此类议论，先生以为如何？

吕答：其实是不是私生子问题，并非紧要的，重要的还是看一个人对历史做了些什么。如果逆历史潮流而动，不是私生子又怎样？如果顺时代潮流而动，是私生子又如何？我觉得还是郭志坤在《秦始皇大传》中说得有理：“某些学者对秦王政为吕不韦私生子一事持否定态度，无非是想抬高秦始皇的声望。其实没有那个必要。说秦始皇是私生子，并不影响他统一中国的伟大形象。历史上常有这样的人物，出身是卑贱的，而所干的事业是伟大的。伟大人物是私生子的，不乏其人，但没有因此而损害他们的形象。”这里可以补充一句，对我吕不韦来说，也不会因为我是私生子之父而损害我的形象。须知，人物的形象主要不是由出身或所谓的“生活问题”来决定的。

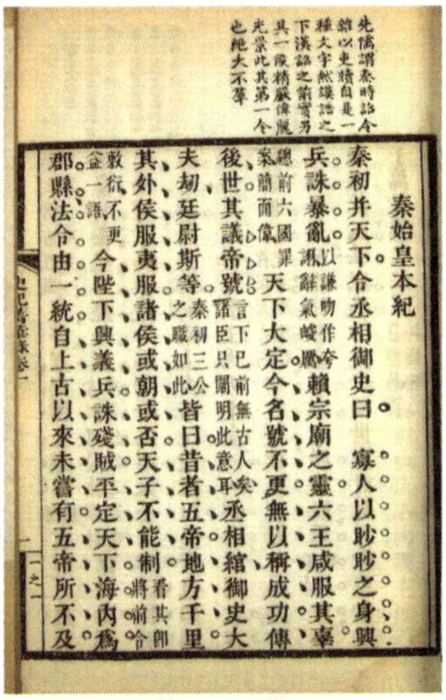
秦始皇本紀
秦初并天下。令丞相御史曰。寡人以眇眇之身。興兵誅暴亂。賴宗廟之靈。六王咸服其辜。天下大定。今名號不更。無以稱成功。傳後世。其議帝號。丞相綰御史大夫劫、廷尉斯等。皆曰。昔者五帝地方千里。其外侯服夷服。諸侯或朝或否。天子不能制。今陛下興義兵。誅殘賊。平定天下。海內為郡縣。法令由一統。自上古以來未嘗有。五帝所不及。

《史记·秦始皇本纪》

《秦始皇大传》
（上海三联书店出版）书影

从上面的谋略角度看，您已经顺当地走完了三大步：第一步是直面异人，并让他作出“分秦国与君共之”的承诺；第二步是以“利诱”的办法，说服华阳夫人接纳异人为嫡嗣；第三步将“知有身”的赵姬献与异人，实际上偷换了嬴姓的血统，世称“以吕易嬴”。走完了这三步，接下去就是让异人和及其妻子“登堂入室”——回国真正地当上嫡嗣的问题了。这是最后的一步，也是最关键的一步。您是怎么谋划走好这关键的一步的呢?

吕答：为了走好这最后的一步，我真可说是煞费苦心。正如《帝范》所言，要“三戒盈”(静以修身)以及“崇文”(治定制礼)。秦昭王五十年(前257年)，秦军围攻邯郸。这就使秦赵关系降到了冰点，赵国决定杀掉秦的质子异人。在这节骨眼上，我拿出六百金贿赂了监视异人的赵国官吏，“异人得脱，亡赴秦军，遂以得归”；又将异人的妻子和儿子藏匿起来，为日后的归国准备了条件。在我吕不韦的指点下，异人回秦宫先不去看自己的生母夏姬，而是直接晋见华阳夫人，这本身就使华阳夫人满心欢喜。

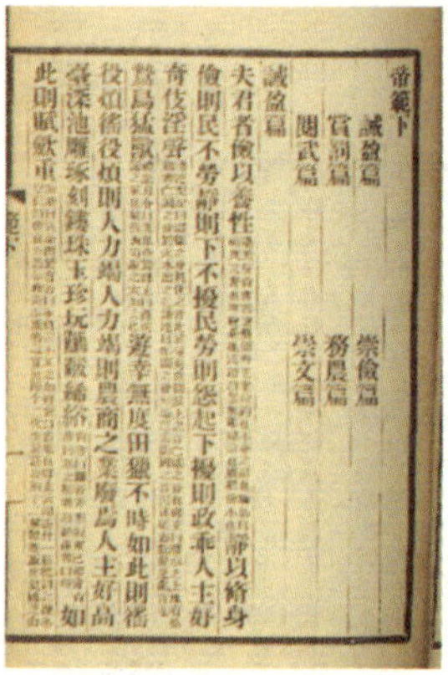

《帝范》书影

《帝范》，唐太宗李世民自撰的论述人君之道的一部政治文献。共十二篇：君体、建亲、求贤、审官、纳谏、去谗、诫盈、崇俭、赏罚、务农、阅武、崇文。字句虽短，但文辞有力而优美，是开国君主一生经验的总结。他再三叮嘱，作为遗训：“饬躬阐政之道，皆在其中，朕一旦不讳，更无所言。”

更使华阳夫人高兴的是异人那一身打扮。要知道，据司马迁考证，秦、楚同宗，都是颛顼之后。而且，在相当长的历史时期内，秦楚都被中原人视为“蛮夷”。这样，秦、楚在感情上、血缘上就靠得特别近，在战国时期，秦、楚王室的联姻也最多。秦昭王的宣太后是楚人，华阳夫人也出身于楚人。我认准了华阳夫人的楚人情结，就在这上面做足最后的一篇文章。晋见的那天，出现在华阳夫人面前的是一个完全楚人化了的英俊少年。她情不自禁地呐呐而言：“你真是我心目中的好儿子，是啊，是我这个楚人的儿子，现在开始，你就改名为子楚吧！”可以说，这第四步走得比前三步更出色。从这一刻开始，我的政治冒险算是安全着陆了。此后是步步顺当。子楚(即异人)稳当了嫡嗣，我则是名正言顺地成了子楚之师。

子楚安然回到秦宫，使您心中一直悬着的一块石头终于落了地。但是，秦宫中事，还是挺复杂的。那一年，牢牢地占据着王位的秦昭王已经年近七旬，而作为太子的安国君也已经四十七八岁，您也到了“三十而立”的年岁了，而被华阳夫人定为嫡嗣的子楚二十岁还不到，子楚的儿子嬴政只有三岁。从年岁上看，您、子楚、嬴政，都占有优势。但是，在政治上十分老到的昭王占据着王位的情况下，日后的一切都还是个变数。从子楚回归秦国到昭王去世，还有整整六个年头，这六个年头中，您在做些什么?

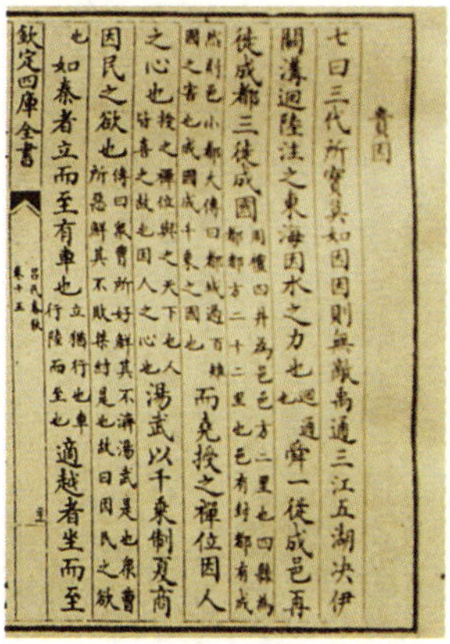

贵因

七曰三代所寶莫如因因則無敵禹通三江五湖決伊闕溝迴陸注之東海因水之力也舜一徙成邑再徙成都三徙成國而堯授之禪位因人之心也湯武以千乘制夏商因民之欲也如秦者立而至有車也適越者坐而至

欽定四庫全書　呂氏春秋 卷十五

《吕氏春秋·贵因》书影

吕答：实际上，这是十分重要的承上启下的六年。这六年前，为了“奇货可居”，我差不多苦苦经营了十年；这六年度过后，又是我最辉煌的十年专权时期。如何度过这承上启下的六年，对我来说是一大考验。

尽管史料记载不详，但一些学者顺理成章的推断还是可以接受的。“因势利导”是关键，我在《贵因》篇以周武王成功事业为例，说明“宝莫如因，因则无敌”，由此得出“因势利导”的结论。这段时间，我主要注重三方面的事：其一是稳住秦昭王。不去过多地触动他，但保持一种尊崇的态度。其二牢牢背靠华阳夫人。华阳夫人是个爱财的女人，我这时家财散尽，大半都花在她身上了。其三是调教子楚。既然华阳夫人明确把调教子楚的任务交给了我，我就要抓住这个“奇货”不放。另外，应该说，“招致士”这类积聚我吕氏势力的活动，也暗暗地开始了。

周武王像

十九问

到公元前 251 年，秦昭王五十六年，秦昭王死去，从此，进入了政权更迭的多事之秋。前 250 年，等待了多年的安国君终于即王位，是谓孝文王。但他只当了三天的秦王，就一命呜呼，猝然而亡。前 249 年，异人（子楚）即位，那就是庄襄王。从昭王过渡到孝文王，再过渡到庄襄王，中间的时间只有三天，是病死？还是他杀？有学者从两件事得出的结论是他杀：一是孝文王一死，“子楚夫人及子政归秦”，这很难说是巧合。二是孝文王死后，丧事办得草草了事，没为后世留下陵冢的任何遗迹。您作为当事人，能告诉我们些什么吗？

吕不韦

吕答：孝文王怎么死的，我提供不出什么特别的材料。不过，他对我与子楚的归来表现得比较的淡然，那是事实。立子楚为嫡嗣，一切都是华阳夫人在操办，安国君那里只是过过场而已。因此，对于他的死，我与子楚都没表现出多大的悲伤，只是草草了事，那是事实。他的死，为子楚的尽快上台扫清了障碍，那也是事实。如果拖上十年八年，安国君有那么多如狼似虎的儿子，子楚的命运究竟怎样，也难说呢！不过，这里要告诉人们的是：关键在于抓时机。我在《首时》篇也强调指出，圣人之所以成为圣人，正是他们善于抓住时机，否则一事无成。“圣人之见时，若步之与影不可离”。应该说，这是我的真切感悟。

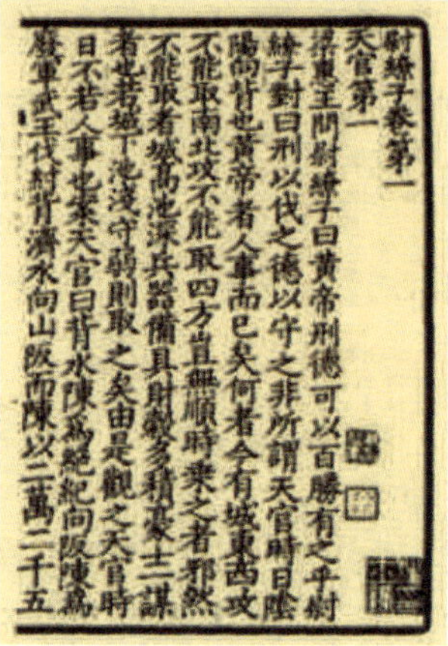

《尉缭子》书影

《尉缭子》，中国古代的一部重要的兵书。最早著录于《汉书·艺文志》。1972 年在山东临沂银雀山汉墓出土了《尉缭子》残简，说明成书于战国时代，在西汉已流行。此书对吕不韦的文武之才也有描述。

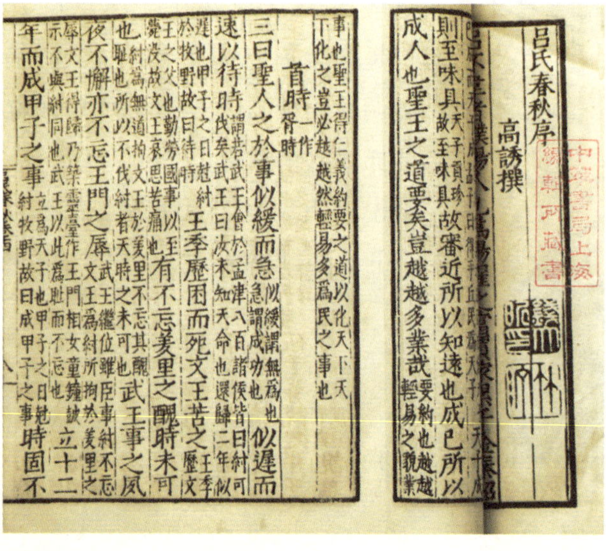

《吕氏春秋·首时》书影

庄襄王一登台，就迫不及待地发布了第一道诏令：“以吕不韦为丞相，封为文信侯，食河南洛阳十万户。”当朝百官中，获此等殊荣的尚无一人，在秦国历史上，集官、爵、禄最高等级于一身的，也只有范雎、魏冉两人。但他们两人在长期的征战中都立下了赫赫战功，再加上魏冉与宣太后有着一定的亲缘关系。可是，您至此一无战功可言，二与秦王室也说不上有什么拿得上台面的亲缘关系。就因为这样，群臣的惊疑也是理所当然的了。当时唯有您神色平静，略含笑意地向新王谢恩。应该说，您心中最清楚，其中缘由何在？

吕答：别人也许不清楚，而我与庄襄王心中都是明白的。这对庄襄王来说，只是兑现了十年前“分秦国与君共之”的诺言而已。而对我来说，也只是十年前“奇货可居”的连本带利的自然回报而已。

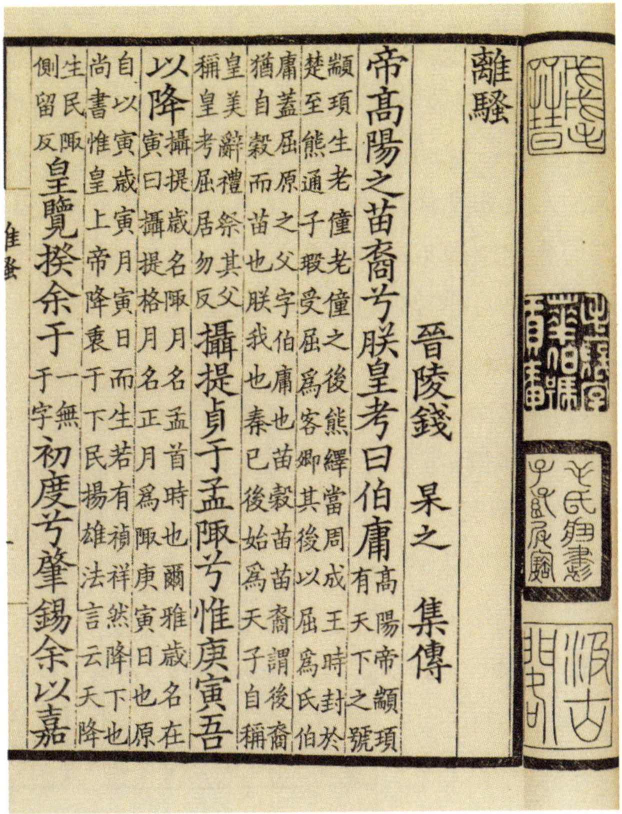
離騷
晉陵錢 杲之 集傳
帝高陽之苗裔兮朕皇考曰伯庸高陽帝顓頊有天下之號顓頊生老僮老僮之後熊繹當周成王時封於楚至熊通子瑕受屈爲客卿其後以屈爲氏伯庸蓋屈原之父字伯庸也苗穀苗苗裔謂後裔猶自穀而苗也朕我也秦已後始爲天子自稱皇美辭禮祭其父稱皇考屈居勿反
攝提貞于孟陬兮惟庚寅吾以降攝提歲名陬月名孟首時也爾雅歲名在寅曰攝提格月名正月爲陬庚寅日也原自以寅歲寅月寅日而生若有禎祥然降下也尚書惟皇上帝降衷于下民揚雄法言云天降生民陬側留反
皇覽揆余于一無于字初度兮肇錫余以嘉

《离骚》书影

《离骚》是著名诗人屈原的代表作。诗人从自叙身世、品德、理想写起，抒发了遭谗被害的苦闷之情，斥责了楚王昏庸以及朝政日非，表现了诗人不与邪恶势力同流合污的斗争精神和至死不渝的爱国情怀。司马迁将《吕氏春秋》同《离骚》并列予以赞颂。

二一问

吕不韦

史家认为，从庄襄王登极一天开始，您才真正步入了政坛，开始施展开了积累多年的政治才华，同时，在秦国历史上也开始了为期十年的“吕氏擅权”时代，请问，是怎样的社会条件造就了您的成功？

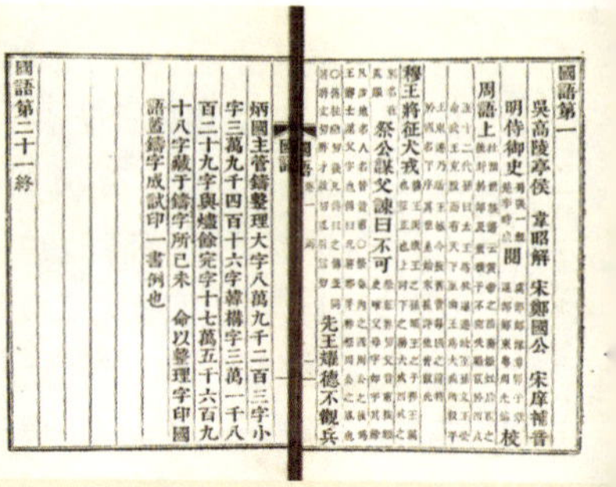

《国语》书影

《国语》是中国最早的一部国别史著作。记录了周朝王室和鲁国、齐国、晋国、郑国、楚国、吴国、越国等诸侯国的历史。包括各诸侯国贵族间朝聘、宴飨、讽谏、辩说以及部分历史事件与传说。

吕答：一个人的成功常常是多种因素造成的。这十年，前三年是庄襄王执政时期。庄襄王是我一手扶持起来的一个君王，可以说，没有我吕不韦，也就没有他庄襄王。他下的第一道诏令，等于说是把整个国家交给了我。再加上庄襄王在政治上又是一个懦弱的人，生活上闲散而好追求享乐的人，长年的质子生活的折磨又把身子弄坏了，这些都为我的“擅权”创造了机会和条件。后七、八年我能擅权，主要是当时的嬴政还比较年幼。“太子政立为王，尊吕不韦为相国，号称‘仲父’。秦王年少，太后时时窃私通吕不韦”。秦王嬴政还不懂事，我与原先的赵姬（秦始皇之母）之间又有那么一层感情纠葛，我的擅权也就势所必然了。这一点，时机实在太重要了。在《不广》篇以管仲等为事例说明“智者之举事必因时”，即谓聪明的人做事一定要依靠把握时机。

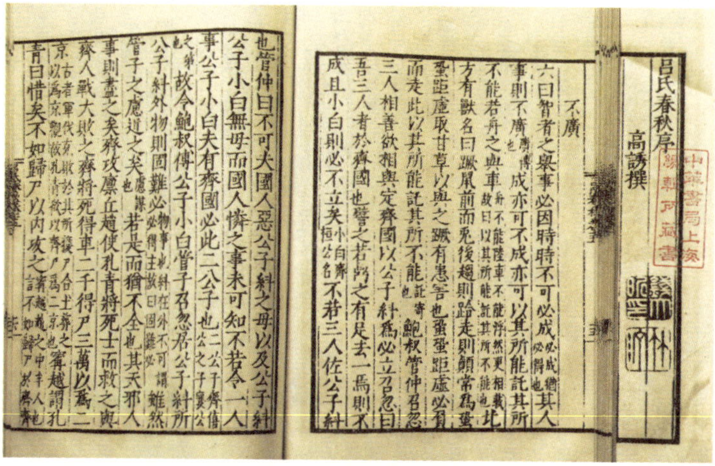
呂氏春秋序
高誘撰
不廣
六曰智者之舉事必因時時不可必成
事則不廣 成亦可不成亦可以其所能託其所
不能若舟之與車 北
方有獸名曰蹶鼠前而兔後趨則跲走則顛常爲蛩
蛩距虛取甘草以與之蹶有患害也蛩蛩距虛必負
而走此以其所能託其所不能
三人相善欲相與定齊國以公子糾爲必立召忽曰
吾三人者於齊國也譬之若鼎之有足去一焉則不
成且小白則必不立矣 不若三人佐公子糾

《吕氏春秋·不广》书影

您是“两朝为相”的人。对于您在庄襄王时期的作为，后人的评述并不相同。有人以为：“吕不韦在这段时间已经初步显露了他的王佐之才。”（洪家义：《吕不韦评传》）有的则说：“不韦，贾人也，彼安能知义？凡不韦所立，于时皆丧身灭国之事。”（鲍彪：《战国策·秦王注》）面对后人的或褒或贬，您有何感言？

《吕不韦评传》（南京大学出版社出版）书影

洪家义，学者，著有《吕不韦评传》，合著《中华民族杰出人物传》第一辑。

吕答： 还是要让事实来说话。我的所作所为，是否就是“丧身灭国之事”？客观地说，那样评说是不公正的，也是不符合实际的。我辅佐庄襄王，一开始就“大赦罪人，修先王功臣，施德厚骨肉而布惠于民”(《史记·秦本纪》)。赦放那些确有改恶从善之举的罪人，给他们以重新做人的机会；让蒙骜这样为秦国效劳数十年的“先王功臣”继续受到重用，励其去争城夺地；让王室的骨肉关系得到协调，封华阳夫人为华阳太后外，还封夏姬为“夏太后”，那样做有什么不好呢？事实证明，我那样做，正是辅助君王“立国兴邦”，不只不会“丧身灭国”，相反使秦国更加强大。

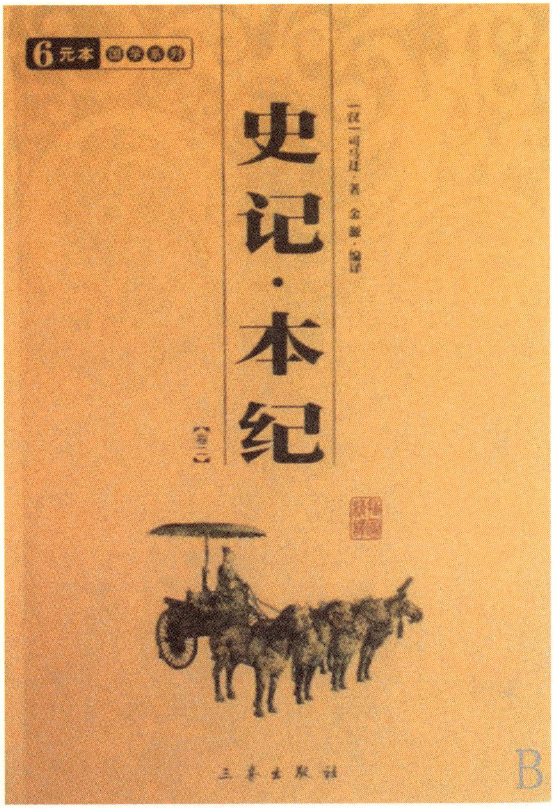

《史记·本纪》书影
（三秦出版社出版）

再来说说灭东周之举吧。公元前 249 年（庄襄王元年），苟延残喘的小王国，竟不自量力地联合各诸侯国向秦国进攻。数年前，西周被灭，挂名的“周天子”不复存在了。但是，在巩地还有一个东周君，他还是一面旗帜，一面周王室的标志性旗帜。他无疑是统一中国的一个障碍。要是平白无故地消灭他，师出无名。现在是个借机消灭他的好机会。您就在此时轻而易举地消灭了他，最后采取了一个极罕见的做法：将东周君击败，取消“东周君”的名号，将其人迁往阳人这个地方（今河南临汝西），让他奉祀其祖先。您这样做，其价值何在？

吕答： 这样做，可以说是一箭三雕：第一，取消了“东周君”的名号，等于是庄严宣告：以周为旗号的那个时代结束了，统一中国的新时代即将开始。第二，灭东周而不绝宗祀，体现了一种人道精神，把“兴灭国，继绝世，举逸民”的理想具体化了。第三，改善了秦国的形象。后人一直在讨论“孔子为何西行不入秦”这样的问题，这是因为孔子是极重华夷之分的，秦国久处西北，与戎狄杂处，这是原因之一。在统一战争中，人们给予秦国“虎狼国”、“凶残暴虐”、“仁义不施”这样一些恶名。要统一全国，这种恶名不能继续下去。我把原先的东周君迁入阳人，既彻底消灭了周王国的残余，又树起了自己的崇奉“礼义”的形象，岂不美哉！

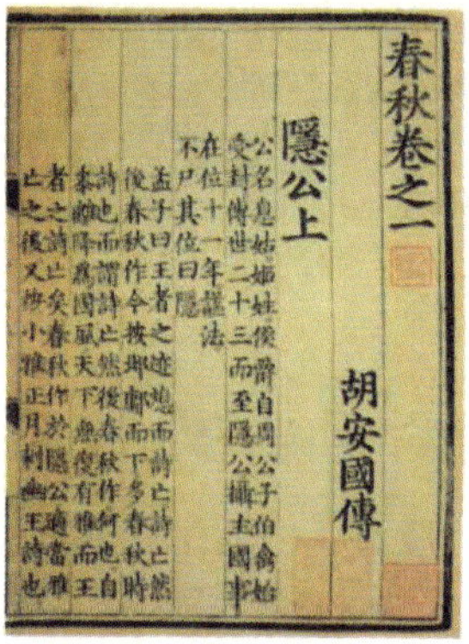

《春秋》书影

《春秋》是儒家经典之一，系编年体春秋史。相传由孔子据鲁国史官所编《春秋》加以整理修订而成，记载自公元前 722 年至前 481 年共二百四十一年间的史事，是中国最早的编年体史书。司马迁将《吕氏春秋》同《春秋》并列予以赞颂。

孔子西行不入秦

在您主政的前三年间，您率部积极征战，扩大了秦的版图。在东进中，领土逼近大梁，使韩、魏两国为之惊心，随后建立起了三川郡。这以后又北进上党、太原，对山东六国形成了包抄之势。这时，公元前 248 年，形成了以赵、魏、楚为主体的、信陵君领衔的五国联军抗秦阵线。对这次规模宏大的战事，史书记载语焉不详，“魏将无忌率五国兵击秦，秦却于河外。蒙骜败，解而去”（《史记· 秦本纪》）。难道威武雄壮的秦军果真那样不堪一击吗？面对五国联军的猛力攻势，您率军“解而去”，是否是一种谋略呢？

秦始皇兵马俑的雄姿

吕答：说得不错，这的确是我的一种谋略。当时五国联军有百万之众，如果硬拼，可以说秦军的胜利是肯定的，但损失也肯定十分惨重。我后退一步，暂不与五国联军交战，避其锋芒。等五国内部矛盾复起，秦国再行出兵，可以收到“马到成功”的奇效。果不出我所料，不多久，五国之间出现了矛盾，我花不多的兵力就旗开得胜，使五国联合行动失败了。正如《顺说》篇所言“因其来而与来，因其往而与往”。可见，我的用兵往往是“力”与“谋”兼而备之的。

《吕氏春秋 · 顺说》书影

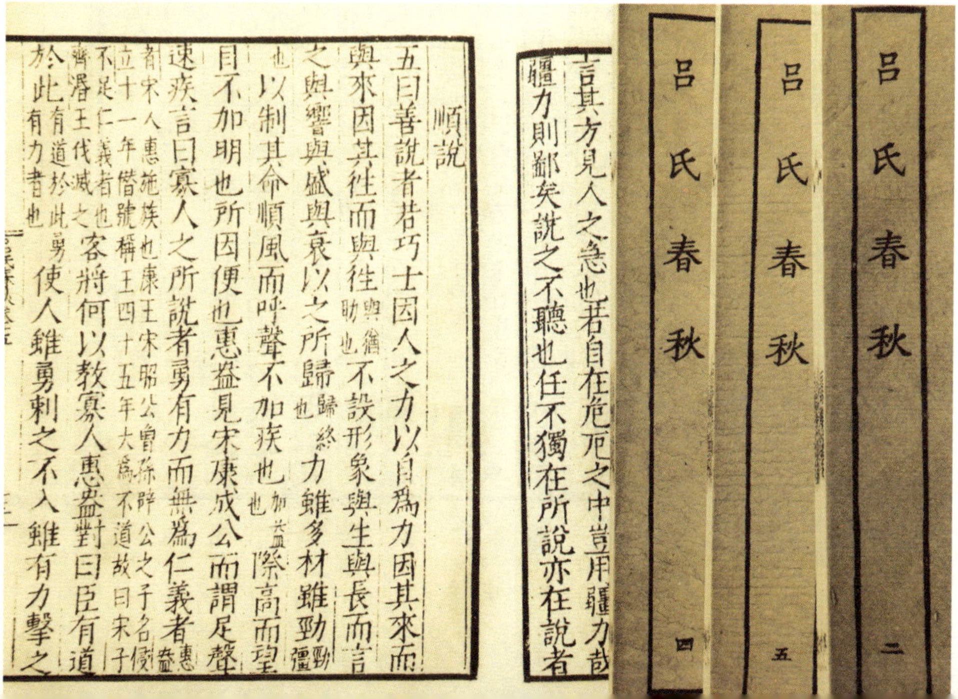

順說

五曰善說者若巧士因人之力以自為力因其來而與來因其往而與往與猶助也不設形象與生與長而言之與響與盛與衰以之所歸歸終也力雖多材雖勁彊勁以制其命順風而呼聲不加疾也加益也際高而望目不加明也所因便也惠盎見宋康成公而謂足聲速疾言曰寡人之所說者勇有力而無為仁義者惠盎者宋人惠施族也康王宋昭公曾孫辟公之子名偃立十一年僭號稱王四十五年大爲不道故曰宋子不足仁義者也齊湣王伐滅之客將何以教寡人惠盎對曰臣有道於此有道於此勇有力者也使人雖勇刺之不入雖有力擊之

言其方見人之急也若自在危厄之中豈用彊力哉彊力則鄙矣說之不聽也任不獨在所說亦在說者

吕氏春秋 四

吕氏春秋 五

吕氏春秋 二

二五问

吕不韦

秦庄襄王在位只三年，死时才三十五岁。继位者就是那位诞生在赵国邯郸的嬴政。嬴政继位后，您除了仍任相国仍封文信侯外，又加了个特殊的称号——“仲父”。关于“仲父”一称，历来疑窦重重。有的说，此“盖效齐桓公以管仲为仲父”(《史记正义》)。有的说，仲父乃是“吕不韦暗示自己是嬴政的亲生父亲”(林剑鸣：《吕不韦传》)，请您说说，这一称呼有何特殊的含义吗？

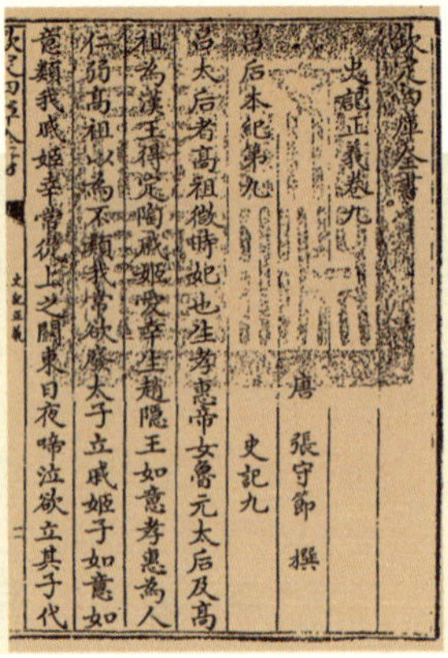
欽定四庫全書
史記正義卷九
唐 張守節 撰
呂后本紀第九 史記九
呂太后者高祖微時妃也生孝惠帝女魯元太后及高
祖為漢王得定陶戚姬愛幸生趙隱王如意孝惠為人
仁弱高祖以為不類我常欲廢太子立戚姬子如意如
意類我戚姬幸常從上之關東日夜啼泣欲立其子代

《史记正义》书影

吕答：说是效齐桓公以管仲为仲父，没有明确的佐证。说我是在暗示自己是秦始皇的亲生父亲，更是不着边际。当时即使对私生子不怎么介意，也不会以此作为炫耀的资本。实际上“仲父”的真实意思是对年长男性的一种敬称。《谷梁传》：“父，犹傅也，男子之美称也。”我吕不韦本身就是华阳夫人钦定的子楚之“傅”，现在当子楚儿子的“傅”有什么不可以呢？在民间日常生活中，“父”还常用于客套。向成年男子问讯时，不是常称呼对方“叔父”、“伯父”吗？我吕不韦的“号称仲父”，的确也只是一种尊称，因为我“奉先王功大”，所以才有仲父这样的“号称”。“号称”本身不等于实称，怎么可能是亲生父亲的一种“暗示”呢？

《春秋穀梁传》书影

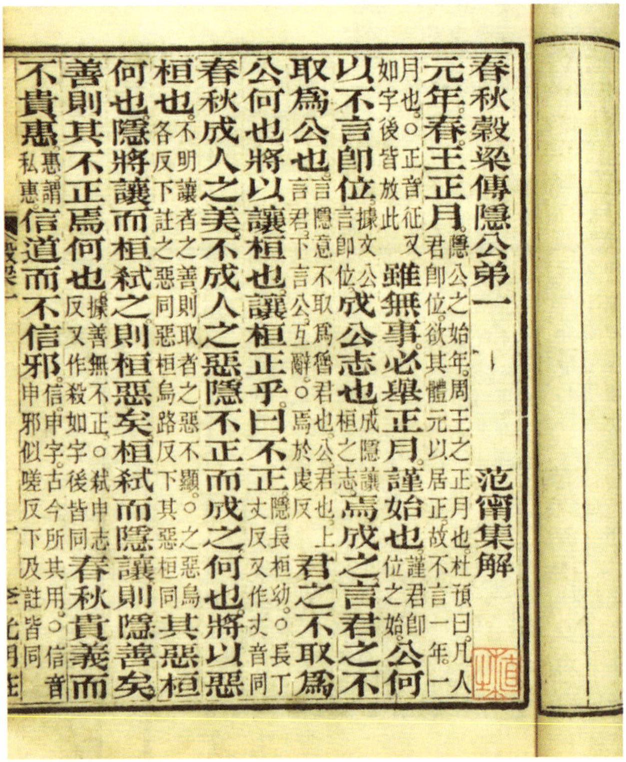
春秋穀梁傳隱公第一 范甯集解
元年春王正月隱公之始年周王之正月也杜預曰凡人君即位欲其體元以居正故不言一年一
月也。正音征又如字後皆放此雖無事必舉正月謹始也謹君即位之始公何
以不言即位據文公言即位成公志也成隱讓桓之志焉成之言君之不
取為公也言隱意不取為魯君也。公君也上言君下言公互辭。焉於虔反君之不取為
公何也將以讓桓也讓桓正乎曰不正隱長桓幼。長丁丈反又作丈音同
春秋成人之美不成人之惡隱不正而成之何也將以惡
桓也不明讓者之善則取者之惡不顯。之惡烏各反下註之惡同惡桓烏路反下其惡桓同其惡桓
何也隱將讓而桓弒之則桓惡矣桓弒而隱讓則隱善矣
善則其不正焉何也據善無不正。弒申志反又作殺如字後皆同春秋貴義而
不貴惠惠謂私惠信道而不信邪信申字古今所共用。信音申邪似嗟反下及註皆同

郑樵像

年少的秦王政登极后，教诲其成为够格的国君，这是您这位“仲父”的当然责任吧！郭志坤在《秦始皇大传》中说过：“真正在学问上给秦王嬴政以影响的，是吕不韦。可以说，秦王嬴政的师傅就是吕不韦。”您在学识上给了这位日后的千古一帝哪些有益的教诲呢？

吕答：不管秦王嬴政是否是我的骨肉，我对他的感情是真挚的。我向往着建设一个统一、强大、开明的国家，而这个国家的统治者我认定是秦王嬴政。因此，我一再要他乐学、勤学、善学、尊师。我对秦王嬴政说过这样一段话：“耳目心智，其所以知识甚阙，其所以闻见甚浅。以浅阙博居天下，安殊俗、治万民，其说固不行。十里之间而耳不能闻，帷墙之外而目不能见，三亩之宫而心不能知，其以东至开梧，南抚多婴，西服寿靡，北怀儋耳，若之何哉？”（《吕氏春秋·任数》）这段话，古人理解为“此所以讥始皇也，始皇固不察哉”（高似孙：《子略》），真正读懂了这段话的人，其中所谓的“讥”意，是怎么也“察”不出来的。我在这里只是说，单靠耳朵、眼睛和智能，认识的东西很贫乏，听到、见到的东西很肤浅，凭借如此贫乏的知识和肤浅的认知，要想长久地统治天下，使不同习俗的地区安定，治理好千千万万的民众，那必定是行不通的。要东至、南抚、西服、北怀，有什么办法呢？只有学习！我是规劝少年秦王要好好学习，并没有一点讥刺之意。这也可能是我在秦王嬴政当政之初做的一件大事。至于别人怎么看我，尤其是秦王怎么看我，我是管不着的。

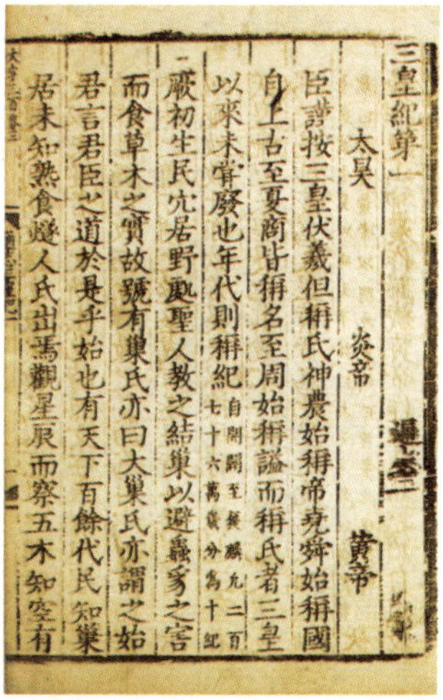

三皇紀第一　通志二

太昊　炎帝　黃帝

臣謹按三皇伏羲但稱氏神農始稱帝堯舜始稱國
自上古至夏商皆稱名至周始稱謚而稱氏者三皇
以來未嘗廢也年代則稱紀自開闢至獲麟凡二百七十六萬歲分爲十紀
厥初生民穴居野處聖人教之結巢以避蟲豸之害
而食草木之實故號有巢氏亦曰大巢氏亦謂之始
君言君臣之道於是乎始也有天下百餘代民知巢
居未知熟食燧人氏出焉觀星辰而察五木知空有

《通志》书影

《通志》为郑樵编。郑樵是宋代史学家、目录学家。郑樵的著述达80余种，以《通志》为代表作。对于后人有关《吕氏春秋》某些错误解释作了订正，如在《通志》中对《吕氏春秋》的《精通》篇中“慈石”作了“磁石吸铁”原理的解释（非人性“慈爱”），学界认为此为科学之解。

二七问

在“吕氏擅权”的十年间，您罗致人才可以说是竭尽了全力的。您仿秦孝公下“求贤令”使商鞅等一大批贤者入秦的办法，多次求贤，使老自蒙骜，小至甘罗的一批战将、谋臣为您 所用，从而使秦国取得了一个又一个的胜利。您认识“士”的重要作用，从而大规模招揽宾客，让更多的人才为秦效劳，请问，先生在罗致人才上有些什么心得？

商鞅雕像

商鞅，战国时期政治家、思想家，先秦法家代表人物。应秦孝公“求贤令”入秦，说服秦孝公变法图强。孝公死后，受到秦贵族诬害以及秦惠文王的猜忌，车裂而死。其在秦执政二十余年，秦国大治，史称“商鞅变法”。

吕不韦

吕答：我在《下贤》篇力主君主应“以身下士”（即礼贤下士），并举了周公的事例来说明。下面一段话中，着重阐述了我的人才思想。我说：“故当今之世，求有道之士则于四海之内、山谷之中、僻远幽闲之所，若此则幸于得之矣。得之，则何欲而不得？何为而不成？”（《吕氏春秋·谨听》）我在这里说了三个意思：一是对统一大业来说，人才是决定一切的，有了充裕的各色人才，“何欲而不得，何为而不成”？二是搞人才要搜罗“四海之内”的人才。这一点，我是做到了的。年少的我用，年长的我也用。前朝的用，本朝的也用。三是人才要靠发掘，就是闲居僻远之处的有用之才，也要发掘出来。像蔡泽这样的奇才，在秦国隐居了十多年，没人理他。我发现了他，并重用了他。后来他曾为秦王嬴政出使燕国，出了别人出不了的力。

周公像

周公，西周初期杰出的政治家、军事家和思想家，被尊为儒学奠基人，孔子一生最崇敬的古代圣人之一，也是吕不韦心中最敬仰的圣人之一。洛阳周公庙始建于隋末唐初（618 年），为隋将王世充草创。唐太宗贞观和唐玄宗开元年间又予以重修，明嘉靖四年（1525 年）在旧址重建。

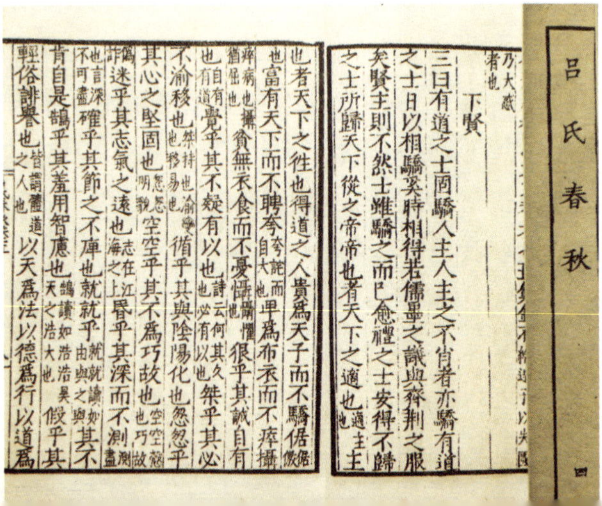

吕氏春秋

下賢

三曰有道之士固驕人主人主之不肖者亦驕有道之士日以相驕奚時相得若儒墨之議與齊荆之服矣賢主則不然士雖驕之而己愈禮之士安得不歸之士所歸天下從之帝帝也者天下之適也

也者天下之往也得道之人貴爲天子而不驕倨富有天下而不騁夸卑爲布衣而不瘁攝貧無衣食而不憂懾很乎其誠自有也覺乎其不疑有以也桀乎其必不渝移也循乎其與陰陽化也悤悤乎其心之堅固也空空乎其不爲巧故也迷乎其志氣之遠也昏乎其深而不測也確乎其節之不庳也就就乎其不肯自是鵠乎其羞用智慮也假乎其輕俗誹譽也以天爲法以德爲行以道爲

《吕氏春秋·下贤》书影

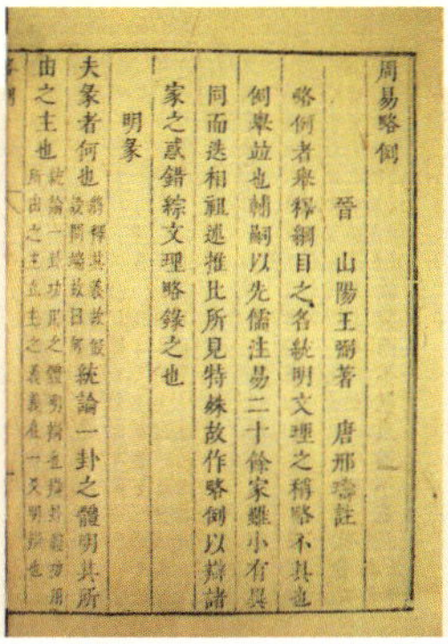
周易畧例

晉 山陽王弼著 唐邢璹註

畧例者舉釋綱目之名統明文理之稱畧不具也

例舉並也輔嗣以先儒注易二十餘家雖小有異

同而迭相祖述推比所見特殊故作畧例以辯諸

家之惑錯綜文理畧錄之也

明彖

《周易》书影

《周易》是一部中国古代的哲学书籍，以阴阳二元论对事物运行规律加以论证和描述。有人认为《易经》流行于周朝故称《周易》，亦有人依据《史记》的记载“文王拘而演周易”，认同《易经》乃周文王所著。司马迁将《吕氏春秋》同《周易》并列予以赞颂。

二八问

吕不韦

有人认为，您这个“文信侯”属“文”，不属“武”。披坚执锐，攻城略地，征战四方，恐怕不是您所长吧！能不能说，您的成就主要在政治方面，而拓展疆土方面的功劳是不能算在您的账上的？

吕答：当时的情况与后世不同。后世文武绝然分家，当时既文又武的人多得很。不客气地说，我也是个文武全才。再说，军事与政治历来是不能完全分开的。《史记》上说，秦王年少，“委国事于大臣”，这里说的“大臣”当然是指我，而所委之“国事”当然既包括政治，又包括军事和民事的。在处理军事上，我常常是亲自定谋略，亲自作决策的。派蔡泽去燕国，派甘罗去赵国，离间韩、赵、魏三国的关系，都是我下的决断。后来“行金万斤于魏，求晋鄙客，令毁（魏）公子于魏王”(《史记·魏公子列传》)等，这些都是我亲自操办的。我采用孙武的“离间”计，从中挑拨，使其产生隔阂、不团结。魏公子信陵君率领的五国联军不攻自破，信陵君也不久因得不到信任，抑郁而死。在我的武力和分化兼攻下，我执政的十年间，攻取了数十城，新建了上党郡、东郡，使秦国的版图大为拓展了，国力也大为增强，为秦的统一打下了坚实的基础。

《孙子兵法·用间》书影

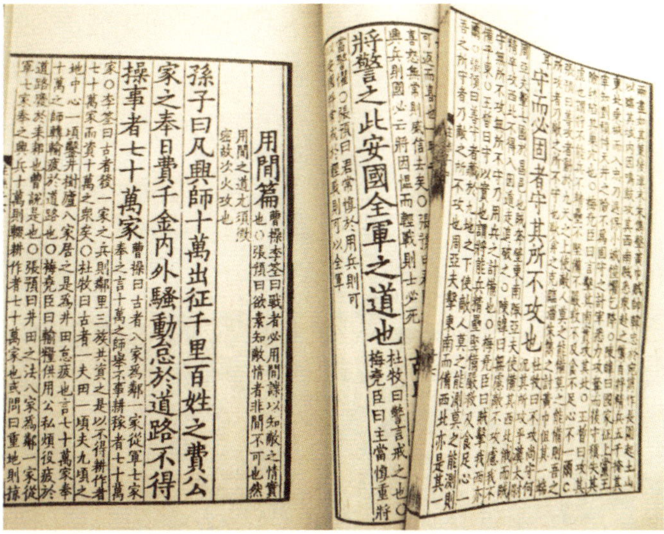
守而必固者守其所不攻也

將警之此安國全軍之道也

用間篇

孫子曰凡興師十萬出征千里百姓之費公

家之奉日費千金內外騷動怠於道路不得

操事者七十萬家

【二九问】

吕不韦

郑国渠是秦王政初年的水工郑国主持的一项大型水利工程。这项工程从仲山（今泾阳西北）引泾水到瓠口，引水向东，经今三源、富平、蒲城，入于北洛水，溉田四万顷（约合今二百八十万亩）。这项工程，原为韩国的“疲秦”之计，结果却使秦由此而强，由此而富。有人以为，“这次吕不韦是中了‘计’，却歪打正着，使秦国得到万世之利。”这样的说法，您以为可以接受吗？

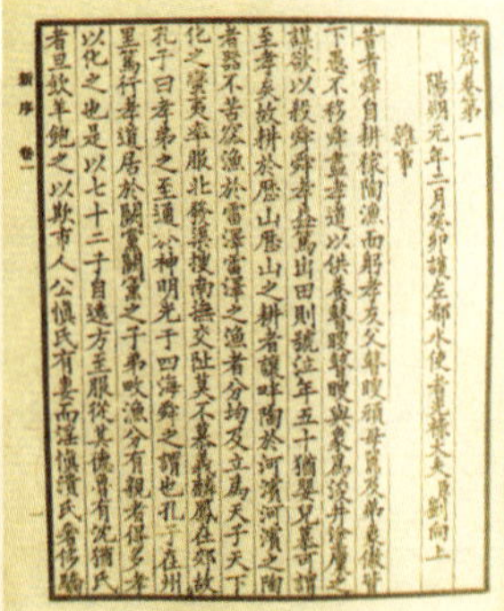
新序卷第一
陽朔元年二月癸卯護左都水使者光祿大夫臣劉向上
雜事
昔者舜自耕稼陶漁而躬孝友父瞽瞍頑母嚚及弟象傲皆
下愚不移舜盡孝道以供養瞽瞍瞽瞍與象爲浚井塗廩之
謀欲以殺舜舜孝益篤出田則號泣年五十猶嬰兒慕可謂
至孝矣故耕於歷山歷山之耕者讓畔陶於河濱河濱之陶
者器不苦窳漁於雷澤雷澤之漁者分均及立爲天子天下
化之蠻夷率服北發渠搜南撫交阯莫不慕義麟鳳在郊故
孔子曰孝弟之至通於神明光于四海舜之謂也孔子在州
里篤行孝道居於闕黨闕黨之子弟畋漁分有親者得多孝
以化之也是以七十二子自遠方至服從其德魯有沈猶氏
者旦飲羊飽之以欺市人公慎氏有妻而淫愼潰氏奢侈驕
新序 卷一 一

《新序》书影

《新序》是西汉著名学者刘向编撰的一部以讽谏为目的的历史故事类编，是现存刘向所编撰的最早的一部作品。书中提及“疲秦”计，并多次称引《吕氏春秋》。

吕答：“郑国渠”的建造缘由及人们对建造这一大水利工程的主观意愿，《史记》上写得明明白白，我觉得，以“歪打正着”来概言之，是有失偏颇的。《史记·河渠书》写道：“韩闻秦之好兴事，欲罢（即‘疲’）之，毋令东伐，乃使水工郑国间说秦，令凿泾水自中山西抵瓠口为渠，并北山东注洛三百余里，欲以溉田。中而作觉，秦欲杀郑国。郑国曰：‘始臣为间，然渠成亦秦之利也。’秦以为然，卒使就渠。”这里说了一个过程。先是韩国为了“疲秦”，派郑国来在泾水上建渠，这样可以使秦国把人力、财力、物力都放在水渠上，无力再东进攻韩了。这是开初之时的情况。“中作而觉”，到了中间，我吕不韦感到不对劲，一查，发觉郑国是个间谍，就想处死他，郑国情急之下辩白说：“我那样做虽然是间谍行为，但修渠之举从根本上说是‘秦之利’也。”我一想也对，就让他干下去。整个过程不是什么“歪打正着”，而可以说是“将计就计”。事实证明，我当时的决定是正确的，“渠就，……于是关中为沃野，无凶年，秦以富强，卒并诸侯”。这应该看成是我执政十年中一件大事。

郑国渠示意图

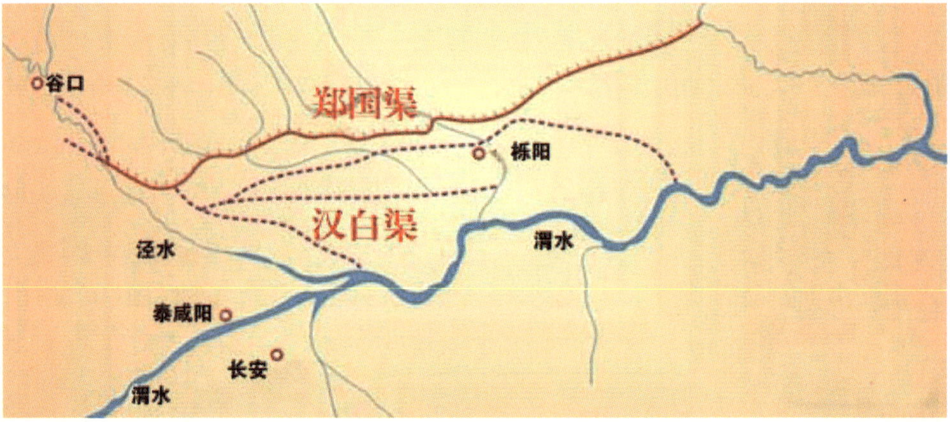

不少学者以为，您吕不韦自三晋来到秦国，改变了秦国的经济面貌和经济结构，把商业经济带到了秦国，促成了秦国的经济繁荣（您在《仲秋》篇也有所涉及）。这种说法，您以为符合当时的实际吗？

晋祠

吕答： 这完全是符合实际的。如果认真地读一读《吕氏春秋》，就会发现，我的经济思想的主旨是：水利是前提，农业是基础，商业是前导。《史记》中说的“秦好兴事”，指的是秦好兴水事。同时，我也十分重农，《吕氏春秋》中有五六篇是专讲农事的，这在百家书中是仅见的。在秦国历史上，轻视商业这一关一直没有很好的得到突破。只有到我吕不韦手里才真正有了较大的改观。我不只不抑商，还在一定程度上提倡商业流通，带动百工。“四方来杂，远乡皆至则财物不匮，上无乏用，百事乃遂”（《吕氏春秋·仲秋》）。在《史记·货殖列传》中记述的大商人乌氏倮、巴蜀寡妇、蜀卓氏、宛孔氏这样一些巨商，都曾受到我的照顾，他们在秦国的经济发展过程中都起了非凡的作用。

《吕氏春秋·仲秋纪》书影

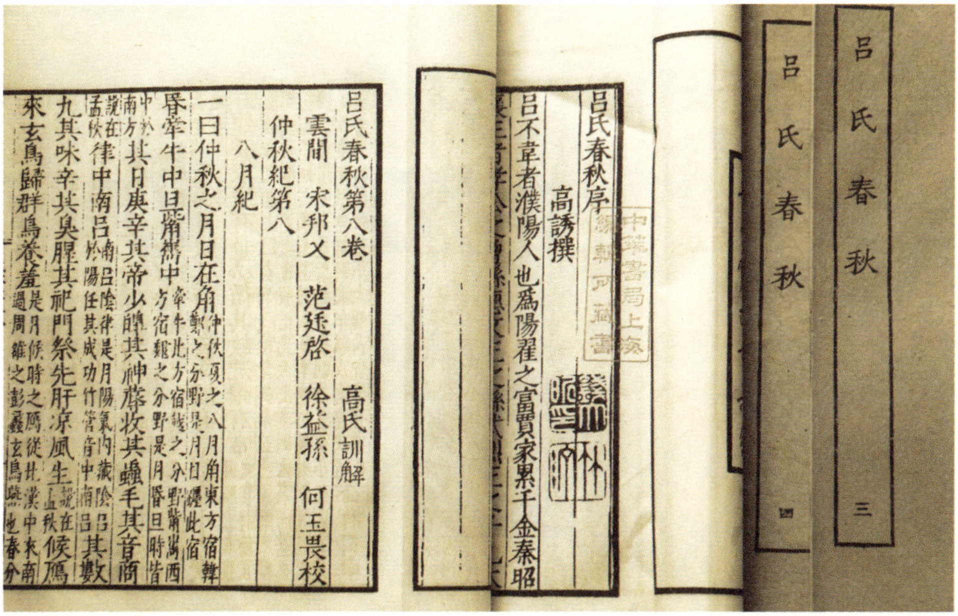

有人以为，吕氏擅权十年，功莫大焉。当时，秦国正是旧主已亡，新主未成。秦王嬴政还是一个十三四岁的孩子，就是再能干，能干出些什么名堂来呢？正是您吕不韦，恰到好处地填补了这一长达十年的“历史性空档”，为秦王后来的统一中国奠下了坚实的基础。后世的人们不管怎样评述您、指点您，但在这点上，您立下的不朽之功必然永垂史册，这也该是您最大的安慰吧？

孟子像

吕答：可以这样说。天下大乱了数百年，统一已是人们的最大愿望。公元前319年，也就是在我出生前35年，孟轲在回答魏襄王问时，首先提出了“天下将定于一”的历史性命题。“定于一”？“一”指的是哪一个国家？最初是说不定。孟子也说不清楚。到张仪时，定为“非楚而秦，非秦而楚”，就数这两个国家最有希望了。又经过十多年的较量，到我的门人李斯时，已经肯定地说“六国皆弱，天下定于秦”了。实际上这是李斯对我十年主政的肯定。我一再强调，“一则治，异则乱；一则安，异则危”（《吕氏春秋·不二》）。我十年所作的一切，都是为了“一则治”。说我在这方面有些功绩，我心安理得。

李斯雕像

第二章

著述春秋

吕不韦执秦政十年，揽外交内政于一身，实行的是前所未有的集权。在他当政期间，经济发展了，民众殷实了，民风纯正了，国力强大了，政权稳固了。在对外战争中，六国节节败退，秦国大举进攻，一个统一的、强盛的、高度集权的新王朝已经呼之欲出。此刻，吕不韦带领他的数千幕僚，做了一件在他看来最为重要的大事：著述传世之作《吕氏春秋》。

这是部“备天地万物古今之事”（《史记·吕不韦列传》）的百科全书式的巨著，全书有20余万言，分26卷，160篇，这是先秦子书中规模最宏大的作品，说它是一部当时的百科全书，一点也不为过。

这是一部“集六国时事”的政治学教科书。吕不韦麾下的幕僚、谋士对六国败亡的历程，了如指掌。吕不韦要他们写出来，为的是引以为鉴。说《吕氏春秋》实际上是一部战国时代的“资治通鉴”，也没有什么不可以。

这是一部“见王治之无不贯”的王政全书。如何实现王者之治？吕不韦把当时百家的主张加以贯通、消化，得出了霸王并用、法德兼治的结论。他为中国未来的政治设计了粗略的蓝图。

这是一部可以与《诗经》、《周易》这样一些不朽经典并提的传世之作。司马迁在《史记》中就是这样认为的，清代的大学者毕沅则直言：“庶几立言不朽者矣。”

三二问

把国史定名为“春秋”，这种传统似乎起始于三代。据说有人记太丁（商纣王的祖父）时事，起的书名就是《殷商春秋》。到了东周，“春秋”之书名更是为列国所认可。除鲁之《春秋》外，还有周之《春秋》、燕之《春秋》、宋之《春秋》、齐之《春秋》等，墨子说：“吾见百国春秋。”（《墨子·明鬼》）可见当时大约列国都有自己国家的《春秋》史作名世。有人说您是“天地万物古今之事”都明白的通人，那么请问，先秦的人们为何将国史称为“春秋”呢？

吕不韦

吕答：这多少与当时人们的记时观念有关。人们的时间观念是与时俱进的。开初是混沌不清的。《周易》的一、二两卦是“乾”和“坤”，代表天地。第三、四卦是“屯”和“蒙”，表示刚开天辟地时人们的精神状态，是既混沌又蒙昧的。后来，人一点点开化启蒙，开始有了“年”的观念，再后有了“季”的观念。最初大约只设两个季：温和而万物苏生的春季，以及秋风萧瑟而又果实累累的秋季。这种情况大约延续到我国的春秋时期，一大明证是春秋时期的诸子文稿中都只有“春”和“秋”的概念，还没有“冬”和“夏”的概念。由春秋指代“年”，然后又指代按年编排的史著。我也沿用《春秋》之名，其中一个缘由是出于相沿成习吧！

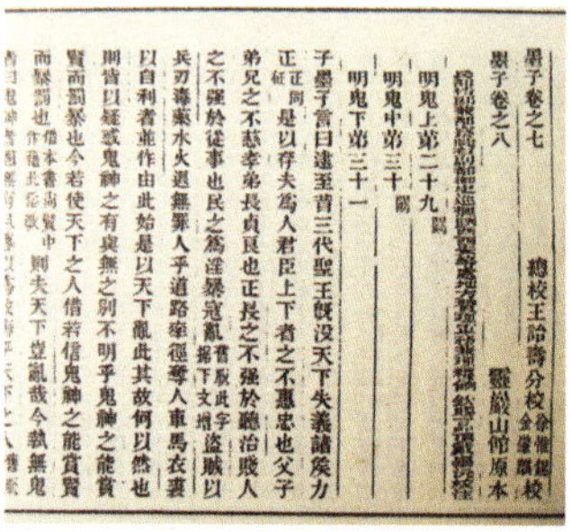

《墨子·明鬼》书影

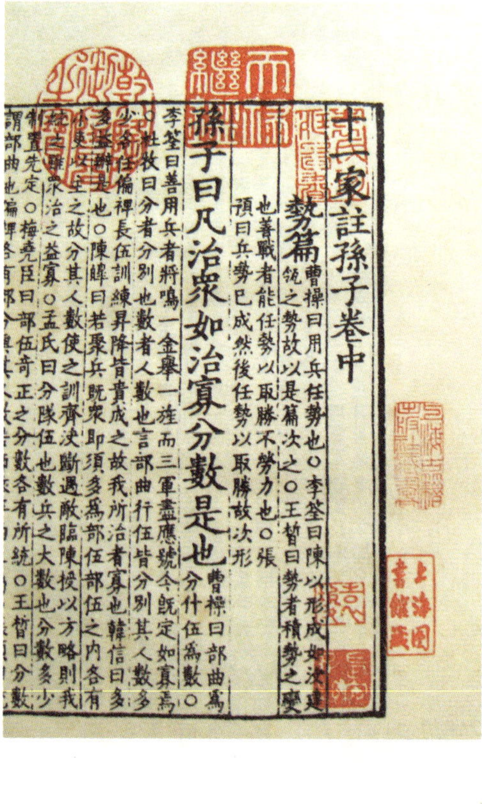

十一家註孫子卷中

勢篇

孫子曰凡治衆如治寡分數是也

《孙子》书影

《孙子》，又称《孙子兵法》、《吴孙子》等，孙武撰。中国古代最著名的兵书，是“武经七书”之一，世界公认现存最早的“兵学圣典”。司马迁将《吕氏春秋》同《孙子》并列予以赞颂。

列国的《春秋》典籍在秦火之后，都失传了。而孔子编定的鲁史《春秋》是传了下来，而且成了史著的范本。这部《春秋》是编年体史，所记起于鲁隐公元年，止于鲁哀公十四年，凡二百四十二年。“孔子作《春秋》，即名教之书也。善者褒之，不善者贬之，使后世君臣，爱令名而劝，畏恶名而慎矣！”（范仲淹：《近名论》）您的那本著作似乎与孔子手订的鲁《春秋》不尽相同，亦名之为《春秋》不是有点唐突吗？

范仲淹像

范仲淹，北宋著名的政治家、思想家、军事家和文学家。他为政清廉，体恤民情，刚直不阿，力主改革，屡遭奸佞诬谤，数度被贬。有《范文正公集》等传世。

吕答：一点也不唐突。我与孔子的《春秋》可谓是小异而大同。孔子作《春秋》是为了“善者褒之，不善者贬之”，而我作《吕氏春秋》就是为了“重失人臣之节，恶废交友之道”。我把善恶与公私挂起了钩来。我是竭诚地主张去私的。“夫私视使目盲，私听使耳聋，私虑使心狂。三者皆私设精则智无由公，智不公则福日衰，灾日隆。”（《序意》）我是说，带着私心看问题，什么也看不清；带着私心去听问题，什么也听不清；带着私心去思考问题，会使心智狂乱。耳、眼、心都为私所用，严重了就不能公正。不公正的人，福必一天天减少，祸一天天增多。这与孔子删定《春秋》的宗旨是完全一致的。要说我的《春秋》与孔子的《春秋》的不同，只是表现在形式上，他是编年体的，而我取纪、览、论的形式。

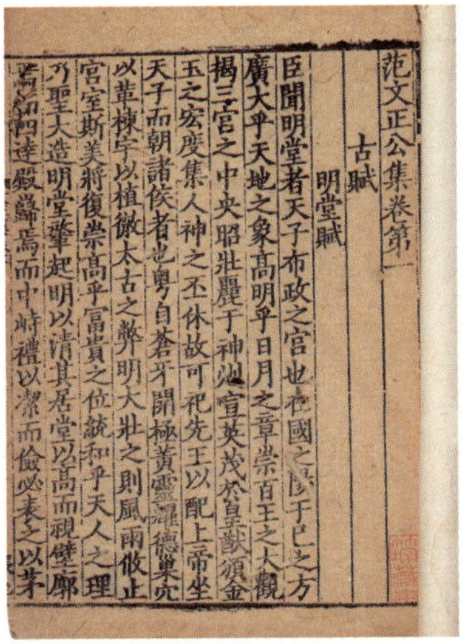

范文正公集卷第一
古賦
明堂賦
臣聞明堂者天子布政之宫也在國之陽于巳之方
廣大乎天地之象高明乎日月之章崇百王之大觀
揭三宫之中央昭壯麗于神州宣英茂於皇猷須金
玉之宏度集人神之丕休故可祀先王以配上帝坐
天子而朝諸侯者也粤自蒼牙開極黃靈御德巢穴
以華棟宇以植儆太古之弊明大壯之則風雨攸止
宫室斯美將復崇高乎富貴之位兹和乎天人之理
乃聖人造明堂肇起明以清其居堂以高而視壁廊
堂四達殿為焉而中峙禮以潔而儉必表之以茅

《范文正公集》书影

孟子是把孔子的《春秋》一书抬到极高的位子上。他说："世衰道微，邪说暴行有作，臣弑其君者有之，子弑其父者有之。孔子惧，作《春秋》。《春秋》，天子之事也。"(《孟子·滕文公下》)意思是说，孔子看到了社会的种种黑暗：又是邪说，又是暴行，又是臣弑君、子弑父，对此，孔子十分忧惧，他作《春秋》，隐含着"天子之事"，也就是希望有一个天子站出来行王政，使天下太平。在这一点上，您的《春秋》的宗旨亦与孔子一样吗？

吕答：在"春秋，天子之事也"这点上，我与孔子可说是英雄所见略同的。我编写《吕氏春秋》，就是写给未来的"天子"看的，二十万言，洋洋大观，归结起来，就是"天子之事"四字而已。班固编写《汉书》，在《艺文志》中将我的《吕氏春秋》归在"杂家"类中，"杂家者流，盖出于议官，兼儒墨，合名法，知国体之有此，见王治之无不贯，此其所长也。"何谓"见王治之无不贯"？颜师古注："王者之治，于百家之道无不综贯。"是啊，我的一部《吕氏春秋》，从头到尾就是贯穿着"王者之治"的思想，孔子追求的不也就是这样吗？

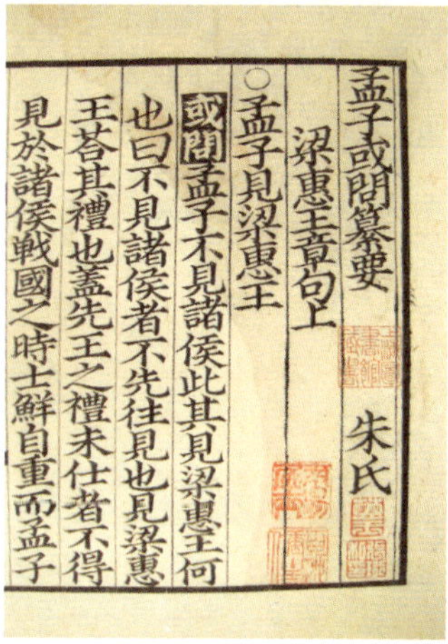
孟子或問纂要
梁惠王章句上 朱氏
○孟子見梁惠王
或問孟子不見諸侯此其見梁惠王何
也曰不見諸侯者不先往見也見梁惠
王荅其禮也蓋先王之禮未仕者不得
見於諸侯戰國之時士鮮自重而孟子

《孟子或问纂要》(宋刻本，现存上海图书馆)书影

《汉书艺文志讲疏》书影(右为上海古籍出版社出版)

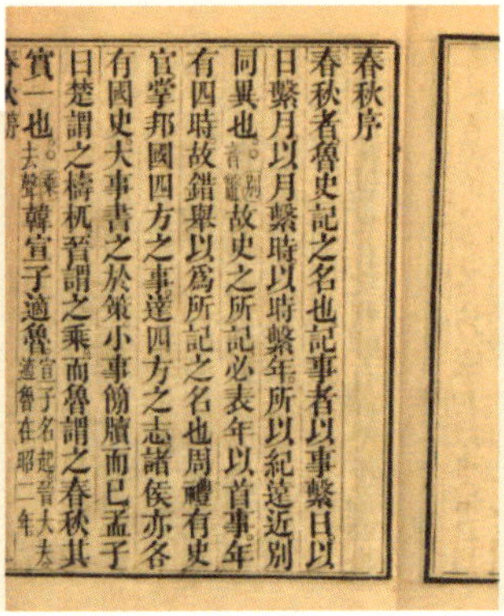

春秋序

春秋者魯史記之名也記事者以事繫日以

日繫月以月繫時以時繫年所以紀遠近別

同異也故史之所記必表年以首事年

有四時故錯舉以爲所記之名也周禮有史

官掌邦國四方之事達四方之志諸侯亦各

有國史大事書之於策小事簡牘而已孟子

曰楚謂之檮杌晉謂之乘而魯謂之春秋其

實一也韓宣子適魯

《春秋》书影

三五问

您说《吕氏春秋》与孔子的《春秋》大旨相同，但在我们看来，不同之处还是很显见的。比如，孔子的《春秋》用的是中国历史上有名的所谓“春秋笔法”。笔则笔，削则削，每用一字，必寓褒贬。读您的《吕氏春秋》就不是那个味了。对这种差异，您作何解释呢?

吕不韦

吕答：在我看来，对所谓的“春秋笔法”是要作分析的。不能一概的肯定，也不能一概的否定。言简意赅，当然是好事，但如果过于简略，又会造成诸多的不便。孔子《春秋》中过分追求“微言大义”，结果反使人看不懂，有时会产生歧义。《春秋·隐公十一年》:“春，滕侯、薛侯来朝。”短短7个字，谁知道说的是什么!《左传》的作者不得不做大量的考释工作，在本条下，讲了滕、薛两侯来朝的缘由，来朝后为了“争长”，相持不下，后来隐公又怎样分别对之说服，最后重归于好，“薛侯许之，乃长滕侯”。一共用了114字，增加了15倍。而我在《吕氏春秋》中用故事形式讲述了这段历史，绘声绘色，让人物和场景都活起来，用了400多字，比起《春秋》原著来，是60倍的篇幅。这种增加是必要的，是文化上的一种进步，反映了思想的丰富和文化的发展。可以说，《左传》是对《春秋》的一种发展，而我所著的《吕氏春秋》又是对《左传》的一种发展。

《左传读本》书影

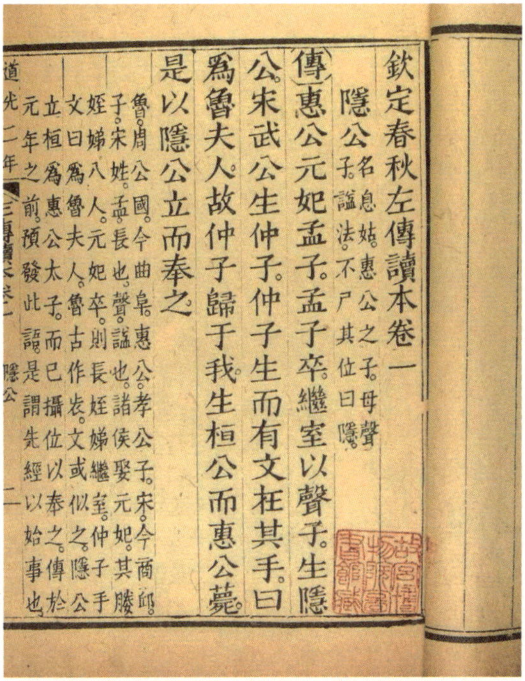

欽定春秋左傳讀本卷一

隱公 名息姑惠公之子母聲子諡法不尸其位曰隱

傳 惠公元妃孟子孟子卒繼室以聲子生隱

公宋武公生仲子仲子生而有文在其手曰

爲魯夫人故仲子歸于我生桓公而惠公薨

是以隱公立而奉之

魯周公國今曲阜惠公孝公子宋今商邱

子宋姓孟長也聲謚也諸侯娶元妃其媵

姪娣八人元妃卒則長姪娣繼室仲子手

文曰爲魯夫人魯古作衣文或似之隱公

立桓爲惠公太子而已攝位以奉之傳於

元年之前預發此語是謂先經以始事也

道光二年

对于您将自己的著述定名为《春秋》，后世颇多微词，有人说这样做“僭其名曰《春秋》，专其号曰‘吕氏’”（徐树栋：《烟屿楼文集》）。“僭”者，超越本分也。孔子是后来被尊为圣人的人，在一些人的眼中，似乎只有圣人才配作《春秋》，一般的人作了，便算是“僭”了。对此，您有何感想？

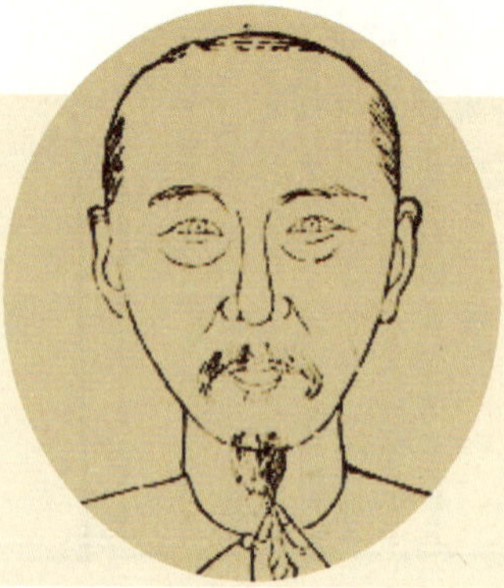

徐时栋（柳泉先生）像

徐时栋，清代学者，因排行十三，故又称徐十三，学者多以“柳泉先生”称之。他生平酷爱读书，留意搜罗，一生校勘文献甚多。他认为《吕氏春秋》“多醇而少疵”。在《吕氏春秋杂记序》中说：“考其征引神农之教，黄帝之诲，尧之戒，舜之诗，后稷之书，伊尹之说，夏之鼎，商、周之箴，……上志故记，歌诵谣谚，其捃摭也博，故其言也杂，然而其说多醇而少疵。”

吕答：把作《春秋》当作是圣人的专属的看法，是完全站不住脚的。第一，在孔子利用鲁国的史料作《春秋》之前，有那么多国别的《春秋》，而且都是官修的。孔子接过来，在没有任何人授权的情况下，为了表达自己的政治主张，以私人（孔子那时什么贵族身份都没有，只是一个士人，即后世说的知识分子）的身份修史，比起他的前辈来，不是也“僭”了吗？第二，孔子被尊为圣人，那是在他身后；他修《春秋》时，正是“累累如丧家之犬”十分狼狈的时候。他作为平民可以修《春秋》，别人为何不可以那样做呢？

《退修诗书》（选自明彩绘绢本《圣迹之图》）

孔子42岁时，鲁昭公去世，鲁定公立，大夫季孙氏凌驾国君之上。孔子不满当局又不愿为官，后来潜心修订《诗》《书》《礼》《乐》，教授弟子，众至三千。

对您在自己书的封皮上署上自己的大名一事，说法也是很不相同的。有人认为那是“专其号曰‘吕氏’”，其意思有点含糊，似乎是说，您专门署上“吕氏”这名，是不是想出风头啊？可是，到得20世纪末叶，一些学者的看法就不一样。学者陈静在《先秦至魏晋文人著述观念的变化》中说道：“吕不韦对著作的态度与前人不同，他以自己的姓氏命书，这在中国历史上是第一次，这与后世作者署名的作用是一样的。”意思是，由不署名到署名，这是历史性的进步，您说呢？

刘勰雕像

刘勰，梁代著名的文学理论家。虽任多官职，但其名不以官显，却以文彰，一部《文心雕龙》奠定了他在中国文学史上和文学批评史上不可或缺的地位。他赞赏《吕氏春秋》论述周全。

吕答：我也这样认为。我在秦国已位极人臣，而且被王者尊为“仲父”，难道我还要借文字来提升自己的虚名吗？没那个必要。我在《春秋》前署上“吕氏”的名号，是一种勇敢精神和负责精神，说明我吕不韦就是这样想和这样认为的。俗话说：“白纸黑字写上的，连斧头都砍不去。”要知道，署上了名，就是要对这些“砍不去”的文字负责的。这是人性的极大觉醒。学者陈静把这种署名现象与我处的那个时代联系在一起看，是正确的。不知大家注意到了没有，与我同时代的赵国的平原君，著有《虞氏春秋》，魏公子信陵君著有《魏公子兵法》，都是在自己的著作前冠以自己的大名的。说《吕氏春秋》在中国历史上是著作冠名的“第一次”，大致不错的，但说“第一批”更确切些。

《文心雕龙》书影

梁代的刘勰在《文心雕龙·诸子》中说：“吕氏鉴远而体周。”虽然只有简简单单的7个字，却充分肯定了该书的思想十分高远、考虑十分周全。吕不韦把诸子百家思考的问题都重新思考过了。

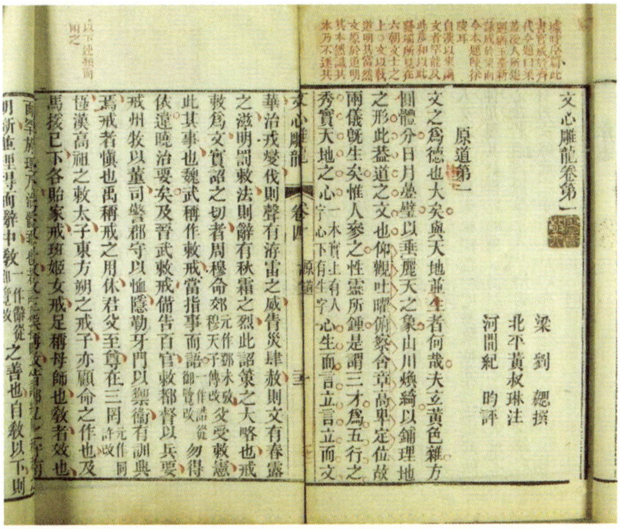
文心雕龍卷第一
梁 劉 勰撰
北平黃叔琳注
河間紀 昀評
原道第一
文之爲德也大矣與天地並生者何哉夫玄黃色雜方圓體分日月疊璧以垂麗天之象山川煥綺以鋪理地之形此蓋道之文也仰觀吐曜俯察含章高卑定位故兩儀既生矣惟人參之性靈所鍾是謂三才爲五行之秀實天地之心心生而言立言立而文
……
華治戎燮伐則聲有洊雷之威眚災肆赦則文有春露之滋明罰敕法則辭有秋霜之烈此詔策之大略也戒敕爲文實詔之切者周穆命郊父受敕憲此其事也魏武稱作敕戒當指事而語勿得依違曉治要矣及晉武敕戒備告百官敕都督以兵要戒州牧以董司警郡守以恤隱勒牙門以禦衛有訓典焉戒者慎也禹稱戒之用休君父至尊在三罔極漢高祖之敕太子東方朔之戒子亦顧命之作也及馬援已下各貽家戒班姬女戒足稱母師也教者效也

说您吕不韦、赵平原君、魏信陵君，是中国历史上第一批著作署名人，那是对的。但是，你们的情况还是很不相同的。平原君是在“困于梁”，且“不得意”的情况下，退居二线“乃著书”的。魏公子信陵君是一名文士，又是一员战将，后来他为魏王所疑，“使人代公子将”，信陵君由是“谢病不朝”，一心著述，于是有了《魏公子兵法》。而您自己说，《吕氏春秋》于秦王政 8 年前已经完稿，众所周知，那正是您政治生涯最巅峰的时间段。这不同的境况下的作品，其风格也会很不相同吧?

吕答：的确如此。赵公子和魏公子都是在“不得意”情况下著书，他们的著述主要是回头看，是“下观近世”。其中会有感慨，会有牢骚，会有不满，会有悲愤。那样的作品也会很感人，但所缺的是气度和远见。而我吕不韦著《吕氏春秋》时正当一往无前风光无限之时，因此，我的这部《春秋》总体上是前瞻的，是为前面的大一统的帝国制造舆论和设计蓝图的。我自己说，我是在“学黄帝之所以诲颛顼”(《吕氏春秋·序意》)我以“王师”和“仲父”的双重身份，以《吕氏春秋》一书来教诲后世天子，让他们学得“为民父母”之道。

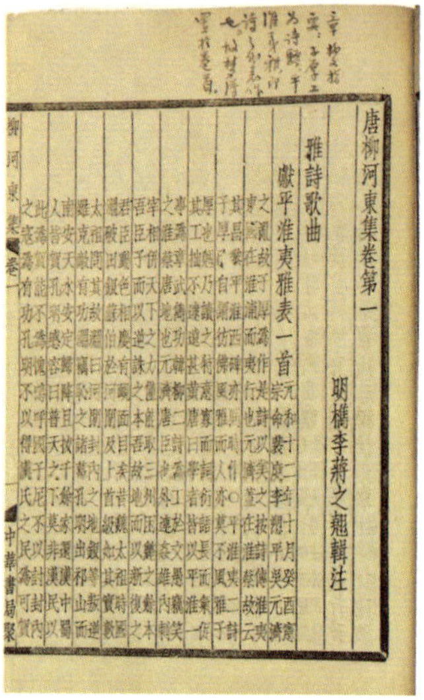
唐柳河東集卷第一
明檇李蔣之翹輯注
雅詩歌曲
獻平淮夷雅表一首

《柳河东集》书影

柳宗元在《柳河东集》有种树郭橐驼传，借种树人郭橐驼之口，说明为官治民者要顺应自然，“顺民本性”，所谓“顺民”，就是《吕氏春秋》所说“重民”、“贵民”，一切以民为本，不能“朝令夕改，繁政扰民”。

轩辕黄帝故里

新郑在上古称“有熊”，轩辕黄帝在此建都。黄帝故里祠始建于汉代，后屡经毁建，明清修葺。清朝康熙五十四年（1751 年），新郑县令徐朝柱立有“轩辕故里”碑。

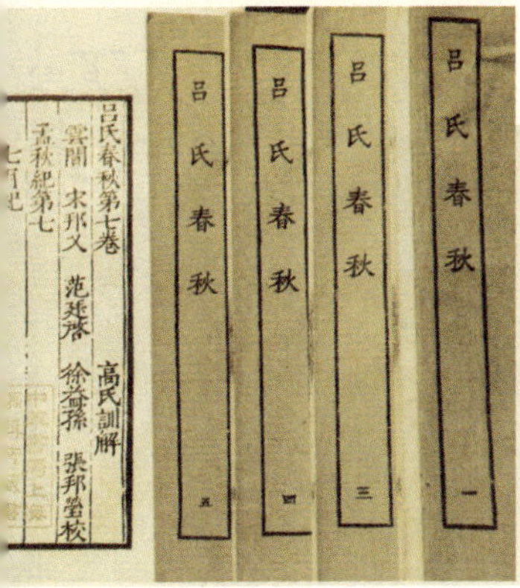

《吕氏春秋》书影

我们现在看到的孔子整理的《春秋》经，是编年体的，从隐公、桓公、庄公、闵公、僖公、文公、宣公、成公、襄公、昭公、定公，一直写到哀公 14 年的所谓“西狩获麟”。12 个鲁公，一个不掉地写下去。这样，242 年间事，一年都不漏。而您所著的《吕氏春秋》，已经完全从编年体中脱胎出来，为何仍然称为《春秋》呢?

吕答：我想，孔子的《春秋》是有所本的，它的本就是君主身边的记事官留下的文字材料。孔子以这些原始资料为底本，加以加工整理，注入自己的思想观点，就成了我们见到的《春秋》经。现在我们看到的《春秋》经已经大不同于当年宫廷的简单纪事，它重在观念，又体现了厚今薄古的精神。孔子生活的时间段是鲁襄公22 年到鲁哀公16 年，经历了襄公、昭公、定公、哀公四朝，而这中间有着孔子自身的切身体验，也正是孔子编撰《春秋》的重点。孔子写襄、昭、定、哀四公所占的篇幅（只有短短的70 余年）比整个240 余年的一半还多。可见，孔子《春秋》编年中又有若干“不编年”的要素。我吕不韦作《吕氏春秋》，为什么不可以更进一步，走出呆板的时间序列，去寻找事物与事物、人物与人物间更深层的内在的联系呢？我著作《吕氏春秋》，是取孔子《春秋》的要旨，而变易其形式。

孔子雕像（北京）

对于总体有 160 篇的《吕氏春秋》一书的篇章结构，古今学人多所揣摩，说法也很不一致。有人以为：“全书的体裁，在编制上实在也相当的拙劣的。”（郭沫若：《十批判书》）而有人却不这样看，深赞“其书瑰玮宏博，幽怪奇艳，上下巨细事理名物之故，粲然皆具，读之如深入宝藏。”（徐时栋：《烟屿楼文集》）先生，您认为哪种评价更比较的符合该书的实际？

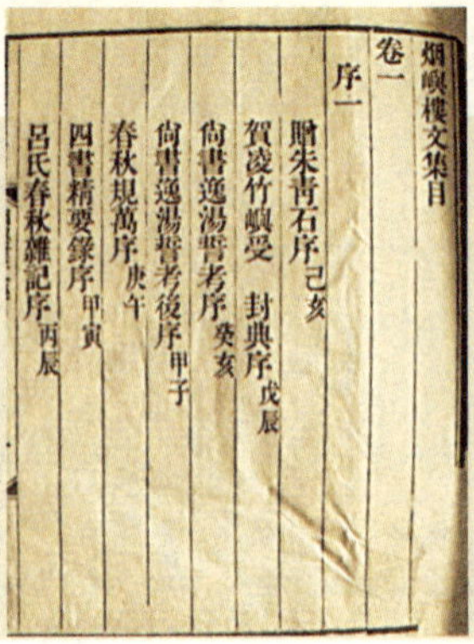
烟嶼樓文集目

卷一

序一

贈朱青石序 己亥

賀凌竹嶼受 封典序 戊辰

尚書蓮湯誓考序 癸亥

尚書蓮湯誓考後序 甲子

春秋規萬序 庚午

四書精要錄序 甲寅

呂氏春秋雜記序 丙辰

《烟屿楼文集》书影

吕答：郭沫若说本书“在编制上实在相当拙劣”，那是他的一家之言，我当然不敢苟同。我虽然不敢说如徐时栋先生赞许的那样称得上“瑰玮宏博”，但本书有着严密的构架，那是肯定的。全书160个篇章，哪一篇该放在哪里，都不是随意而为的。比如，十二纪，“十二纪者，纪十二月也。”（司马贞：《史记索隐》）一共60篇文章，分布在12个月中，一月为一纪，每纪5篇。每纪5篇文章的格式又大致相同。每纪中的首篇文章讲天时，二、三、四、五篇文章讲与该天时相关的人事。这样环环相扣，难以随便挪动，怎么可以说是编制杂乱而“拙劣”呢？

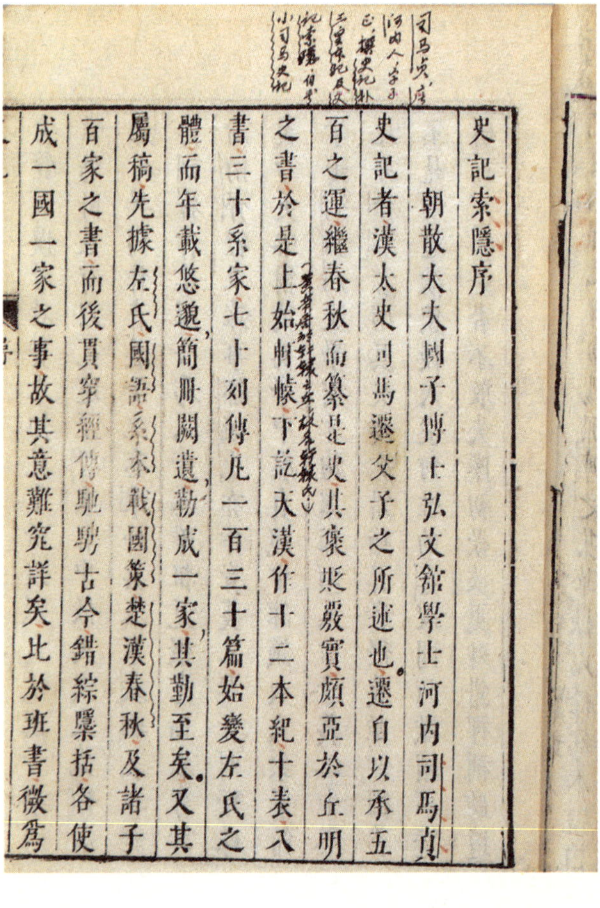
史記索隱序

朝散大夫國子博士弘文館學士河內司馬貞

史記者漢太史司馬遷父子之所述也。遷自以承五百之運繼春秋而纂是史其襃貶覈實頗亞於丘明之書於是上始軒轅下訖天漢作十二本紀十表八書三十系家七十列傳凡一百三十篇始變左氏之體而年載悠邈簡冊闕遺勒成一家其勤至矣。又其屬稿先據左氏國語系本戰國策楚漢春秋及諸子百家之書而後貫穿經傳馳騁古今錯綜櫽括各使成一國一家之事故其意難究詳矣比於班書微爲

《史记索隐》书影

下面我们一起来探讨一下《吕氏春秋》一书三个版块的构架吧！先看“十二纪”的构架。这里关键是对十二纪的“纪”字的理解。不少学者把“纪”简单化地与“记”等同。认为十二纪就是记十二月间事。十二纪的骨架是“四时”和“月令”，“四时”中的不同“时”，有不同的“事”要办。每一“月令”都有它自身的时令，不能错乱。这样解释当然没有错。但是，我们在读了《吕氏春秋·用民》中的一段话后，理解又进了一步。我们觉得，十二纪的主旨就是要引导人们去寻找那个纪和纲，要趋利避害，您说是不是？

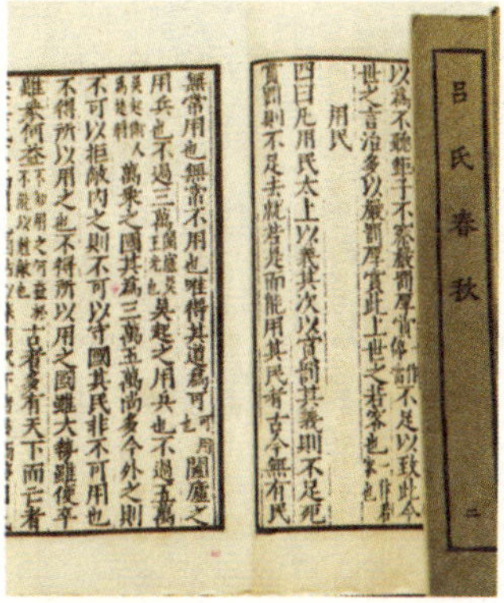

《吕氏春秋·用民》书影

吕答：对极了。十二纪是讲天时的，但我不是为讲天时而讲天时，讲天时的目的还是让人们能“欲荣利，恶辱害”。一是要人们弄懂天时，二是在此基础上要懂得顺天时。这里说的“纪”，具有约束、制约的意思。人是时时处处受天时的制约的，人只能顺天时，不能逆天时。什么天时办什么事，不能错乱了。我在《孟春纪》的首篇就明确提出“顺天时”这个大“纪”。孟春时节，只能顺其自然地行春令，如果“孟春行夏令则风雨不时，草木早槁，国乃有恐；行秋令则民大疫，疾风暴雨数至，藜莠蓬蒿竝兴；行冬令则水潦为败，霜雪大挚，首种不入”。这里讲了天道，也讲了人道，是天道与人道的结合。

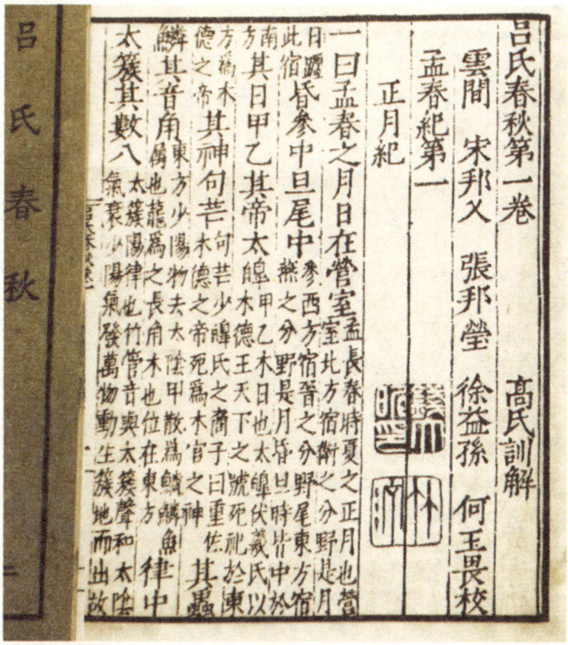
呂氏春秋第一卷　高氏訓解
雲間　宋邦乂　張邦瑩　徐益孫　何玉畏校
孟春紀第一
正月紀
一曰孟春之月日在營室……昏參中旦尾中……其日甲乙……其帝太皞……其神句芒……其蟲鱗……其音角……律中太蔟……其數八……

《吕氏春秋·孟春纪》书影

四二问

紧接“十二纪”的是“八览”。“览”有观察，有登高望远之意。您在书中讲了八方面的“览”：一是“有始览”，观察万物之始；二是“孝行览”，把孝定为“万事之纪”；三是“慎大览”，强调愈是强大愈要谨慎；四是“先识览”，要察微而知著；五是“审分览”，要审定名分，按名分办事；六是“审应览”，主张“圣人听于无声，视于无形”，不要拘拘于小事；七是“离俗览”，离俗的主旨在于一个“廉”字；八是“恃君览”，国君应一心为公，“天子利天下，国君利国。”我们想问，既然八览所“览”的都是人事，为何又把“有始”置于第一“览”呢？

吕答： 把“有始”放在第一览，这是极为有必要的，它具有承上启下的功效。十二纪讲天道，现在要讲人事了，但我还必须提醒一下人们，讲人事怎么也离不开天道，“天地和合，生之大经也”。天与地的互相交合，是万物生成的根本道理。从“有始”讲起，就是要人们不忘根本。从天地这个根本，再推及人世的根本，“安危荣辱之本在于主，主之本在于宗庙，宗庙之本在于民”(《吕氏春秋·务本》)。这“三本”(荣辱之本、主之本、宗庙之本)上头有一个“大本”(即所谓“大经”)，那就是自然，就是天地。不讲“有始”，我的“八览”就没了根基，许多道理也讲不清了。

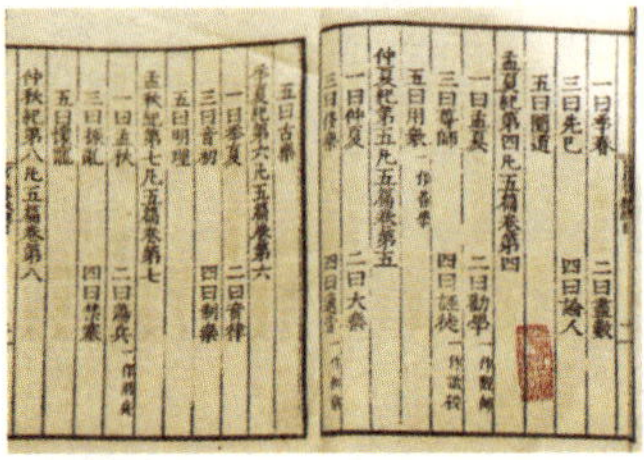

《吕氏春秋》(目录)书影

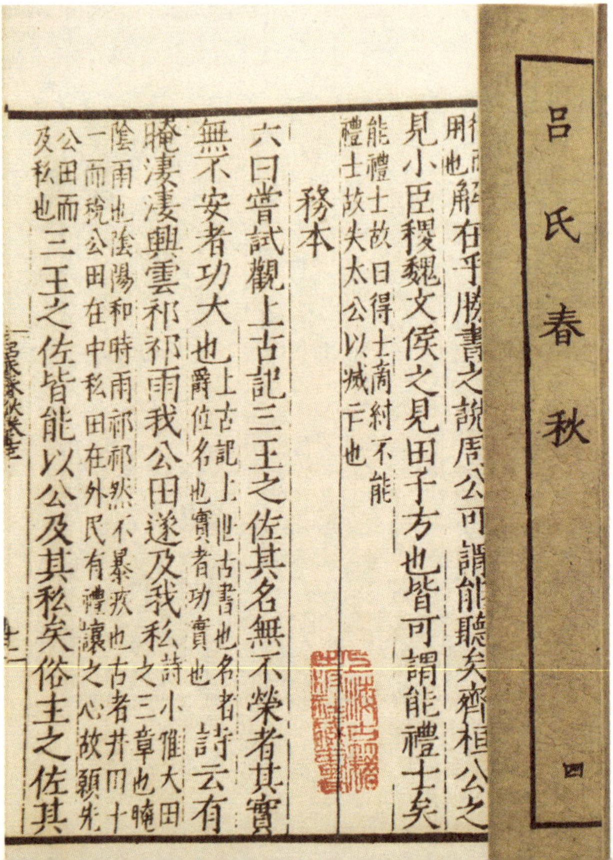

用也解在乎勝書之說周公可謂能聽矣齊桓公之見小臣稷魏文侯之見田子方也皆可謂能禮士矣能禮士故日得士商紂不能禮士故失太公以滅亡也

務本

六曰嘗試觀上古記三王之佐其名無不榮者其實無不安者功大也上古記上世古書也名者爵位名也實者功實也詩云有晻淒淒興雲祁祁雨我公田遂及我私詩小雅大田之三章也晻陰雨也陰陽和時雨祁祁然不暴疾也古者井田十一而稅公田在中私田在外民有禮讓之心故願先公田而及私也三王之佐皆能以公及其私矣俗主之佐其

《吕氏春秋·务本》书影

在八览中，有人以为“慎大览”是在给年少的秦王政上课的。事实情况是，经过数代人的努力，秦国现在是越来越“大”了，统一之势已浮出水面。但此时还说不上万事大吉，要谨慎。您说了两条：一是对六国，还不能麻痹大意：“贤主愈大愈惧，愈强愈恐。”在统一大业中还有许多事要做。二是在对待“士”上要慎：“士虽骄之，而己愈礼之，士安得不归之？士所归天下从之，帝。”（《吕氏春秋·慎大览》）这两条在当时都有现实的针对性吗？

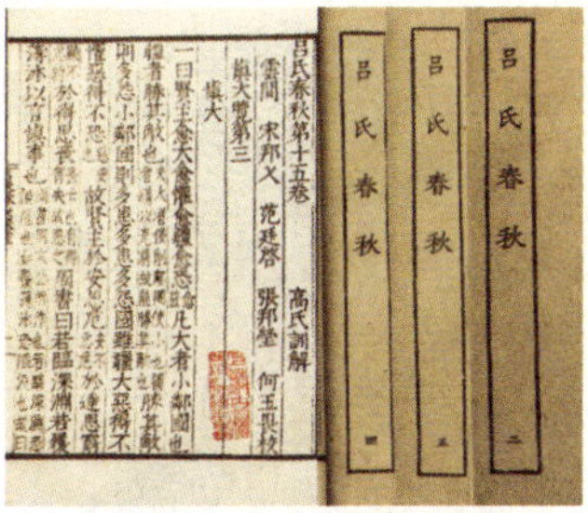

《吕氏春秋·慎大》书影

吕答：当然有。我不管是不是秦王嬴政的亲生父亲，但是，自他幼年以来，我对他的护卫最多，后来作为王者师，我与他的接触也是最亲近的。我了解他。有人批评他：“秦王为人，蜂准，长目，鸷鸟膺，豺声，少恩而虎狼心，居约易出人下，得志亦轻食人。”（《史记·秦始皇本纪》）这虽是带有情绪性的咒骂，但作为一种评价也是大体符合实际的。当时，正是秦“得志”之时，怎样防止秦王嬴政的“轻食人”的确是个大课题。至于“士虽骄之，而己愈礼之”一说，多少是在为我自己开脱。我虽出身商人，后来弃商从政，但我的骨子里还是个士人。我的许多话也许说得有点儿“骄”，但还望主上“礼之”。后来主上非但不“礼之”，还大开杀戒，那是我始料不及的。后世顾炎武认为，培养人的“知耻”之心，为朝廷教化之“先务”，正是我的“礼之”原则。

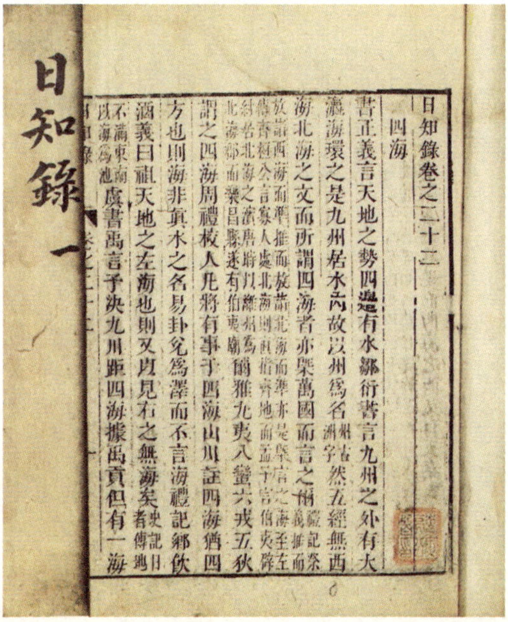

《日知录》书影

顾炎武认为，道德教化关系国家兴衰存亡。他说，“礼义廉耻”四者之中，耻是至为重要的。一个人之所以违犯礼义，失去操守，原因就在于不知羞耻。因此培养人的“知耻”之心，是“立人之大节”，是朝廷教化之“先务”（《日知录》）。

这也是从社会现实出发的一个命题。当时的现实是整个社会的低俗化。您主张“离俗”，走出低俗，走向高尚。什么叫高尚？那就是“廉”。您说了一段千古名言：“布衣人臣之行，洁白清廉中绳，愈穷愈荣。虽死，天下愈高之。”（《吕氏春秋·离俗览》）这段话的意思是：平民布衣，都应该清清白白做人，为官为臣的，都应该廉洁奉公，都应该中规中矩（中绳）。这样的人，当官的人，愈是穷困，愈是光荣。即便穷困而死，天下人也会愈是敬仰他的。老百姓愈穷愈要守住道德的底线，这容易理解，而当官的怎么有一个“愈穷愈荣”的问题呢？

吕答：对的。我在《离俗》篇讲了这个问题。有人说我是中国历史上最大的理想主义者，我承认这点。我对世俗实在看不惯，我希望通过努力，社会的“妄苟”之风有所改观，人人都走向“洁白清廉中绳”。当官不是为收刮民财，而是让百姓过上好日子。单靠那一点点官俸过日子，有时还要从官俸中拿出一部分接济黎民，那当然官是愈当愈穷了。而这种“穷”不是耻辱，而是一种光荣。像欧阳修这样的有识之士，对我的“去私”思想是大为赞赏的。我想，我的理想总有一天会实现的。

欧阳修像

欧阳修，号醉翁，又号六一居士。世称欧阳文忠公，北宋卓越的文学家、史学家。《吕氏春秋·去私》名篇以尧舜禅让等故事为例，阐明了持公秉正、公私分明的法理和道德规范。欧阳修对此予以赞赏。心底无私天地宽，欧阳修深受影响，发出“所守者道义，所行者忠信”之感叹。

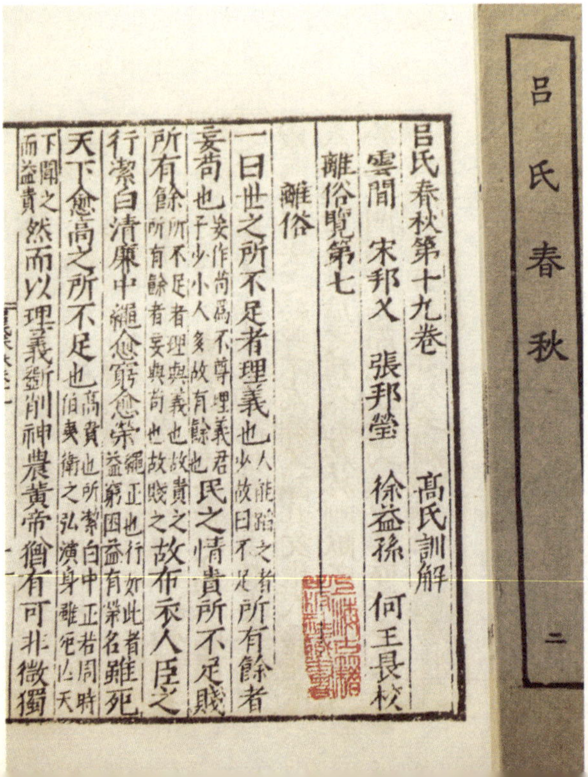

呂氏春秋 二

呂氏春秋第十九卷　高氏訓解

雲間　宋邦乂　張邦瑩　徐益孫　何玉畏校

離俗覽第七

離俗

一曰世之所不足者理義也人能蹈之者少故曰不足所有餘者妄苟也妄作苟爲不尊理義君子少小人多故有餘也民之情貴所不足賤所有餘所有餘者妄與苟也所不足者理與義也故貴之故賤之故布衣人臣之行潔白清廉中繩愈窮愈榮繩正也行如此者益窮困益有榮名雖死天下愈高之所不足也高貴也所潔白中正若周時伯夷衛之弘演身雖死以天下聞之而益貴然而以理義斲削神農黃帝猶有可非微獨

《吕氏春秋·离俗》书影

《吕氏春秋》的第三大部分定名为“六论”。这“六论”之名，实在有点特别。说是“论”，那该是一篇篇议论文了。可是，一读，完全不是那样的，每“论”6篇，六论加起来共36篇，篇篇都是叙说多于议论的。我们作了一点统计，每篇中“论”的部分大约只占十分之一、二，而十之八、九是叙说，是讲故事，有情有节，生动有趣。正如清代的大学者包世臣说的：“序述话语，如闻如见。”（《艺舟双楫》）形象的叙说大大多于理性的议论，既然如此，为何以“论”命之呢？

吕答：这个问题学者们是看到了，但没有人着意专题探讨过。要我说，这里的“论”，实际上就是孟子说的“论世”。《孟子·万章下》：“颂其诗，读其书，不知其人，可乎？是以论其世也。”这里提出了一个“论世”的命题，也就是研究和论述时世。我的“六论”，真可谓知人论世的论世之作了。我的议论，是前面十二纪和八览的延伸，而叙述部分则是采自春秋战国时期列国时事，说是论世，那是名符其实的。

包世臣像

包世臣，清代学者、书法家、书学理论家。学识渊博，喜兵家言，治经济学，对农政、货币以及文学等均有研究。他对《吕氏春秋》赞赏有加。他的主要历史功绩在于通过书论《艺舟双楫》等鼓吹碑学。

《艺舟双楫》书影

包世臣在《艺舟双楫·摘抄韩吕二子题词》中说：“史公推勘事理，兴酣韵流，多近韩。序述话语，如闻如见，则入吕尤多。”这种“如闻如见”的治史风格，影响长达千百年。

“六论”的序列是这样的：一论是“开春论”，这是与十二纪的“孟春纪”相呼应之作，而内容又要充实得多。二是“慎行论”，与八览中的“慎大览”相呼应，而又主论义、利。三论和四论是“贵直论”和“不苟论”，与八览中的“礼贤下士”的相关篇章相呼应。五论“似顺论”，讲的还是慎行，不过提高到哲学高度讲话了：“小为大，重为轻，圜道也。”（《圜道》）六论“士容论”，讲以农为本。这是个古老的命题，但您在这里显然要比前人站得高些，看得远些。这里想问的是，为何要把“开春论”放在首论的重要位置上呢？

吕答：“开春论”是篇重头文章，其主旨我讲得很清楚：“王者厚其德，积众善，而凤凰圣人皆来至矣！”（《吕氏春秋·开春》）凤凰来仪，圣人至国，这是最为吉祥如意的事，象征着如春天般“蛰虫动矣”的新时代的到来。这里的“开春”，说明要开的是“天下为一”的新时代。随着阵阵春雷，一个万象更新的大时代就要到来了。论世之作，如果不以“开春论”打头，我简直想不出如何破题了。

王念孙像及《读书杂志》书影

王念孙，清代乾隆四十年（1775年）进士，历任翰林院庶吉士、工部主事、工部郎中等，平生笃守经训，个性正直，好古精审，剖析入微。著有《吕氏春秋》批校本等，认为“开春”为首论有吉祥的象征意义。

《吕氏春秋·开春》书影

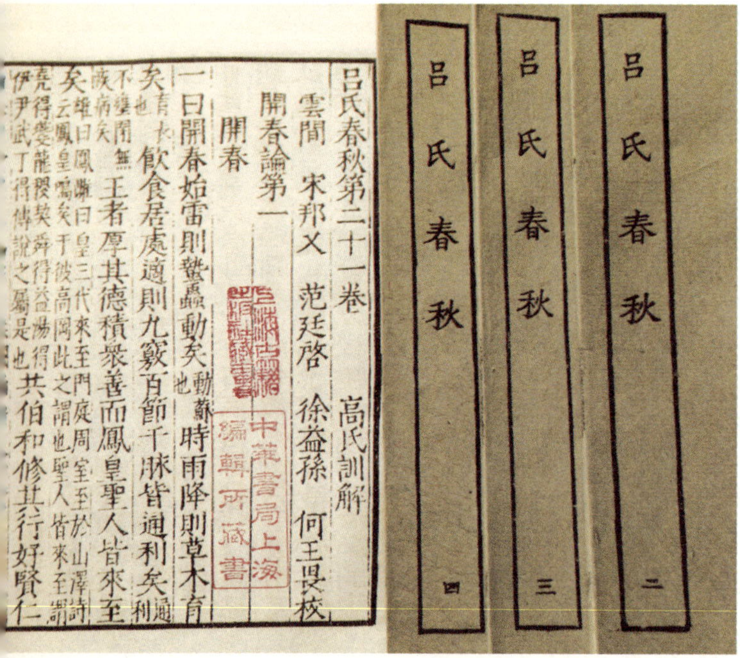

呂氏春秋第二十一卷　高氏訓解
雲間　宋邦乂　范廷啓　徐益孫　何玉畏校
開春論第一
開春
一曰開春始雷則蟄蟲動矣 動蘇也 時雨降則草木育
矣 育長也 飲食居處適則九竅百節千脈皆通利矣 通利
不疾病矣 無 王者厚其德積衆善而鳳皇聖人皆來至
矣 雖曰鳳皇曰皇三代來至門庭周室至於山澤詩云鳳皇鳴矣于彼高岡此之謂也聖人皆來至謂堯得舜禹得益湯得伊尹武丁得傅說之屬是也 共伯和修其行好賢仁

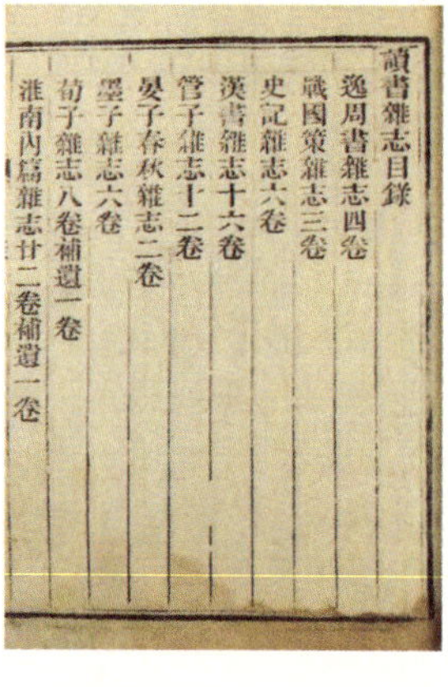

讀書雜志目錄
逸周書雜志四卷
戰國策雜志三卷
史記雜志六卷
漢書雜志十六卷
管子雜志十二卷
晏子春秋雜志二卷
墨子雜志六卷
荀子雜志八卷補遺一卷
淮南內篇雜志廿二卷補遺一卷

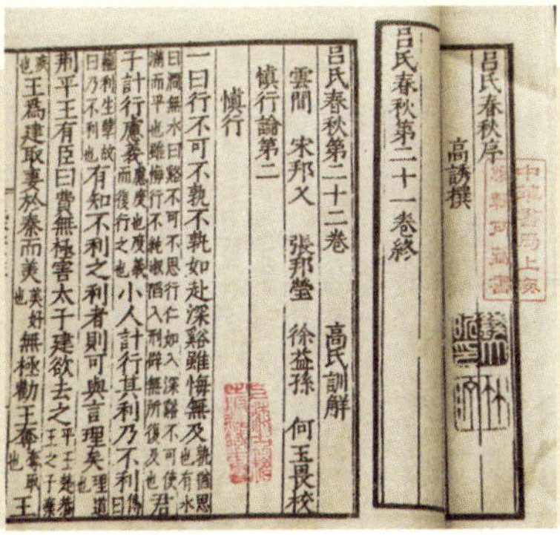

《吕氏春秋·慎行》书影

前有“慎大览”，后有“慎行论”，两者都说的是一个“慎”字，但人们读了以后，感觉到其目的、意义、价值还是有很大的差异的，请您告诉我们，“慎行论”比之“慎大览”有哪些更深一层思想?

吕答：如果说“慎大览”主要是面向秦王政发话的话，那么，“慎行论”则是在为广大官僚指点迷津了。“慎大览”提出了愈大愈要谨慎的命题，但没有多少具体的论证。而“慎行论”则通过秦国、赵国、楚国、齐国等多国的史实，求证了这样一个命题：“强大未必王也，而王必强大。王者之所藉以成也者何?藉其威与其利。”这里隐含着富国强兵的思想。《慎行论》还重提了义利之争。“君子计行虑义。小人计行其利。”(《吕氏春秋·慎行》)这一观念显然是脱胎于儒家而又超越于儒家的。我又说，“义者百事之始也，万利之本也。”(《吕氏春秋·无义》)在这点上，观点又颇近于墨家，把义和利统一在一起了。可见，“慎行论”所论述的“慎”，将渗入到人的行为的所有环节之中，那种把“利”看得高于一切的人，也是最不“慎”的人。

《吕氏春秋·无义》书影

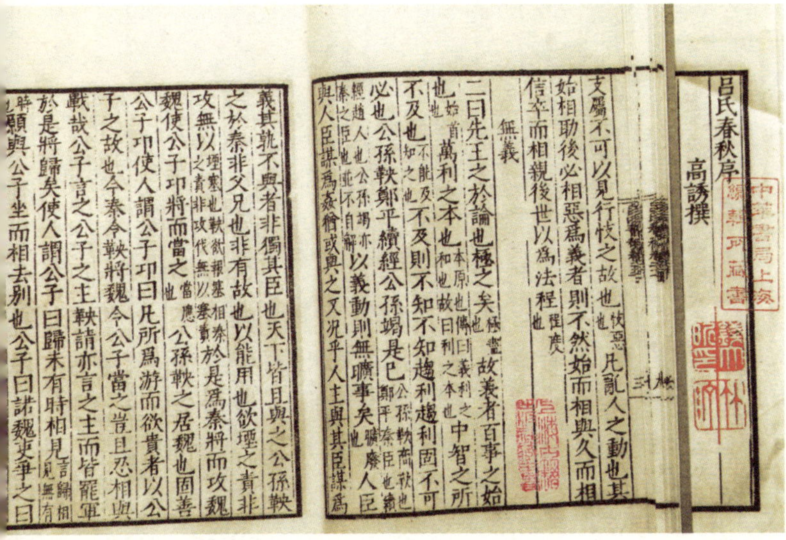

四八问

呂不韦

"似顺论"共六篇文章，可以说是一组奇文。一开头就有那么一段话："事多似倒而顺，多似顺而倒。有知顺之为倒、倒之为顺者，则可与言化矣。至长反短，至短反长，天之道也。"这段话颇似绕口令，其意是说：事物往往似乎是倒的，但实际是顺的；往往似乎是顺的，实际是倒的。能够知道表面顺的实际是倒的、表面倒的实际是顺的人，就可以跟他讨论事物的发展变化了。就拿时日来说，夏至时白天最长就是走向短的开始，冬至白天最短反过来就是变长的开始，这就是天道，就是自然。这段提纲挈领的文字，想告诉人们些什么呢？

吕答：我在文稿中已经明确说了，"似顺论"也就是"言化论"。为什么有的人能"知顺之为倒、倒之为顺"呢？因为他懂得"言化"，懂得事物发展变化的规律。我在这里要告诫人们，尤其是君主，不要"耻不知"，"耻不知而矜自用，好愎过而恶听谏，以至于危。耻无大乎危者。"有学者指出，这些话也是针对秦王嬴政说的，后面五篇中的"别类"是要他区分不同类别的事不同对待，"有度"是要他按照法度办事，"分职"是要他把更多的事分给臣下做，自己大权独揽就可以了，"处方"是要他确定名分使"下不逾节而上不苟为"，"慎小"是要他不要放过细微的变化而误了大事，全都是规劝秦王嬴政学会"言化"的补充意见。只可惜秦王嬴政没把这些意见听进去。

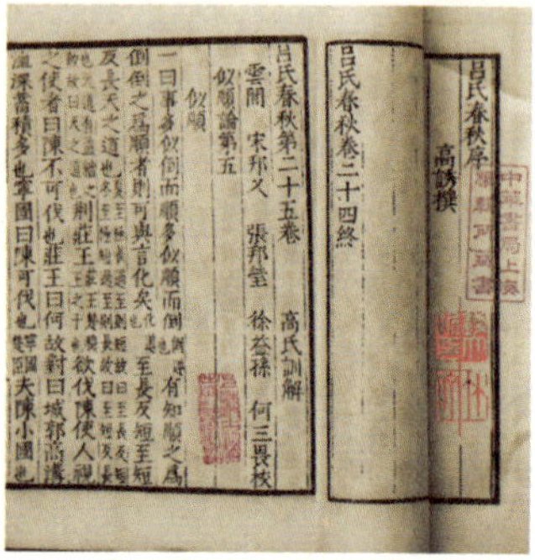

《吕氏春秋·似顺》书影

《吕氏春秋·别类》书影

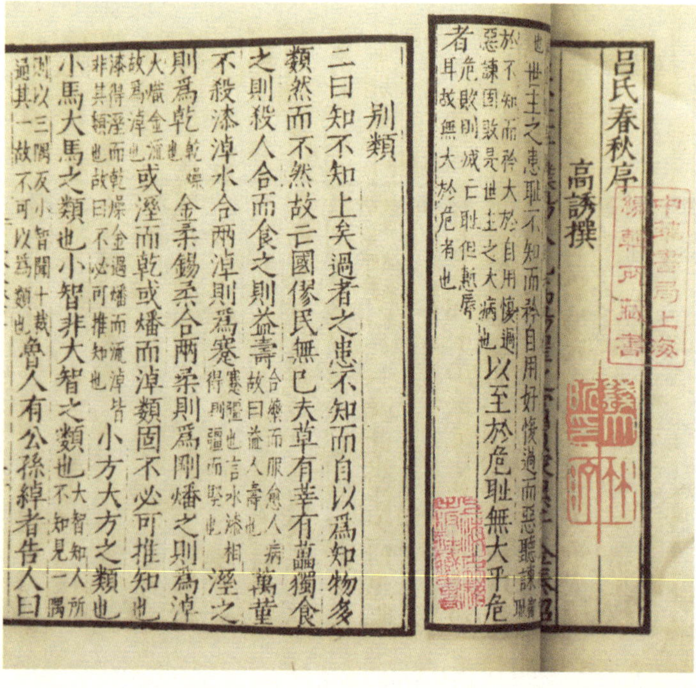

呂氏春秋序

高誘撰

也世主之患恥不知而矜自用好愎過而惡聽諫以至於危恥無大乎危

別類

知不知上矣過者之患不知而自以為知物多類然而不然故亡國僇民無已夫草有莘有藟獨食之則殺人合而食之則益壽萬堇不殺漆淖水淖合兩淖則為蹇溼之則為乾金柔錫柔合兩柔則為剛燔之則為淖或溼而乾或燔而淖類固不必可推知也小方大方之類也小馬大馬之類也小智非大智之類也魯人有公孫綽者告人曰

《士容论》是“六论”中的最后一论，也是整部《吕氏春秋》中的最后一卷，它具有结局的性质。“士”历来就是一种美称，到春秋战国时期，则是对贤者、智者、知识者阶层的统称，管子提出“士、农、工、商”四阶层说，从品格和社会地位角度看，“士”被列于首位。荀子则把传统的“士”和“君子”两个美称合而为一，提出“士君子”的说法：“有小人之辩者，有士君子之辩者，有圣人之辩者。”(《荀子·非相》)士君子的地位仅次于圣人。“士”的含义相当确定，但是，何谓“士容”呢？看来这是您初次尝试使用的一个新名词，能否给我们作一些解说？

《荀子·非相》

吕答：“士”的含义是明确了，关键是那“容”字有点儿费解。在《礼记·杂记》中有这样的解说：“容，威仪也。”意思是说，“容”专指人的一种威严的仪表。《韩诗外传四》则说：“文礼谓之容。”就是说懂文化、知礼仪，称之为“容”。陈奇猷在《<吕氏春秋>校释》则认为：“士容，犹今语士之态度。士之态度有一定之法范，故下文高注训为法也。”这些说法都是有一定道理的，不过说得有点儿玄了。其实，我启用“士容”这个新名词，没有多少奥义，就是要倡导士君子的那种足为世人法范的容貌。这里说的“容貌”当然主要不是指士人的外表相貌，而是专指士人所特有的那种崇高的精神风貌。

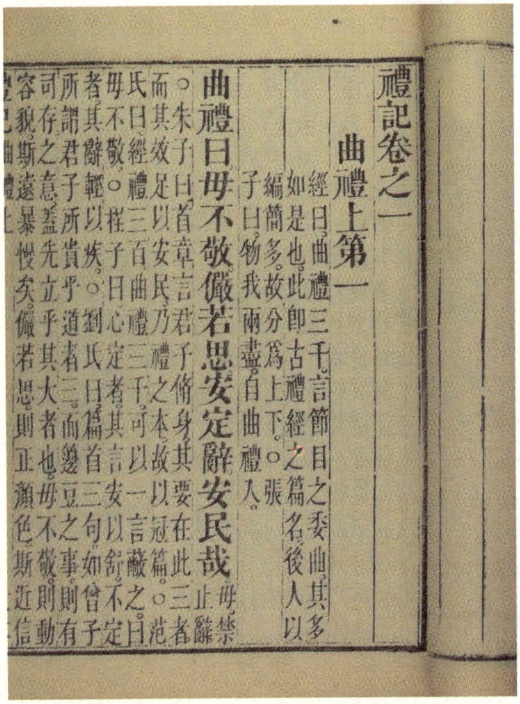
禮記卷之一
曲禮上第一
經曰曲禮三千言節目之委曲其多如是也此卽古禮經之篇名後人以編簡多故分爲上下。張子曰物我兩盡自曲禮入。
曲禮曰毋不敬儼若思安定辭安民哉毋禁止辭
○朱子曰首章言君子脩身其要在此三者而其效足以安民乃禮之本故以冠篇。○范氏曰經禮三百曲禮三千可以一言蔽之曰毋不敬。○程子曰心定者其言安以舒不定者其辭輕以疾。○劉氏曰篇首三句如曾子所謂君子所貴乎道者三而籩豆之事則有司存之意蓋先立乎其大者也。毋不敬則動容貌斯遠暴慢矣。儼若思則正顏色斯近信

《礼记》书影

有学者以为，您把《士容》篇作为全书的归结，是在向世人宣示您心目中理想人格，大致可以归结为若干点：一，既柔顺又刚强，既清虚又充实，即所谓“柔而坚，虚而实。”二，志向高远而又能办实事，即所谓“傲小物而志属于大”。三，具有涉难而前的大勇精神，即所谓“执固横敢而不可辱害，临患涉难而处义不越”。四，一心为公不图私利，即所谓“节物甚高而细利弗赖”。五，超凡脱俗可为世之模范，即所谓“耳目遗俗而可与定世”。六，富贵不能淫、贫贱不能移，即所谓“富贵弗就而贫贱弗去”等，您塑造这样完美无缺的“士容”形象，目的何在？

吕答：我在《士容》篇说得很清楚，就是未来的统一大帝国应该由这样的士人来领导、来统治。“此国士之容”也，意思是说，这就是能够治理国家的士人的精神容貌啊！“南面称寡而不以侈大，今日君民而欲服海外”。这种士人一旦君临天下，也不会自高自大、放肆妄为，有了此等“国士之容”，连海外人士也肯定会真心臣服的。

吕思勉像

吕思勉，著名历史学家，著有《先秦学术概论》等。他认为《吕氏春秋》在一定程度上表达了吕不韦的思想，这一说法应该是比较可信的。

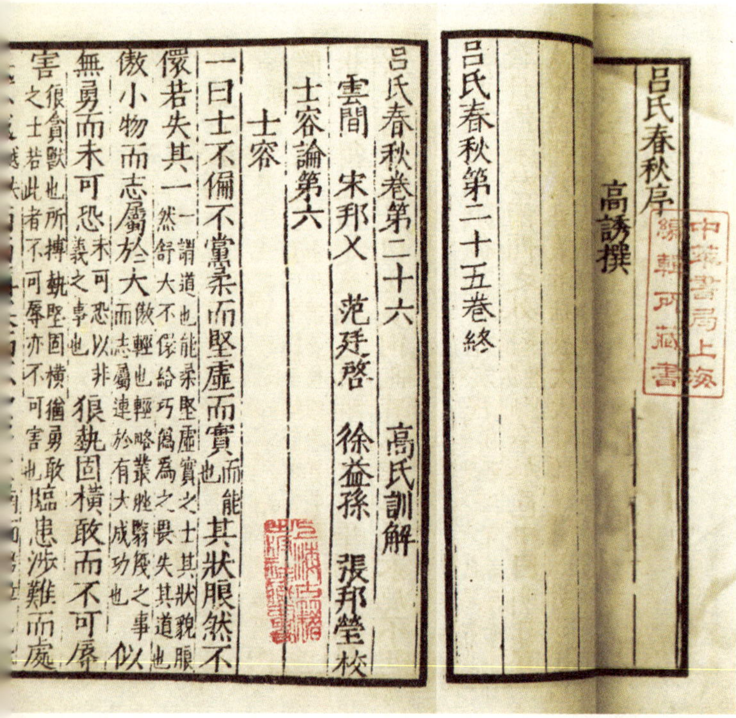

呂氏春秋序
高誘撰
中華書局上海編輯所藏書

呂氏春秋第二十五卷終

呂氏春秋卷第二十六　高氏訓解
雲間　宋邦乂　范廷啓　徐益孫　張邦瑩　校
士容論第六
士容
一曰士不偏不黨柔而堅虛而實（能柔堅虛實之士也）其狀脁然不
儇若失其一（一謂道也其狀貌脁然舒大不儇給巧僞爲之畏失其道也）
傲小物而志屬於大（傲輕也輕略業𧴎之事而志屬連於有大成功也）似
無勇而未可恐（未可恐以非義之事也）狠執固橫敢而不可辱
害（很貪獸也所摶執堅固横猶勇敢之士若此者不可辱亦不可害也）臨患涉難而處

《吕氏春秋·士容》书影

您的这一套主张，使我们想到了比您还早出生一百多年的柏拉图。柏拉图是古希腊最伟大的思想家、哲学家。他在社会政治方面，提出了“理想国”的学说。他认为，在这个国度里，居有统治地位的人，应是哲学家、知识者，提倡的是贤人政治、智者政治。真是心有灵犀一点通，您心中也似乎有自己的“理想国”。您是中国古代提倡士人政治的第一人，这样理解可以吗?

柏拉图像

柏拉图（约前427年—前347年），古希腊伟大的哲学家，也是全部西方哲学乃至整个西方文化最伟大的哲学家和思想家之一，他和老师苏格拉底，学生亚里士多德并称为古希腊三大哲学家。

吕答：你们说的那个柏拉图，我不了解他，也没有作过比较。但是，经你们一说，我倒真觉得我与那个柏拉图之间还有不少共同点呢！最大的共同点就是主张智者政治。我说过：“败莫大于愚。”（《吕氏春秋·士容》）那些愚人把握了国柄，这个国家就不会有希望，“有国若此，不若无有。”我不主张用暴力把这些愚人赶下台，而是主张“古之与贤”，就是要像尧帝把帝位主动禅让给舜，如此把政权主动禅让给贤人，才是明君。传贤不传子，这也是我的一个理想。

尧帝像

尧帝，姓伊祁，号放勋。因封于唐，故称“唐尧”，德高望重，民众倾心。年老时将帝位禅让给舜，为后世所乐道，也是吕不韦所崇敬古圣之一。

五二问

吕不韦

这里有一个问题值得提出来一议，本卷既定名为“士容”，那么，顺理成章地说应该在后面的五篇中展开关于“士”的论述。可是实际不是这样的，本卷的第二篇是《务大》，是说要抓大事；第三篇是《上农》，是说要把主要精力放在农业上；第四篇是《任地》，是说怎样使用和改善土地；第五篇是《辩土》，说的是怎样因不同土地情况而进行不同的耕作和种植；第六篇是《审时》，强调的是不误农时。这些似乎都与“士容”不怎么搭界，您说呢？

吕答： 不客气地说，这说明你们还没有把我的书读通，只是从表面的构架上去考虑问题。我的文稿追求的是内在的联系。本卷名为“士容论”，而且实际上确是围绕着“士容”在做文章。我不是主张由“国士”来治国吗？那么，接下来要回答的问题就是怎样治国了。治国不单单是一个口号，它是有实际内容的，关系到国计民生。因此，我把治国的重点放在农业上，放在开发地利上。有学者早已看出，我的“六论”的要旨就是“开发地利”，而开发地利又具体落实在全书压轴的四篇上。这样处置，岂不妙哉？

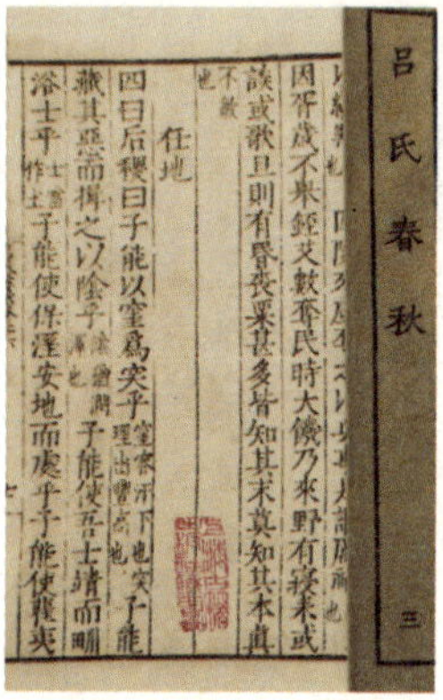
吕氏春秋

任地

《吕氏春秋·任地》书影

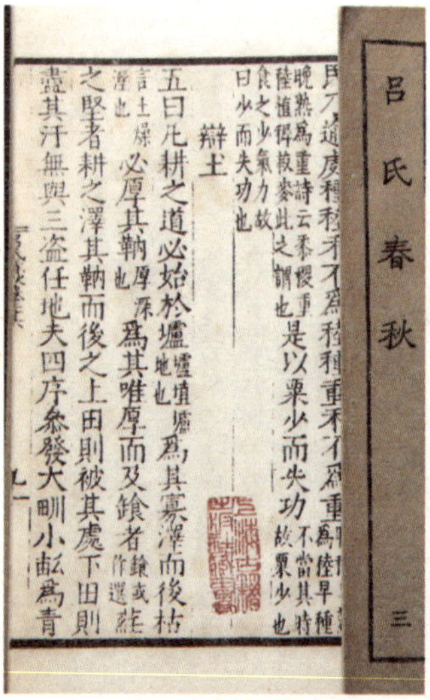
吕氏春秋

辩土

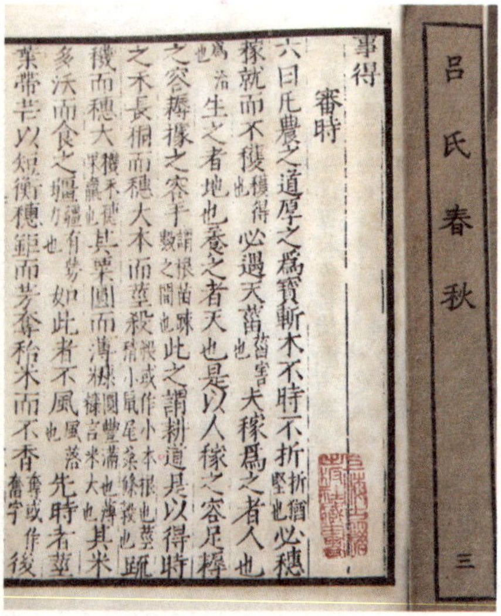
吕氏春秋

审时

《吕氏春秋·辩土》书影　《吕氏春秋·审时》书影

当年商鞅重农，您在《上农》《任地》《辩土》《审时》四文中也大力提倡重农，但您俩的重农还是有很大区别的。商鞅的重农是要把农民从井田制的束缚下解放出来，除了耕战之外，不希望农民再去干些别的什么。而您强调的自耕农的务农积极性，除了农忙时要求农民一心务农之外，并没有那么多的限制。“当时之务，农不见于国，以教民尊地产也”（《吕氏春秋·上农》）。这里说的只是“当时”，也就是农忙的时候，农民才不出现在“国”（国都）里。这是不是说，要在平时，尤其是农闲时，农民还是可以去城市，甚至去经一经商吗?

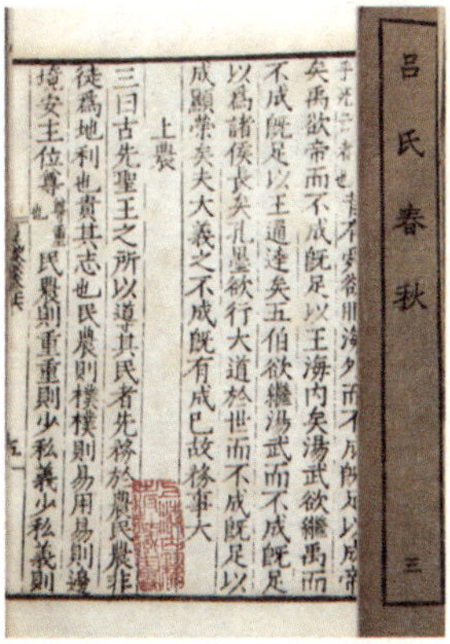
吕氏春秋 三

矣禹欲帝而不成既足以王海內矣湯武欲繼禹而
不成既足以王通達矣五伯欲繼湯武而不成既足
以爲諸侯長矣孔墨欲行大道於世而不成既足以
成顯榮矣夫大義之不成既有成已故務事大

上農
三曰古先聖王之所以導其民者先務於農民農非
徒爲地利也貴其志也民農則樸樸則易用易用則邊
境安主位尊 民農則重重則少私義少私義則

《吕氏春秋·上农》书影

吕答：人总是要前进的，我比商鞅后起，我应该比商鞅更进步些。你们读我的十二纪，在每一纪的每一篇章中，我不只规定了每个月的农事，还规定了每个月的商事。农、工、商三者，我认为只有职业之别，并无贵贱之分，“凡民自七尺以上属诸三官，农攻粟，工攻器，商攻货”（《吕氏春秋·上农》）。就是农民，除农忙时外，其他时间做些别的事也没什么。这是我与我的前辈改革家所不同的地方。

“废井田 开阡陌” 图

我们理解，您的重农思想的突出优势是“寓教于农”。您说过这样一段话：“古先圣王之所以导其民者，先务于农。民农非徒为地利也，贵其志也。民农则朴，朴则易用，易用则边境安，主位尊。民农则重，重则少私议，少私议则公法立，力专一。民农则其产复，其产复则重徙，重徙则死其处，而无二虑。”（《吕氏春秋·上农》）是否可以请您对这段话加以必要的解释？

吕答：我在《乐成》等篇中反复赞颂子产，就是因为他的重农“为能”“达乎任人”。说我的重农思想是重在“寓教于农”，那是可以的。但这种“教”不是一般的“说教”，而是通过重农进行的一种自然之“教”，一种“贵其志”的教育，也就是提高农民素养的教育。这种教育有三个层次：一是“民农则朴”。农业是最实实在在的事情，从播种，到耕耘，到养护，到收割，来不得半点花巧，重视农业就是重视这种“朴”的教育。二是“民农则重”。此“重”指的是稳重。“重则少私议”，人们从事农业就不会轻率地去干违法犯罪的事。三是“民农则产复”。一些注家都把“复”训为“厚”，那么“产复”就是财产厚重了。土地是最大的不动产，因为“产复”，农民就不会随意地迁徙了。在当时看来这也是好品质，政府也易于控制和管理了。

商鞅量（又称“商鞅方升”）

商鞅变法前，秦国各地度量衡不统一。为了保证国家的赋税收入，商鞅制造了标准的度量衡器，如今传世之“商鞅量”，上有铭文记有秦孝公“十八年”“大良造鞅”监造，“爰积十六尊（寸）五分尊（寸）之一为升”。

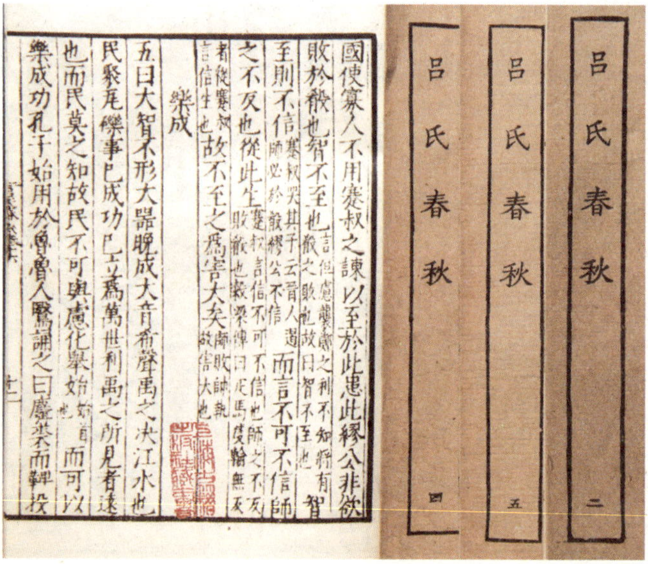

國使寡人不用蹇叔之諫以至於此患此繆公非欲
敗於殽也智不至也言但慮襲鄭之利不知將有敗也故曰智不至也智
至則不信蹇叔哭其子云晉人禦師必於殽繆公不信而言不可不信師
之不反也從此生蹇叔言信不可不信也師之不反敗殽也殽渠俾曰匹馬隻輪無反
者從蹇叔言信生也故不至之為害大矣喪敗師執故害大也
樂成
五曰大智不形大器晚成大音希聲禹之決江水也
民聚瓦礫事已成功已立為萬世利禹之所見者遠
也而民莫之知故民不可與慮化舉始始首也而可以
樂成功孔子始用於魯魯人鷖誦之曰麛裘而鞞投

《吕氏春秋·乐成》书影

您说过："天下时，地生财，不与民谋。"（《吕氏春秋·任地》）"天下时"的"下"，学者都训为"有"或"降"，这是对的。"天下时"，应释为天有自然运行的"时"，即春、夏、秋、冬四时。"地生财"易于理解，在您看来农民的财物都是由地里生长出来的。天的四时运行，地里庄稼的年成如何，都不会与人商量的。这是您的观点。荀子说："天有其时，地有其财，人有其治。"（《荀子·天论》）前面两句是完全一样的，差异是最后一句。您说的是天地不可能与人谋，而荀子说的是人自有治理的办法。看来，荀子在天人关系上，比您要更积极些，是不是？

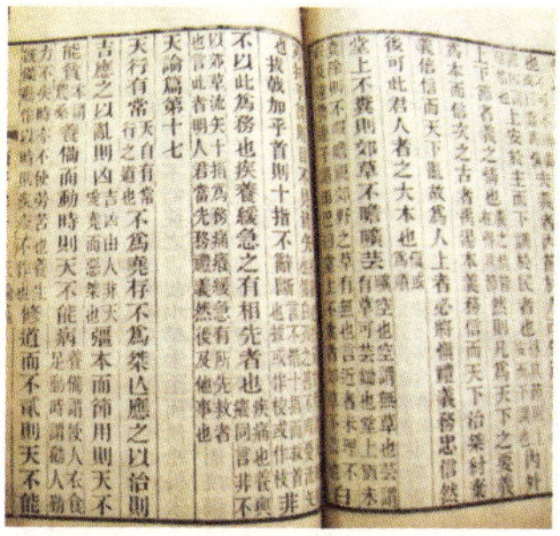
《荀子·天论》

吕答：我倒不这样认为。我以为荀子的说法与我的说法可以互为补充。首先要有我的"不与民谋"的观念。强调"不与民谋"，表达的不是对大自然的无奈，而是对天、地的尊重、敬畏和理智的态度。"譬之若良农，辩土地之宜，谨耕耨之事，未必收也。然而收者，必此人也。始，在于遇时雨。遇时雨，天地也，非良农所能为也"（《吕氏春秋·长攻》）。我说得多客观，就是良农，也要看天地的脸色行事，何况一般人？先要有"不与民谋"的思想准备，然后才再有荀子式的"人有其治"——人自有治理的办法，把两者结合起来，那事情就比较的好办了。

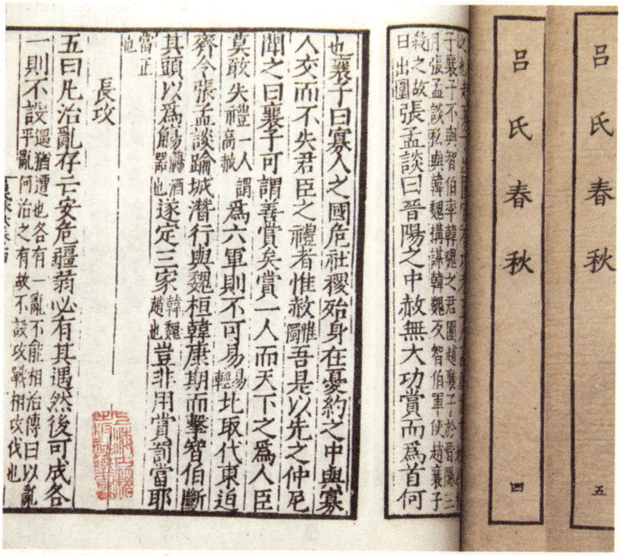
《吕氏春秋·长攻》书影

五六问

吕不韦

您的一些农学著作中，常常强调一个“时”字。在《上农》《任地》《辩土》《审时》四篇农学专著中，用“时”有40来处，组成的词儿有“当时”“敬时”“守时”“失时”“时至”“审时”“先时”“后时”“保时”等，表述了十分丰富的农学思想。请您讲讲，您在《吕氏春秋》中讲到“时”的时候，大致包含有哪几层意思？

王安石像

王安石，北宋杰出的政治家、思想家、文学家、改革家，唐宋八大家之一，有《王临川集》、《临川集拾遗》等存世。王安石官至宰相，主张改革变法。王安石认为“自古驱民在信诚，一言为重百金轻”，这里也包含对商鞅、韩非以及吕不韦思想的推崇。

吕答：有这样四层意思：其一，“时”为“时令”之谓，也可称为“月令”。不同的时令有不同的农业要求，对农民提出一个“时”字，是要他们按时安排农事。其二，“时”为“时务”之谓。我在《上农》篇中一再讲到“当时之务”。“当时之务，农不见于国”，“当时之务，不兴土功”，意思是当农时的时候，其他一切都要让路。其三，“时”为“时机”之谓。陈奇猷在《吕氏春秋校释》中释《审时》时说：“此篇言为稼者，必审察时宜而为之，然后可保丰收，且果实亦美好也。”这就是要抓时机。其四，“时”为泛指“时间”。农事是最耗费时日的行当，因此，农民最爱惜时间，有谓“敬时爱日，非老不休，非疾不息，非死不舍”（《吕氏春秋·上农》）。在惜时上，也表现出“贵其志”的思想风貌。

《临川先生文集》书影

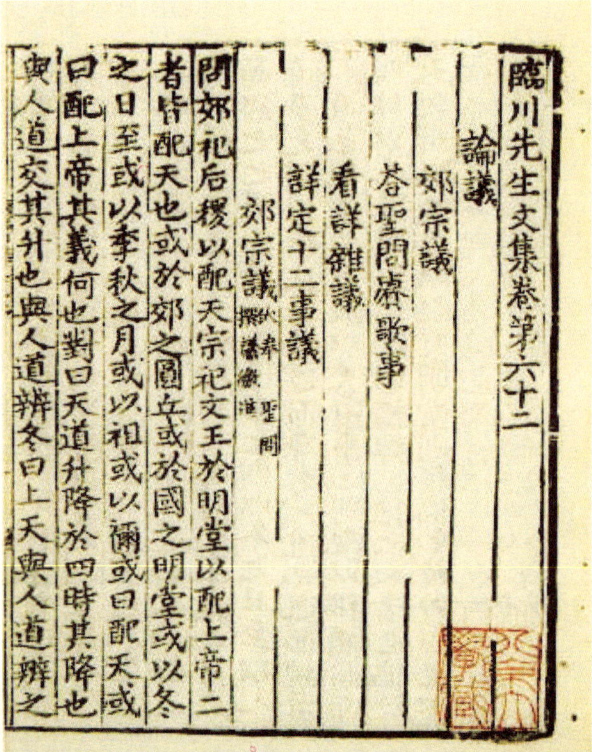

臨川先生文集卷第六十二
論議
郊宗議
荅聖問虜歌事
看詳雜議
詳定十二事議
郊宗議 代奉聖問
問郊祀后稷以配天宗祀文王於明堂以配上帝二
者皆配天也或於郊之圜丘或於國之明堂或以冬
之日至或以季秋之月或以祖或以禰或曰配天或
曰配上帝其義何也對曰天道升降於四時其降也
與人道交其升也與人道辨冬曰上天與人道辨之

杨宽像

《吕氏春秋》十分重视农业科学技术，一些学者以为：“《吕氏春秋》集中反映了战国时代农业技术理论上的成就。”还有一些学者认为：“《吕氏春秋》中《上农》等篇章中保存了当时农学家的一部分内容。”（杨宽：《战国史》）别人的评说未免有些隔膜，还是请您自己说说这方面的情况吧，行不行？

吕答：中国历来是以农立国的国家，因此，在春秋战国时代，农家当是一个大家，从学术角度说，也应是显学，但是，随着农学著作的散佚，农学家也声名不彰。这样，我所留存在《吕氏春秋》中的数篇作品，成了反映那个时代农业状况的唯一依据了。对于当时的农业科学技术状况，我也有责任解说。这里有五个方面：一，土壤的改良。在《吕氏春秋》中有《辩土》篇。“辩土”者，辨别土质也。为何要辨别土质？两个原因：其一是为了根据不同的土质种植不同的作物，其二是为了进行土壤改良。二，土地的利用。在《任地》中我说：“（土地）息者欲劳，劳者欲息。”《吕氏春秋》的注家陈奇猷说：“此指轮休言，久种之地必休，休后之地再种。”这不只是土地耕作制度上的进步，也是土地管理制度上的进步。三，精耕细作。“五耕五耨，必审以尽。其深殖之度，阴土必得，大草不生，又无螟蜮”。这段话讲了两层重要意思：其一是“五耕五耨”，就是多耕勤锄，使土地松疏细碎。其二是“阴土必得”。相对于阳土而言，阴土长年埋在土地的深处，得不到阳光的照射，现在通过深翻，让阴土见到阳光，相对改善了土壤。四，栽培技术。中国农业在世界上是一直领先的，早在战国时期，人们已经懂得了适当密植的道理。“慎其种，勿使数，亦无使疏，于其施土，无使不足，亦无使有余。”（《吕氏春秋·辩土》）“勿使数”的“数”，有“密”之意。意思是插秧不能太密，也不能太疏。“于其施土”，指播种后的覆土，不可太薄，也不可太厚。五，生态平衡。在《吕氏春秋·月令》中说到，在春夏两季，不准人们随意进入山林伐木，禁止捕捉初生的鸟兽，不准竭泽而渔，不准使用毒药来捕鱼捉鳖，不准堵塞山道流通，不准将野草烧灰以污染空气。这些都是为了保持生态平衡，以利于生物发展。这些对后世也是有借鉴意义的。

应当说十二纪、八览、六论这三大块的内部构架十分严密，也十分匀称。“十二纪”主要讲天时，块、卷、篇的名称也大都以天时编定。“八览”主要讲的是人，是君和臣、臣和臣、君和民、臣和民，还有家庭中的父子兄弟之间，都要体现一个“和”字。“六论”主要是讲地利。大地上的地质、地貌、地形、地势，虽有不同，但通过人的劳作，都可以不同程度地取之以利。天时、人和、地利三者之间又是互相影响，互为因果的，这一点在全书体现得十分明显。我们这样理解，可以吗？

吕答：可以的，也是很确切的。不过我要补充一句的是，在我的观念里，天时、人和、地利三者，并不是平起平坐的。三者之中，执牛耳的还是天时。这与孟子在论述同一命题时观念有所不同。“凡生之长也，顺之也”（《吕氏春秋·重己》）。只有应顺天时，然后才谈得上人和和地利。天、地、人三者皆顺，那就万事大吉，“则天下平矣！”

魏徵像

魏徵，唐朝政治家，曾任谏议大夫、左光禄大夫，封郑国公，常以《论语》《荀子》《吕氏春秋》等典籍的寓言或名句来劝谏君王，是中国史上最负盛名的谏臣。

《吕氏春秋·重己》书影

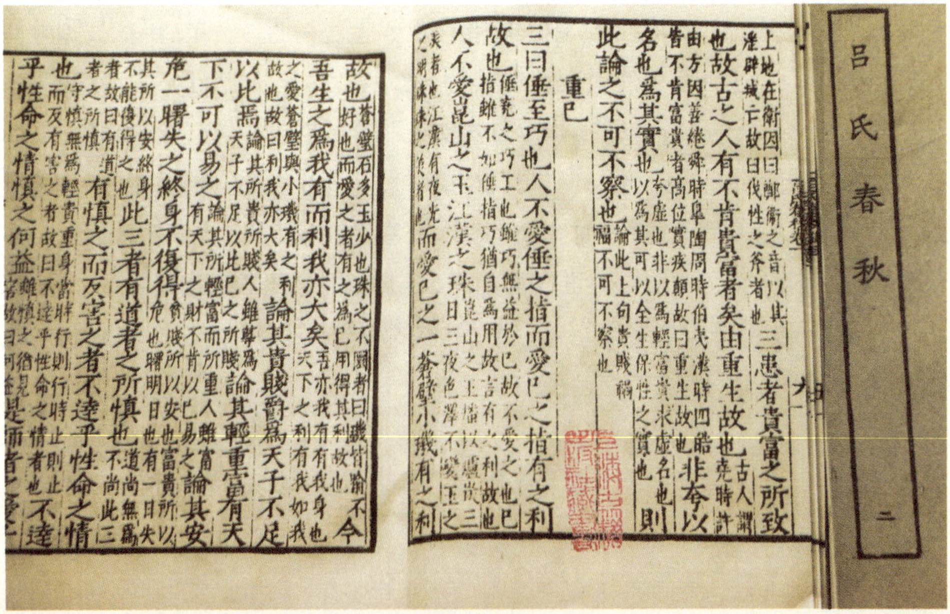

呂氏春秋 二

三患者貴富之所致也故古之人有不肯貴富者矣由重生故也非夸以名也為其實也則此論之不可不察也

重己

三曰倕至巧也人不愛倕之指而愛己之指有之利故也人不愛昆山之玉江漢之珠而愛己之一蒼璧小璣有之利故也今吾生之為我有而利我亦大矣論其貴賤爵為天子不足以比焉論其輕重富有天下不可以易之論其安危一曙失之終身不復得此三者有道者之所慎也有慎之而反害之者不達乎性命之情不達乎性命之情慎之何益

说到《吕氏春秋》的三大块，其排列的序列历来就有不同的版本和不同的看法。《史记·十二诸侯年表·序》认为：“（吕氏）上观尚古，删拾《春秋》，集六国时事，以为八览、六论、十二纪，为《吕氏春秋》。”《史记·吕不韦传》的看法一样。唐代人司马贞在注《史记》时坚持了这种序列。但是，同是唐代人的马总在《意林》中却认为：“吕不韦，秦皇时相国。乃集儒士为十二纪、八览、六论，曝于咸阳市。”这里的序列为纪、览、论。这种序列后来被普遍接受，沿用到现在。请问：在三大块的排列顺序上，其中原由何在？您认为哪一种序列更合理些？

吕答：我看啊，两种序列各有各的是处，各有各的合理处，可谓是此一时彼一时也。司马迁在《史记》中多次提到的览、论、纪的序列，是我写作后期的安排法。大家知道，司马迁有“不韦迁蜀，世传《吕览》”的说法。在那样困难的条件下，要在最后时日写完“八览”，那是不可能的。但是，“八览”是在迁蜀令前后最后定稿的，那完全可能。正因为八览定稿在那样特殊的条件下，我也就将它置于书的首部了，它最切中时弊，也最反映了我的心声。至于纪、览、论的排列法，那是我的初衷。我最初写这部书时，的确是想以“天时”为主旨来统领全书的，表现出一种自然主义的色彩。这样排列总体上来说也比较合理。正因为如此，唐代有人一提出，大家也就认同了。

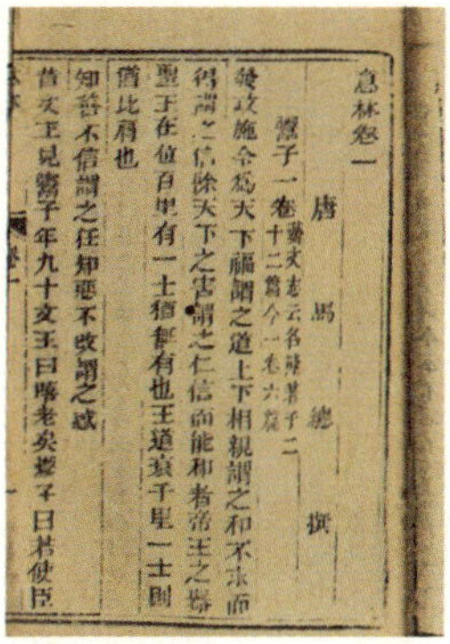

《意林》书影

《意林》为马总所编。马总，唐代德宗、宪宗时人，聪颖笃学，虽吏事倥偬，书不离身，论著颇多，摘录诸子要语，其取71家，《吕氏春秋》列在第34家，编成《意林》。系据庾仲容所编《子钞》加以增损而成，选录较为精严。

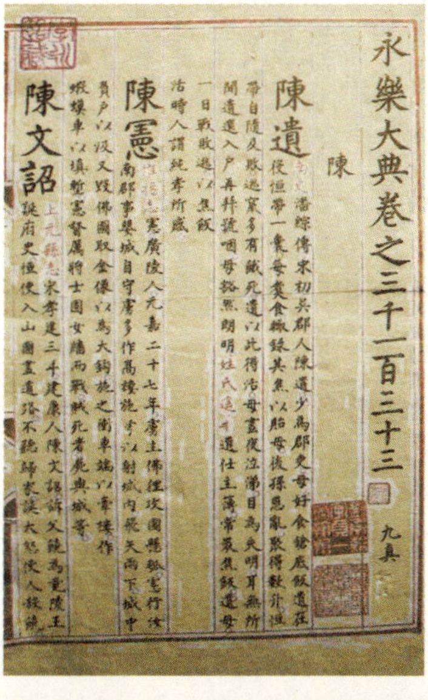

《永乐大典》书影

《永乐大典》编撰于明永乐年间，初名《文献大成》，是中国古代百科全书式的文献集，全书目录60卷，正文22877卷，装成11095册，约3.7亿字，这一古代文化宝库汇集了古代图书近八千种。梁启超认为，此书编纂之方法及体裁，皆本于《吕氏春秋》。

这里涉及到另一个问题，长期以来，人们将《吕氏春秋》和《吕览》视为同义。清代的周中孚的《郑堂读书记》说：“《吕氏春秋》二十六卷。”清代的吴寿旸的《拜经楼藏书题跋记》说：“《吕览》二十六卷。”他们把两者等同起来了。请问先生，从严格意义上讲，两者可以混为一谈吗？

周中孚撰《郑堂读书记》书影

吕答：不能的。司马迁就是严格区分的。《十二诸侯年表》说：吕不韦“上观尚古，删拾《春秋》，集六国时事，以为八览、六论、十二纪，为《吕氏春秋》。”这里是清楚的，《吕氏春秋》包括八览、六论、十二纪三大块。而《吕览》就不同，在《太史公自序》中说到“不韦迁蜀，世传《吕览》”，在《报任少卿书》中，又重提了这一说法。这里提出的信息是，《吕览》不等于《吕氏春秋》，《吕览》只是我吕不韦迁蜀后定稿的八览部分而已。为了澄清误解和混淆，学人陈奇猷在《<吕氏春秋>成书的年代与书名的确立》中，特意指出：“太史公不说传《吕氏春秋》而说传《吕览》，这很清楚地表明，不韦迁蜀后著的是《吕览》，不是《吕氏春秋》全书。只是张守节误解了，误以为《吕览》即《吕氏春秋》了。”我认同这一说法。

吴寿旸撰《拜经楼藏书题跋记》书影

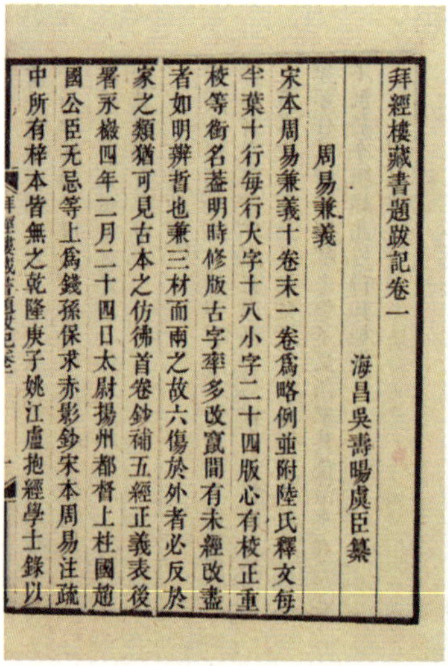
拜經樓藏書題跋記卷一　海昌吳壽暘虞臣集
周易兼義
宋本周易兼義十卷末一卷爲略例並附陸氏釋文每
半葉十行每行大字十八小字二十四版心有校正重
校等銜名蓋明時修版古字率多改竄間有未經改盡
者如明辨晳也兼三材而兩之故六傷於外者必反於
家之類猶可見古本之彷彿首卷鈔補五經正義表後
署永徽四年二月二十四日太尉揚州都督上柱國趙
國公臣无忌等上爲錢孫保求赤影鈔宋本周易注疏
中所有梓本皆無之乾隆庚子姚江盧抱經學士錄以

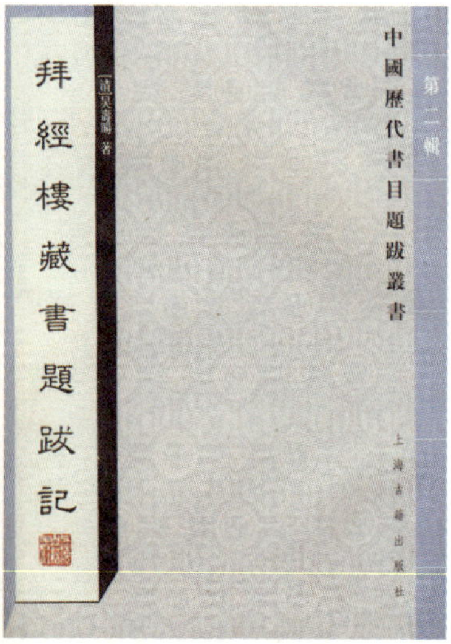

“徙木取信”雕像

《吕氏春秋》草创成书后，您采取了一个十分富于豪气的行动：“布咸阳市门，悬千金其上，延诸侯游士宾客有能增损一字者予千金。”可是，《吕氏春秋》挂在城门口多日，竟然没有一人出来置一词的。王充认为，这是因为您的权势太大，不是书没有问题，而是人们不敢直言。您这样做，是否有先例？其用意又何在呢？

吕答：是有先例的。春秋末年起，法律的公开成为一种通例。后来商鞅变法，也将法律公布于城门口。我这部《吕氏春秋》虽不是正规意义上的法，但它体现了我的思想、政治主张，实际上是对王者的建议书。我的书编成后公布在咸阳市门，是继承了先世变革者法律和政治主张公开的传统的。《吕氏春秋》成书是在秦王嬴政八年之前，那时他已20来岁，其品格、气质也渐次表露出来。我将该书公诸市曹，用意有两：一是向秦王嬴政公布自己的政见，二是取信于百姓，让更多的百姓能支持我的事业。我早就说过“宗庙之本在于民”（《吕氏春秋·务本》），我相信，只要广大民众了解了我的主张，那这些主张的实施只是迟早的事。

商鞅广场

对没有一人出来置以一词这种现象，后人说法种种。王充说：“观读之者，惶恐畏忌，虽见乖不合，焉敢谴一字？”（《论衡·自纪》）他是说因为您的权势太大，即使别人看出毛病来了，也不敢说什么的。同是汉代人的桓谭在《新论》中的看法则绝然不同，他说：“吕不韦请迎高妙，作《吕氏春秋》。……书成，布之都市，悬置千金，以延示众士，而莫能有变易者，乃其事约艳，体具而言微也。”他的意思是，之所以没有人说什么，那是因为该书结构极好，文字也极妥帖的原故。两种绝然相反的说法，您怎么看呢？

吕答：我的看法倒是，两种说法都对，又都不全对。说《吕氏春秋》因为文出自“高妙”之人的手笔，因此文章好极了，妙极了，不可易一字了。这是过头话。《吕氏春秋》再好，也不可能到那样的地步。其实，从全书看，疏漏甚至凌乱、重复的地方还是有的。另一说是“畏权势说”。“不韦权位之盛，学者安能牾其意而有所更易乎？”（马端临：《文献通考》）不过，如果《吕氏春秋》的文字真的很糟糕，你的权位再高，也会有人出来冒死增损的。古人比今人朴实一些，不像后人那样圆滑，冒死进谏的人多得很。我的意思是：《吕氏春秋》在城门口悬之日久而无人置一词，说明其文字到篇章结构，大家都还是认可的，其中当然也会有人看出了毛病，但慑于权势也就不敢声张了。

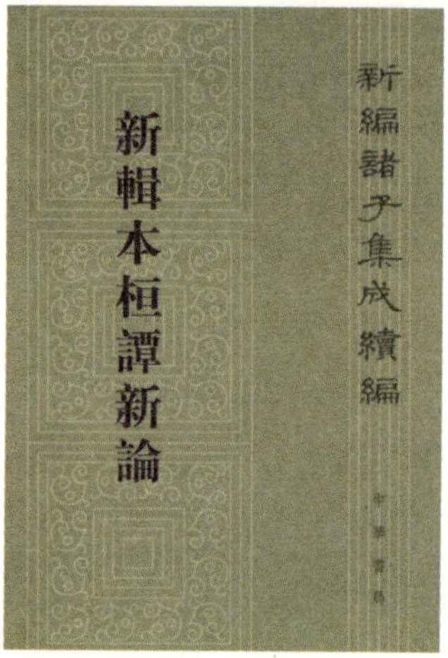

《新论》书影

桓谭，东汉哲学家、经学家，博学多识，遍习五经，推崇《吕氏春秋》言简意赅，“体具而言微”。

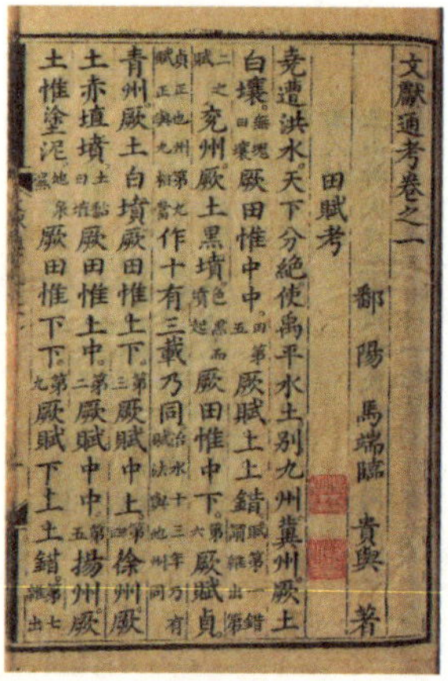
文獻通考卷之一
鄱陽 馬端臨 貴與 著
田賦考
堯遭洪水，天下分絶，使禹平水土，別九州。冀州厥土白壤。厥田惟中中。厥賦上上錯。兗州厥土黑墳。厥田惟中下。厥賦貞。作十有三載乃同。青州厥土白墳。厥田惟上下。厥賦中上。徐州厥土赤埴墳。厥田惟上中。厥賦中中。揚州厥土惟塗泥。厥田惟下下。厥賦下上上錯。

《文献通考》书影

关于《吕氏春秋》的著作权问题，千古争讼。主要的有这样三说：一是“汇集”说。宋人王应麟在《汉书· 艺文志考证》中持这一观点。吕氏门下有那么多门客，写成了，吕不韦只是“汇集”一下而已，相当于后世的编者。二是“共著”说。宋代人黄震认为，“秦相吕不韦使其宾客共著八览、六论、十二纪”，是说这是一部集体创作，相当于后世集体编写的共作。三是“撰述”说。自《隋书·经籍志》说了“《吕氏春秋》三十六卷，秦相吕不韦撰”后，后人都沿袭这种说法，后世出版的《吕氏春秋》其书，也基本上署“吕不韦撰”。先生您的看法如何？

王应麟像

王应麟，南宋官员、学者。为人正直敢言，屡次冒犯权臣而遭罢斥，后辞官回乡，专意著述二十年。其人为学宗朱熹，涉猎经史百家，善于考证。相传《三字经》为其所著。

《隋书·经籍志》书影

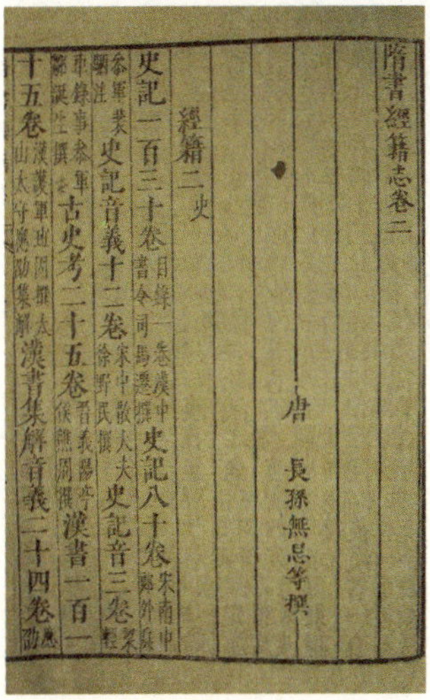
隋書經籍志卷二
唐 長孫無忌等撰
經籍二 史
史記一百三十卷 目錄一卷漢中書令司馬遷撰 史記八十卷
史記音義十二卷 宋中散大夫徐野民撰 史記音三卷
古史考二十五卷 晉義陽亭侯譙周撰 漢書一百一
十五卷 漢護軍班固撰太山太守應劭集解 漢書集解音義二十四卷

吕答： 前两说不能说没有一点道理，但总的来说是失之偏颇的。“汇集”说未免太小视我吕某了。我花那么多的人力、财力、物力，又花了那么长的时日，编成这部20余万字的巨著，我难道只是起了汇集一下的作用吗？《吕氏春秋》的格局是那样的严谨，文字是那样的工巧，岂仅是汇集之作。“共作”说从它是三千人集体智慧的结晶角度看，还是有道理的。但是，把我放在与其他幕僚平起平坐的位子上，既不太符合实际，也不太公平。我看，还是“撰述”说好。“撰”有创作和著述双重的含义，在《吕氏春秋》中，凡言论部分，大部分是我吕不韦亲自撰写的，也体现了我的思想和主张。“述”在中国文化史上有着明确的规范性要求。孔子说自己是“述而不作”，“述”具有继承前人思想的意思。在搜集“述”的资料上，幕僚们花了不小的精力，最后由我来定夺。由此可见，“撰述”说既体现了《吕氏春秋》成书过程中我的主导作用，也彰明了幕僚群体的作用。后世人署上“吕不韦撰”，反映了有识之士的眼力，人们一眼看出那是我的心血。

吕不韦像

第三章

效法天地

天，地，人。

天是自然。地是自然。“天地车轮，终则复始，极则复反，莫不咸当”（《吕氏春秋·大乐》）。天地之轮旋转着，神奇的自然，生生不息的自然，天是自然，地是自然，那么“人”呢？

面对苍茫的大地，面对寥廓的天空，吕不韦想得很多很多……

他想到了天地变化之神异。“离则复合，合则复离”（《吕氏春秋·大乐》）。是天地主宰着宇间的万物，主宰着万物的变化。

他想到了天地造物之精微。“殊形殊能异宜说之”（《吕氏春秋·有始》），天地间没有一样事物是相同的，形态不同，功能殊异，但是它们又各得其所，都有自己存在的理由。

他想到了天地之广大无比。地是大的，山是大的，水是大的，天也是大的。唯其“大”，才能长久，得出的结论是：“务事大。”

他想到了天地的“无私”。“天无私覆也，地无私载也，日月无私烛也，四时无私行也”，这“无私”的天地啊，你想告诉人们些什么呢？

他想到了“人”自身。“凡人物者，阴阳之化也，阴阳者，造乎天而成者也”（《吕氏春秋·知分》）。唔，明白了，原来人不过是天地间阴阳二气不断变化的产物。没有天地自然，哪来天下万民？

想着想着，他明白了：“盖闻古之清世，是法天地。”（《吕氏春秋·序意》法天地，法自然，这应该是人类治世的一个总纲。

六四问

吕不韦

人们都说，您在基本的思想观念上，是脱胎于老庄之学。老子的名言是：“人法地，地法天，天法道，道法自然。”（《老子·二十五章》）对这条基本的思想路线，您是接受了的。但是，也有改造。在您的一系列论述中，基本上摈弃了这四句话中的“天法道，道法自然”这后两句，把前两句“人法地，地法天”改造成了“人法天地”。您一再说：得道之人，“以天为法。”（《吕氏春秋·下贤》）“故古之治身与治天下者必法天地也。”（《吕氏春秋·情欲》）“盖闻古之清世，是法天地。”（《吕氏春秋·序意》）请问，您这样改造前贤的思想，着意强调“法天地”，是出于一种怎样的考虑？

吕答：我这样改造老子的学说，完全是为了实用，为了使理论具有更实际的社会价值。为何要“必法天地”？为的是“治身与治天下”，把理论的实用性说得明明白白。“天法道，道法自然”，这两句话历来争议颇多。既然“天法道”，那么“道”不就成了置身于“天”之外的主宰物了吗？“道法自然”，这样看来，自然不就成了比道更高的存在了吗？正如老子自己说的，“道可道，非常道。”（《老子·一章》）“道”是怎么回事，连老子自己也感到不太好讲。我有时也讲“道”，也讲“自然”，也讲“太一”、“两仪”、“阴阳”，但总觉得“浑浑沌沌”，“道也者，视之不见，听之不闻，不可为状”（《吕氏春秋·大乐》）。“道”实在难以说清。倒还是目能见、耳能闻的天地实在，“以寒暑日月昼夜知之，以殊形殊能异宜说之”（《吕氏春秋·有始》）。寒暑，人能感受到，日月昼夜，人能知觉到，不同的形态、不同的功能、各尽其用的万物给人太多的启示。这样看来，还是“人法天地”易于把握，也易于认知。所以我的思想的总纲是“法天地”。

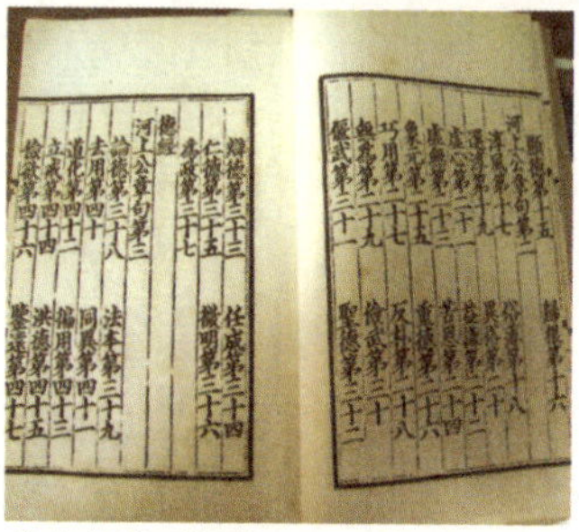

《老子》书影

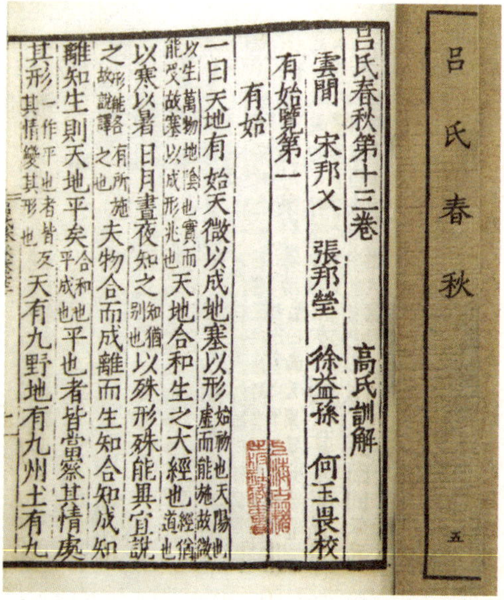

《吕氏春秋·有始》书影

这种由宏阔博大的“道法自然”云云，向较为实在的“人法天地”的转化，似乎从庄子时就开始了。庄子有时也讲“游心于淡，合气于漠，顺物自然而无容私焉”（《庄子·应帝王》）这样难以捉摸的话，但说得不多。庄子更多的是谈天说地，强调：“天地者，万物之父母也。”（《庄子· 达生》）“人与天一也。”（《庄子· 山木》）“入于寥天一。”（《庄子· 大宗师》）认为人通过法“天”，可以达到与寥廓无涯的“天”同一的境界。这些思想实际上不是被您吸收和接受了吗？

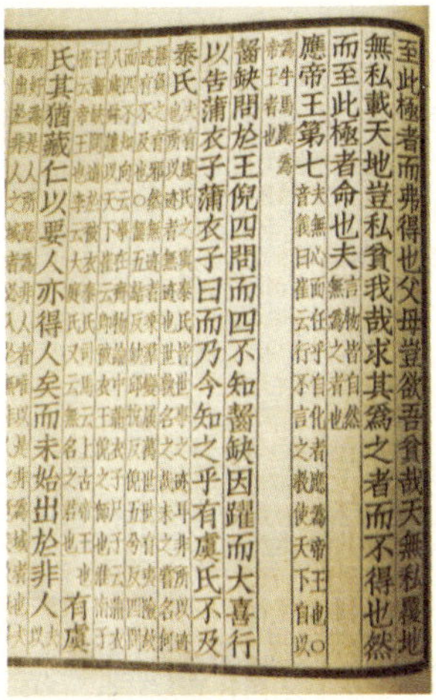

《庄子·应帝王》书影

吕答：的确，庄子是比老子更前行了一步。他更多地认为，人该效法的是宏阔寥廓的天与地，这一点，也正是我最感兴趣的。“日月星辰，或疾或徐。日月不同，以尽其行。四时代兴，或暑或寒，或短或长，或柔或刚。”（《吕氏春秋·大乐》）日月的运行，是人们看得到的，星辰的徐疾，也是可以观察的。至于寒暑的交替，白天与黑夜的短长，更是人们能体验到的。以如此具体的天与地为效法对象，不是更能让人接受吗？而这些论述，比老子的说法是大大推进了一步，比庄子的论述也更明确。

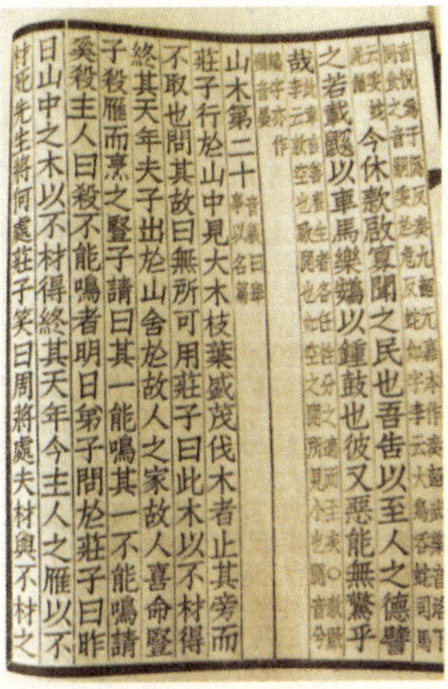

《庄子·山木》书影

《吕氏春秋·大乐》书影

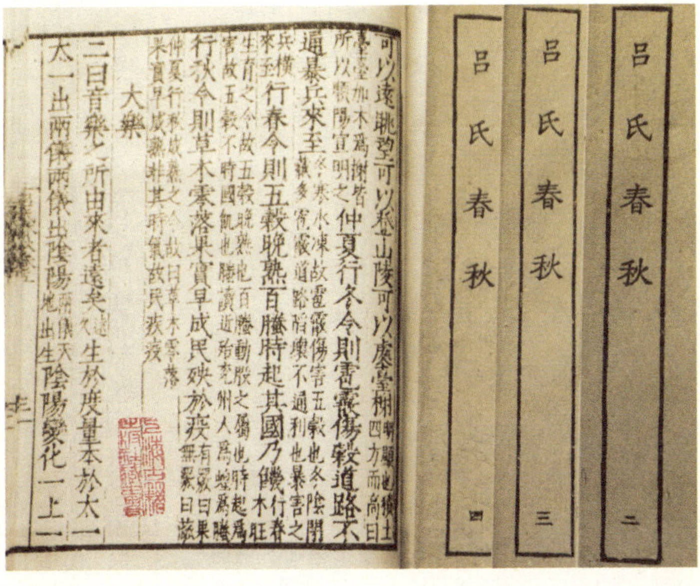

应当说，“法天地”这个观念，起始还是相当的早的。在《易·系辞上》中就说到：“崇效天，卑法地。”其意是，人们上应该效法于苍天，下应该效法于大地。人应该效法天地，这是您与前人一致的。但是，前人说效法时，往往把人放在被动的、甚至照抄照搬天地模式的位置上，而您却有些不一样。您在“法天地”上要积极得多，是不是？

《易经》

（四川科学技术出版社出版）书影

吕答：确是如此。在我看来，“法天地”不是简单的自然而然的过程，它与人本身的认知有很大的关系。“知合知成，知离知生，则天地平矣！”（《吕氏春秋·有始》）请注意：这里强调了一个“知”字。只有当人知晓事物如何“合”而成，又如何“离”而生的全过程以后，才能真正效法于天地。为此，必须去“尤”。所谓“尤”，就是偏颇，就是局限。“世之听者，多有所尤，多有所尤则听必悖矣。所以尤者多故，其要必因人所喜与因人所恶。”（《吕氏春秋·去尤》）只有去除了偏颇和局限的观念后，才真正谈得上“法天地”。由此可见，我是十分注重“法天地”过程中人的能动性的发挥的。

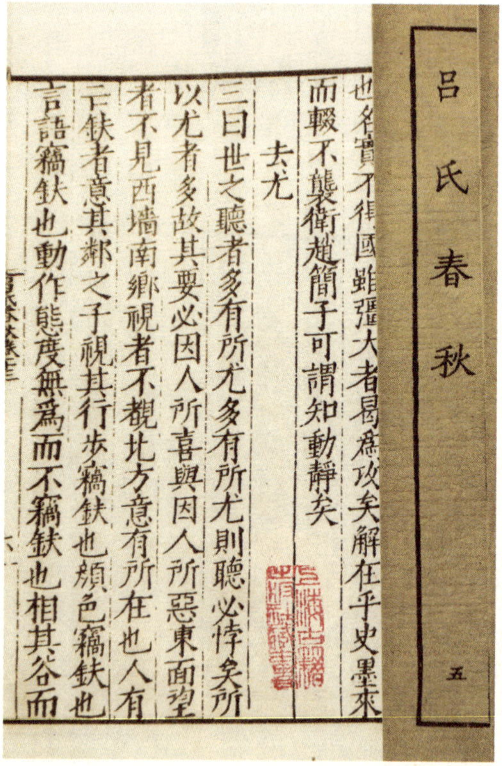
也名實不得國雖彊大者曷爲攻矣解在乎史墨來
而輟不襲衛趙簡子可謂知動靜矣
去尤
三曰世之聽者多有所尤多有所尤則聽必悖矣所
以尤者多故其要必因人所喜與因人所惡東面望
者不見西墻南鄉視者不覩北方意有所在也人有
亡鈇者意其鄰之子視其行步竊鈇也顏色竊鈇也
言語竊鈇也動作態度無爲而不竊鈇也相其谷而

吕氏春秋　五

《吕氏春秋·去尤》书影

在我们看来，您更为突出贡献在于，把“天地”这个概念更加具体化为“四季”。我们可以作一点比较。大诗人屈原在《天问》中，一口气问了 170 多个问题，其中问天地的，如“日月安属，列星安陈？”“自明及晦，所行几里？”这些天地之间中，当然隐含着许多科学知识，但是，它与一般的民众何涉？谁会去考虑太阳和月亮挂在天上为何不坠落下来这样尖端的问题呢？谁会去想地球东西有多宽、南北有多长这样的问题呢？这是诗人的遐想，而您对天地的认识归结为谈“四季”，具有里程碑性质意义是这样吗？

屈原像

屈原，战国末期楚国人，著名诗人。屈原虽忠诚于楚怀王，却屡遭排挤，怀王死后他又因顷襄王听信谗言而被流放，最终投汨罗江而死。代作有《离骚》《九歌》等。

吕答：是否是里程碑，那是要让别人和后人去评说，我不便多说什么。庄子对天地也发出了诸多疑问，“天之苍苍，其正色耶？其远而无所至极耶？”（《庄子·逍遥游》）“天其运乎？地其处乎？日月其争于所乎？”（《庄子·天运》）一般人也不会去问，天是运行的吗，地是静止的吗，太阳月亮交替出现是在争夺场所吗；是谁在安排、主宰这一切的呢。谁会去考虑这样一些“终极”性的问题呢？而我完全不一样，我的谈天说地，最后归结为谈“四季”。后世不少学人都说，这是对天地认识的新阶段，是具有里程碑意义的。有一点是肯定的，我这样谈天说地，大家听得懂，大家也愿意听。因为，“四季”问题与我们每个人的生活、生命，甚至与国家的命运紧密关联，谁不要听？谁不想听？我相信，我的《吕氏春秋》一书的主体部分“十二纪”是会有生命力的，有人认为《吕氏春秋》实际上是一首优美的“四季赞歌”，是人与天地和谐相处的颂歌。这不过誉。

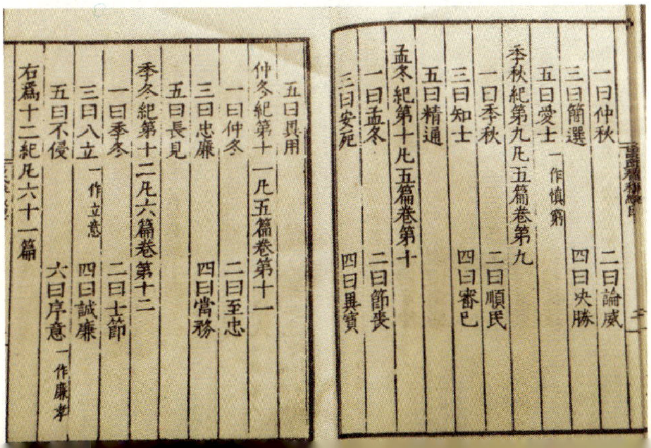
一曰仲秋 二曰論威
三曰簡選 四曰决勝
五曰愛士 一作慎窮
季秋紀第九凡五篇卷第九
一曰季秋 二曰順民
三曰知士 四曰審己
五曰精通
孟冬紀第十凡五篇卷第十
一曰孟冬 二曰節喪
三曰安死 四曰異寳
五曰異用
仲冬紀第十一凡五篇卷第十一
一曰仲冬 二曰至忠
三曰忠廉 四曰當務
五曰長見
季冬紀第十二凡六篇卷第十二
一曰季冬 二曰士節
三曰介立 一作立意 四曰誠廉
五曰不侵 六曰序意 一作廉孝
右爲十二紀凡六十一篇

《吕氏春秋》（目录）书影

对于以“四季”为纲来谈说“法天地”，历来还是有争议的。清代人编的《四库全书总目提要》对《吕氏春秋》的“十二纪”多所批评，认为有的完全是牵强附会。该书评论道：“唯夏令多言乐，秋令多言兵，似乎有义，其余则绝不可晓。先儒无说，莫之详也。”后来余嘉锡在《四库提要辨证》中反驳了这种观点，说：“《吕氏春秋》之冬纪、春纪，乃‘春令言生，冬令言死’，斯其义例，昭然可见，安得如《提要》所言‘绝不可晓’也乎？”各种各样的说法都有，但主流的意见是说您这样做是一种创造，是值得肯定的。听了各方的意见，您自己的看法是怎样的呢？

吕答：人们从原先的无“季节”的概念，到后来的有“春、秋”二季的概念，这是一个极大的进步。从“春、秋”两季的概念，到一年“四季”的概念更是一大进步。“四季”中又分为“孟、仲、季”三大时间段，这又是一大进步。将十二月，划分为“十二纪”，将天时，与人事关联起来考虑，也无论如何是一个进步。据考证，明确地就一年划为四季，是战国时期的事。但我在想，让人们懂得“人事”是受“天时”制约的，总是一种进步吧！

余嘉锡像

余嘉锡，著名目录学家，古文献学家。他博览群书，著作等身，历五十余年之功，著80万字的《四库提要辨证》，闻名于国内外。他对有关《吕氏春秋》评说的不实之辞加以驳斥，他说：“《吕氏春秋》之冬纪、春纪，乃‘春令言生，冬令言死’，斯其义例，昭然可见，安得如《提要》所言‘绝不可晓’也乎？”

《四库提要辨证》书影

有学者认为："中国哲学是生的哲学。……生是中国哲学的核心观念。为什么这样说呢？因为中国哲学的两大流派，儒家和道家，都以生为其哲学的基本出发点的，像生命线一样贯穿其哲学的始终，以此解决宇宙人生的根本问题。"（蒙培元《生的哲学——中国哲学的基本特征》，《北京大学学报》2010 年第 6 期）该文认为，生的哲学鲜明地体现在儒家和道家身上，其实，还体现于集诸家之长的杂家身上。我们读您的"十二纪"，还有之外的其他一些文稿，觉得概而言之，您是在讲述一个"生"字。您说是不是这样？

刘师培像

刘师培，字申叔，1917 年被蔡元培聘为北京大学教授，讲授中古文学、"三礼"、《尚书》和训诂学，兼职北京大学附设国史编纂处，有《刘申叔先生遗书》。他广收各种版本，反复钩稽，匡正旧训，对《老子》、《荀子》、《吕氏春秋》等都做了精细的校释工作。

吕答：我是完全同意"生"的哲学的。在任何情况下，对任何人来说，"生"是第一位的。我在《重己》篇也阐述了一切依靠自己的重要。有了"生"，可以有一切。失去了"生"，就失去一切。"吾生之为我所有，而利我亦大矣。论其贵贱，爵为天子，不足以比焉。论其轻重，富有天下，不可以易之。论其安危，一曙之失，终身不复得。此三者，有道者之所慎也。有慎之而反害之者，不达乎性命之情也。"（《吕氏春秋·重己》）我在这里说得很明确：一，"吾生之为我所有"，生命是属于自我的，这是一种独立人格的思想。二，生命是最可珍贵的，在任何情况下都要珍惜，要爱护，不可人为的"害之"。生命只有一次，"一曙失之，终身不复得"。因此，对待生命就要慎之又慎，惜之又惜。这一段话，本身就说明了，我的学说是建筑在"生"的哲学基础上的，是与中国的主流哲学相一致的。

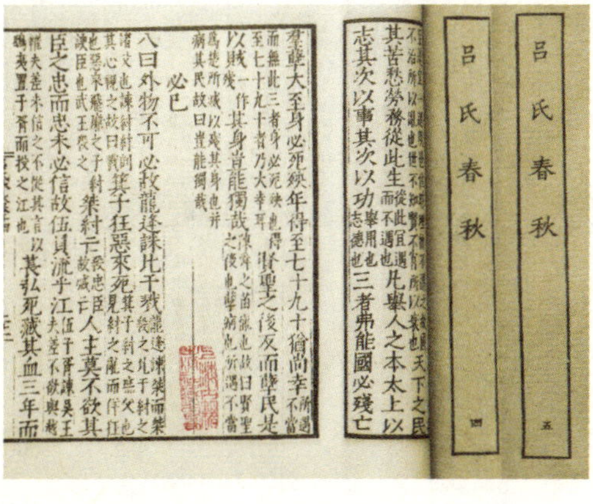

《吕氏春秋·必己》书影

一年四季中，春季体现了“生”的哲学，那是易于理解的。因为在春天里，“生气方盛，阳气发泄，生者毕出，萌者尽达。”（《吕氏春秋·季春纪》）万物生气勃勃，一切的生物都在迅速复苏，一切的植物幼苗都在破土而出。这些都是“生”的象征啊。可是，到了夏天，还能说主宰一切的是一个“生”字吗？

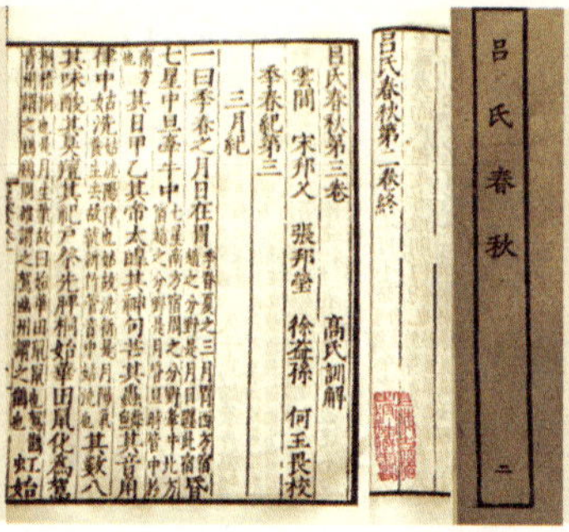
呂氏春秋第三卷 高氏訓解
雲間 宋邦乂 張邦瑩 徐益孫 何玉畏校
季春紀第三
三月紀

《吕氏春秋·季春纪》书影

吕答：从季的角度看，夏本身是从春中间分化出来的，它们之间有着天然的联系。陈奇猷就认为：“春言生，夏言长。”（《吕氏春秋校释》）“长”是“生”的继续和发展，其本质上讲仍然是“生”。从万物的“继长增高”（《吕氏春秋·孟夏纪》），到“日长至”（《吕氏春秋·仲夏纪》），即白天最长的夏至日的到来，到“树木方盛”（《吕氏春秋·季夏纪》）景象的出现，这些可说是“长”，当然也可以说是“生”。我们民族一直是把“生长”组合在一起用的。

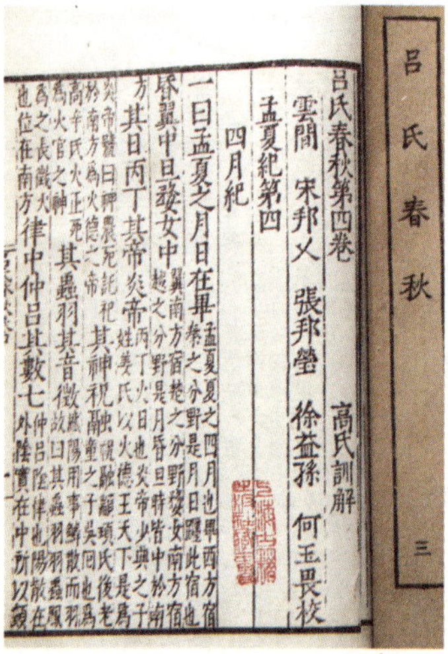
呂氏春秋第四卷 高氏訓解
雲間 宋邦乂 張邦瑩 徐益孫 何玉畏校
孟夏紀第四
四月紀

《吕氏春秋·孟夏纪》书影

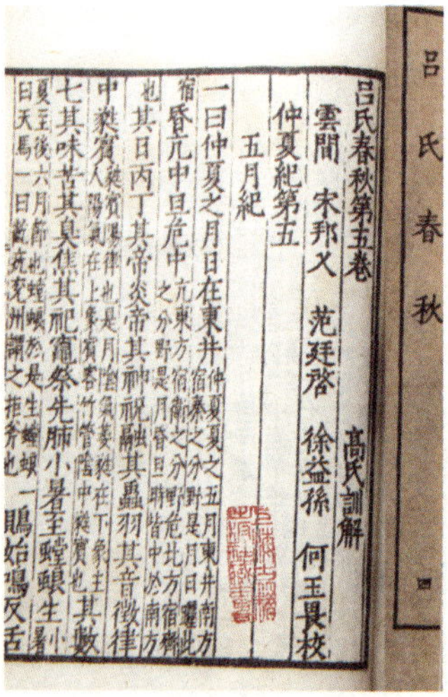
呂氏春秋第五卷 高氏訓解
雲間 宋邦乂 范廷啓 徐益孫 何玉畏校
仲夏紀第五
五月紀

《吕氏春秋·仲夏纪》书影

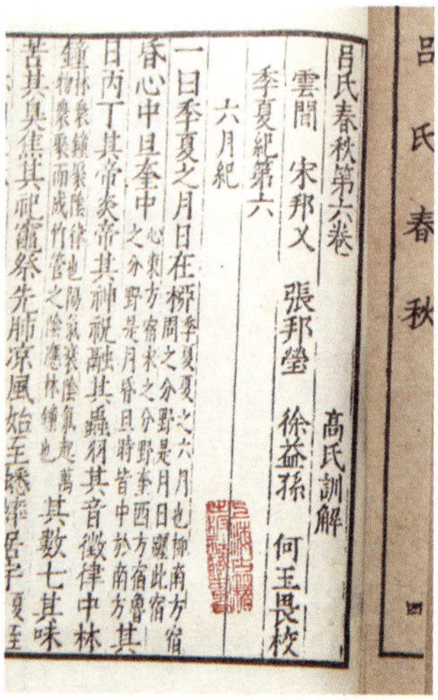
呂氏春秋第六卷 高氏訓解
雲間 宋邦乂 張邦瑩 徐益孫 何玉畏校
季夏紀第六
六月紀

《吕氏春秋·季夏纪》书影

最有意思的是，您把劝勉人学习的篇章“尊师”等置于《孟夏纪》中。您在“尊师”中说了一段十分著名的话：“且天生人也，而使其耳可以闻，不学，其闻不若聋；使其目可以见，不学，其见不若盲；使其口可以言，不学，其言不若爽；使其心可以知，不学，其知不若狂。故凡学，非能益也，达天性也。能全天之所生而勿败之，是谓善学。”我们理解，这段话不只是言简意赅地点出了学习的重要性，而且把学习与人精神世界的“生长”天衣无缝地磨合在一起了。先生，您是不是这样？

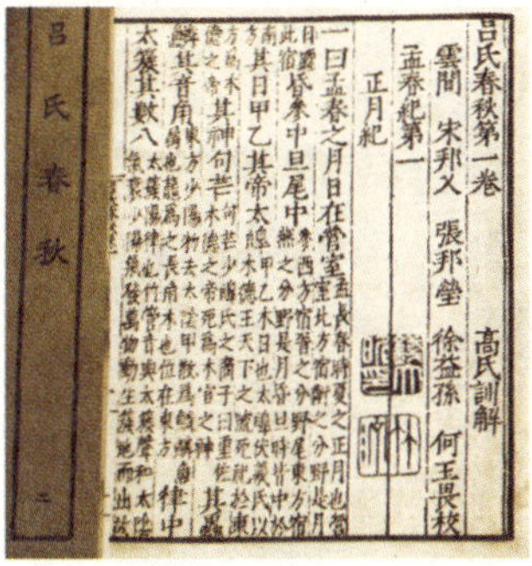
呂氏春秋第一卷　高氏訓解
雲間　宋邦乂　張邦瑩　徐益孫　何玉畏校
孟春紀第一
正月紀
一曰孟春之月日在營室
其日甲乙其帝太皞
其神句芒
其蟲鱗其音角律中
太簇其數八

《吕氏春秋·孟春纪》书影

吕答：对了，这里我说的仍然是一个“生”字，表述的还是“生”的哲学。人的“生”不只是形体的，更为主要的是精神的。请注意，我是这样说的：“凡学，非能益也，达天性也。”真正的学习，不是外加什么，而是要通过一定的教学手段，巧妙地“能全天所生”。让天赋予你的东西，生生不息的成长起来，这就是善学。看，我在这里把学习和生长十分自然地结合在一起了。夏天是成长的季节，在这个季节里，万物都在生长，人当然也要生长，而根本的手段就是学习。

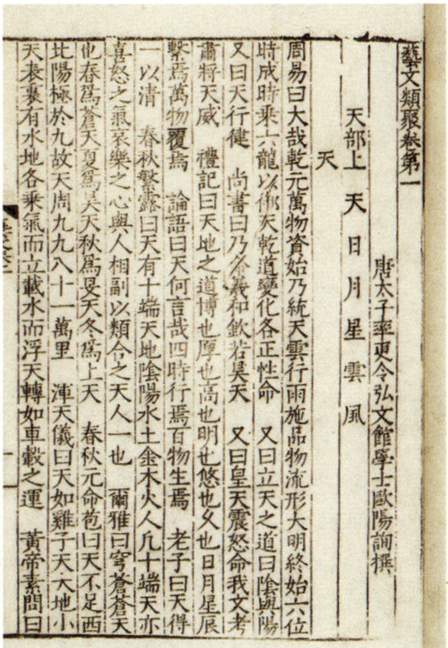
藝文類聚卷第一
唐太子率更令弘文館學士歐陽詢撰
天部上　天　日　月　星　雲　風
天
周易曰大哉乾元萬物資始乃統天雲行雨施品物流形大明終始六位時成時乘六龍以御天乾道變化各正性命　又曰立天之道曰陰與陽　又曰天行健　尚書曰乃命羲和欽若昊天　又曰皇天震怒命我文考肅將天威　禮記曰天地之道博也厚也高也明也悠也久也日月星辰繫焉萬物覆焉　論語曰天何言哉四時行焉百物生焉　老子曰天得一以清　春秋繁露曰天有十端天地陰陽水土金木火人凡十端天亦喜怒之氣哀樂之心與人相副以類合之天人一也　爾雅曰穹蒼蒼天也春爲蒼天夏爲昊天秋爲旻天冬爲上天　春秋元命苞曰天不足西北陽極於九故天周九九八十一萬里　渾天儀曰天如雞子天大地小天表裏有水地各乘氣而立載水而浮天轉如車轂之運　黃帝素問曰

《艺文类聚》书影

《艺文类聚》是唐高祖李渊下令编修的类书，给事中欧阳询主编，参与人员有十余人。武德七年（624年）成书。《艺文类聚》、《北堂书钞》、《初学记》、《白氏六帖》合称“唐代四大类书”。梁启超认为，此书编纂之方法及体裁，皆本于《吕氏春秋》。

七二问

在"秋纪"的十五个篇章中，您多次说到一个"收"字。"命百官始收敛"(《孟秋纪》)。"乃命有司趣民收敛"(《吕氏春秋·仲秋纪》)。"农事备收，举五种之要。藏帝籍之收于神仓，祗敬必饬"(《吕氏春秋·季秋纪》)。众多的学者读了您论述秋季的十五篇文章以后，一致的看法是"秋言收"，"秋季天气肃杀，万物收敛，故秋纪十二篇(有误，应为十五篇—引者)系配合秋收之义。"(陈奇猷：《<吕氏春秋>校释》)请先生明示，这样理解您的"秋纪"，全面吗？准确吗？

吕不韦

吕答：应该说是既不够全面又不够准确。在我的"秋纪"诸多论述中，的确强调了一个"收"字。秋天是收获的季节，这是"收"之一义；秋天是收藏的季节，将民众创造的财物收藏于府库，这是"收"之二义；秋天又是收敛的季节，"寒气总至，民力不堪，其皆入室"(《吕氏春秋·季秋纪》)。天气渐次冷下来了，再在户外劳作，老百姓实在有点"不堪"，还是多待在室内吧！这是"收"之三义。但是，"收"只是一种表象，"收"的背后还是一个"生"字。为什么在秋天要让人多待在室内？还不是为了养精蓄锐，以备来年！为什么要让人收藏好粮食物品？还不是为了让人秋冬两季有饭吃！为什么我主张让一些成年人在秋天抽出一些时间进太学练习吹奏乐器、演习礼仪？还不是为了祝愿生活更美好！为何在秋后要"完堤防，谨壅塞，以备水潦"？还不是为了来年的好收成！我在"秋纪"中本身就孕含着"生"的观念，应当说是很明显的。

陈奇猷像

陈奇猷，著名学者，主要从事《韩非子》、《吕氏春秋》研究。著有《韩非子新校注》《吕氏春秋校释》，认为《吕氏春秋》的"秋纪"在于"收"字。

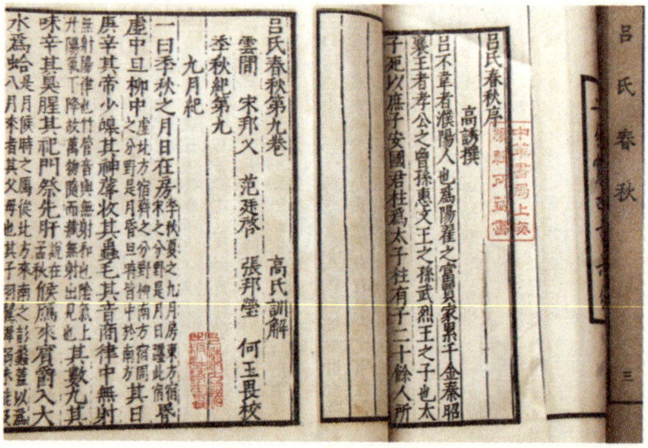

《吕氏春秋·季秋纪》书影

“义兵”是您的一个重要思想。春秋战国数百年间，战事绵绵不绝，人们对战争可以说是深恶而痛绝之，因此“弥兵”、“止战”之声不绝于耳。可是，您却独树一帜，明确告诉人们：不义之战要反对，而正义之战不能反对。您说：“古之圣王有义兵而无有偃兵。兵诚义，以诛暴君而振苦民，民之说也。”（《吕氏春秋·荡兵》）这里的问题是：您为何要将论述义兵的诸多篇章集中放在“秋纪”中？这样做不是更加重了秋的肃杀氛围，而有违背“生”的哲学的本义吗？

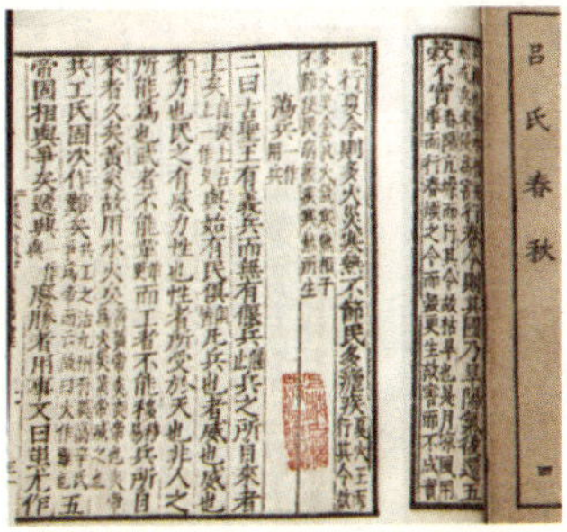

《吕氏春秋·荡兵》书影

吕答：把论兵的篇章放置在何处，这是我颇费思量的。考虑再三，我觉得还是放在“秋纪”为妥。那样安排，好就好在能使人看到义兵“杀”的背后，是“生”的本意。我说了：“凡兵，天下之凶器也；勇，天下之凶德也。举凶器，行凶德，犹不得已也。举凶器必杀，杀所以生之也。”（《吕氏春秋·论威》）在此，我说得再清楚不过了，义兵之“杀所以生之也”，这里讲清了义兵的正义性，又点出了秋的本性之所在。我还以“良药”为喻，说明义兵的生民本义。“若用药者然，得良药则活人，得恶药则杀人，义兵之为天下良药也亦大矣。”（《吕氏春秋·荡兵》）所以，将“义兵”放在“秋纪”中，并没有违背“生”的哲学本义。

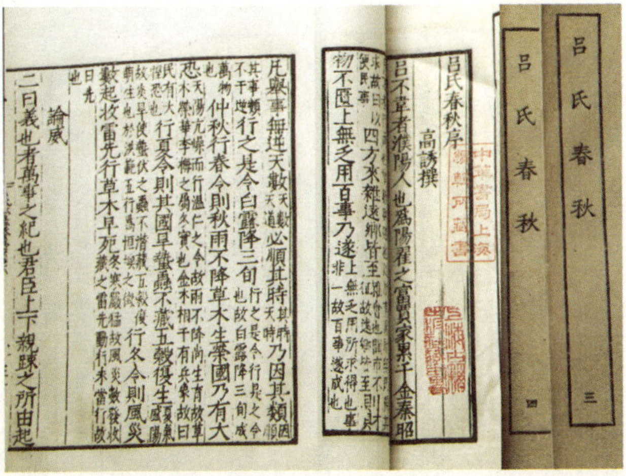
吕氏春秋 三
吕氏春秋 四
吕氏春秋序
高誘撰
呂不韋者濮陽人也爲陽翟之富賈家累千金秦昭
四方來雜遠鄉皆至
物不匱上無乏用百事乃遂
凡舉事無逆天數必順其時乃因其類
行之是令白露降三旬
仲秋行春令則秋雨不降草木生榮國乃有大恐
行夏令則其國旱蟄蟲不藏五穀復生
行冬令則風災數起收雷先行草木早死
論威
二曰義也者萬事之紀也君臣上下親疎之所由起

《吕氏春秋·论威》书影

学者认为，“冬言藏”，“藏”与“葬”同音，近义，因此，《吕氏春秋》中把“葬”事放在“冬纪”中。“冬纪十二篇言死、言葬、言安死、言死之得当，言死而有价值，明是配合冬藏之义”（陈奇猷：《<吕氏春秋>校释》）。上面这些论述，应该说是对的。问题是，您既把“冬”与“死”挂在一起，为何又要在“冬纪”的《吕氏春秋·节丧》篇的一开头大谈其“生”呢？

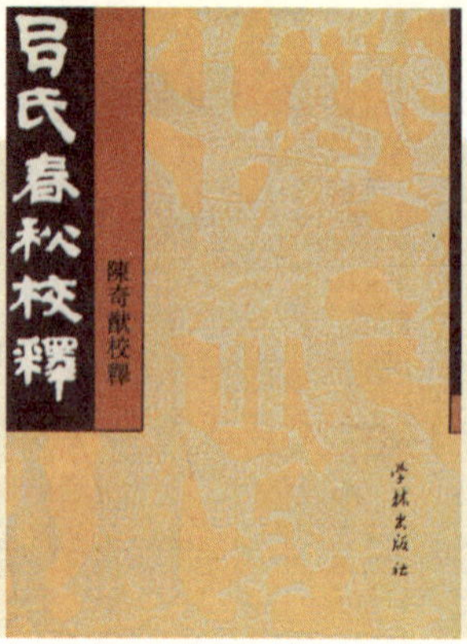

陈奇猷《吕氏春秋校释》书影

吕答：我在《节丧》篇的篇首是这样说的：“审知生，圣人之要也。审知死，圣人之极也。知生也者，不以害生，养生之谓也。知死也者，不以害死，安死之谓也。”我的意思是，真正懂得什么是生，是圣人的要务；真正懂得什么是死，是圣人的急务。什么叫知生？就是不要损害生命，要懂得养生。什么叫知死？就是不要损害死者，要使死者安宁。这里很明确，我是把知生、不害生、养生放在第一位的，其次才是知死、不害死、安死。说穿了，知死，还是为了生。“葬也者，藏也，慈亲孝子之所慎也。慎之者，以生人之心虑。”（《吕氏春秋·节丧》）这里说得很明确，生生死死，一切都应“以生人之心虑”，最终考虑的还是人的生活。

《吕氏春秋·节丧》书影

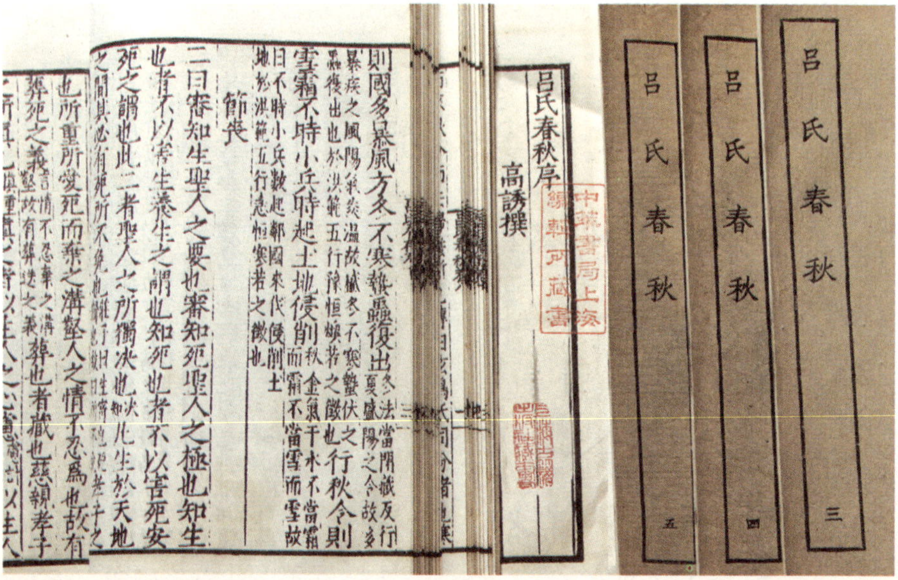

通过上面这些论述，我们清楚了：您把“法天地”具体化到了“法四季”，而“四季”中又蕴含着一个“生”字。从您的思想中鲜明地感受到了中国传统文化的“生的哲学”的精义。在《吕氏春秋·季冬纪》中明确写上：“数将几终，岁将更始。”其意是说，旧的一年即将过去，新的一年即将开始了，似乎是在说，冬天到了，春天还会远吗？由此使我们感受到，在您的作品中，是充满着春意和生气的。您要求人们“法天地”也完全是一种“生”的呼唤。这里要问的是：如果要理一理思路的话，“法天地”包括哪些大的方面？

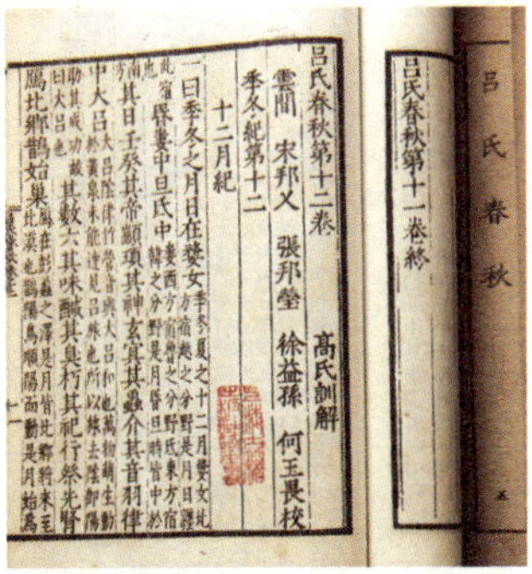

《吕氏春秋·季冬纪》书影

吕答：我说过：“人之与天地也同，万物之形虽异，其情一体也，故古之治身与治天下者必法天地也。”（《吕氏春秋·情欲》）这里把为什么可以“法天地”以及“法天地”包括哪些方面都点明了。如果具体一些的话，大致包括三个方面：一是治生产方面的“法天地”；二是治身方面的“法天地”；三是治天下方面的“法天地”。

《吕氏春秋·情欲》书影

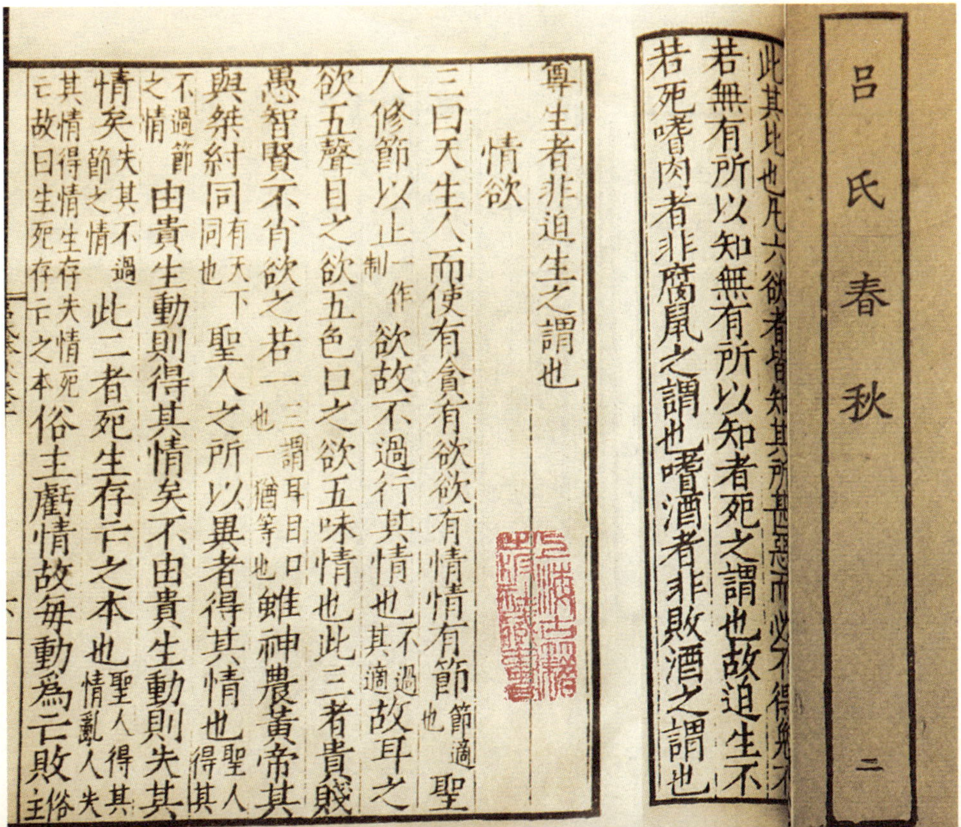

此其比也凡六欲者皆知其所甚惡而必不得免不若無有所以知無有所以知者死之謂也故迫生不若死嗜肉者非腐鼠之謂也嗜酒者非敗酒之謂也

尊生者非迫生之謂也

情欲

三曰天生人而使有貪有欲欲有情情有節節適也聖人修節以止欲制一作止故不過行其情也不過其適故耳之欲五聲目之欲五色口之欲五味情也此三者貴賤愚智賢不肖欲之若一三謂耳目口也一猶等也雖神農黃帝其與桀紂同有天下同也聖人之所以異者得其情也得其不過節之情由貴生動則得其情矣不由貴生動則失其情矣失其不過節之情此二者死生存亡之本也聖人得其情亂人失其情得情生存失情死亡故曰生死存亡之本俗主虧情故每動爲亡敗主俗

治生产是《吕氏春秋》中的重头戏。我们发现，在孟春、仲春、季春、孟夏、仲夏、季夏、孟秋、仲秋、季秋、孟冬、仲冬、季冬十二个月中，都有相应的生产活动要求。比如，孟春“天气下降，地气上腾，天地和同，草木繁动。王布农事”。而孟夏之时，“命野虞出行田原，劳农劝民，无或失时”。孟秋时“农乃升谷……命百官始收敛”。孟冬“劳农夫以休息之”。为何一定要把生产分布在十二月的记述之中呢？又为何把生产的要求定得那样具体呢？

吕答：把生产事务分布在十二月之中，这是因为天气在变化，“日在斗昏，东壁中，旦轸中”（《吕氏春秋·仲冬》），就是说太阳的位置在二十八宿的斗宿，初昏时，东壁星运行在南方中天，早晨，轸星运行在南方中天，这本身就是“法天地”的具体体现。“上揆之天，下验之地，中审之人，若此则是非可不可无所遁矣。”（《吕氏春秋·序意》）上以天时为度量，下以地利为验证，中间再加上人的细心审察，那样做，是与非、可与不可就显而易见了。哪个月干哪种生产事务，都要法天地，那样才会有好收成。

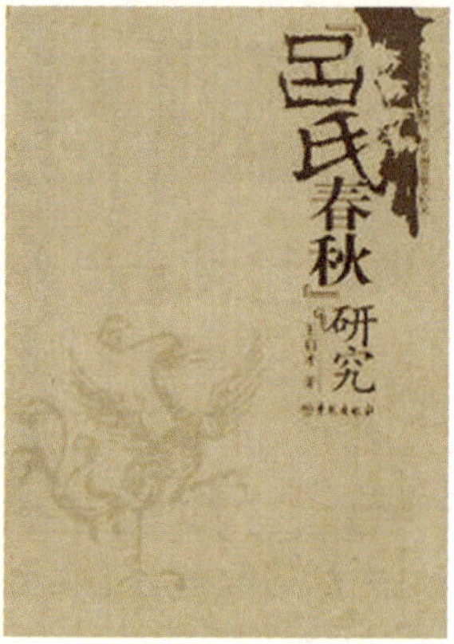

《<吕氏春秋>研究》书影

王启才，当代学者，他在《<吕氏春秋>研究》一书中，认为吕氏的“杂”不是简单的杂存、杂选，而是一种融会贯通的杂通。他说：“《吕氏春秋》是有严密体系的，书中儒、道、墨、法、兵、农、纵横、阴阳等家几乎都有涉及，可说是‘取之众’。吕书在编纂过程中不囿于一家，而是选择各家精华，择善而从，综合改造，力求在此基础上成一家言。”

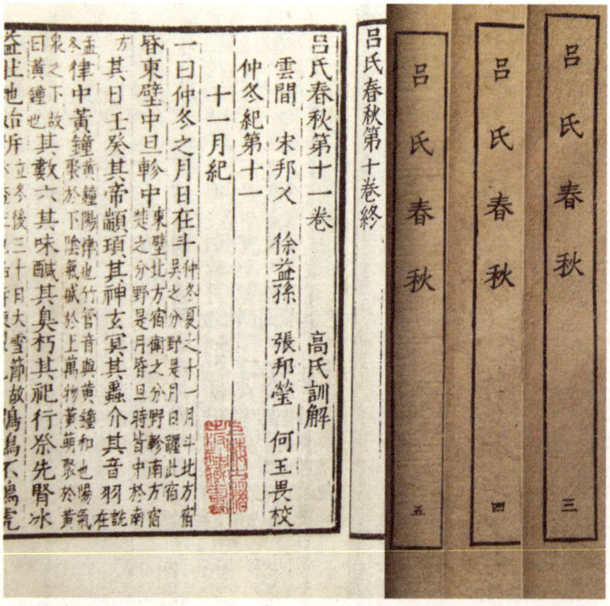

《吕氏春秋·仲冬纪》书影

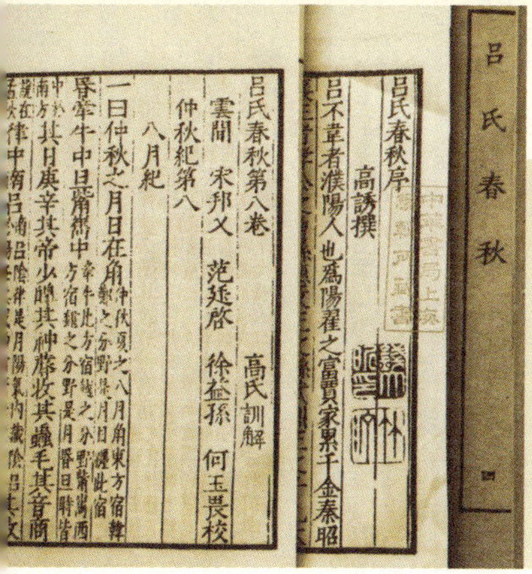
吕氏春秋
吕氏春秋序
高誘撰
吕不韋者濮陽人也爲陽翟之富賈家累千金秦昭
吕氏春秋第八卷　高氏訓解
雲間　宋邦乂　范廷啓　徐益孫　何玉畏校
仲秋紀第八
八月紀
一日仲秋之月日在角
昏牽牛中旦觜嶲中

《吕氏春秋·仲秋纪》书影

您是重农的，但又不排斥工与商，“农攻粟，工攻器，贾攻货”（《吕氏春秋·上农》）。我们发现，在您的十二纪中，每一纪都讲到了农事，“以农为本”的思想体现得十分鲜明。而将“工”集中放在《季春纪》中，把“商”集中放在《仲秋纪》中。难道这也正好体验着“法天地”的思想原则吗？

吕答：您说的是对的。季春是三月，那时，春耕春播已经结束，田间管理也有了个大致的头绪，这时，集中做一点“工”方面的活是适宜的。“是月也，命工师令百工审五库之量，金铁、皮革筋、角齿、羽箭干、脂胶丹漆无或不良。百工咸理，监工日号，无悖于时，无或作为淫巧，以荡上心。”（《吕氏春秋·季春纪》）这时制作为农业和民众生活所需的手工业品，是适天时的，所以称为“无悖于时”。到仲秋时节，秋粮已收，又相对来说是一个农闲时段，于是就大张旗鼓地发展商业。“是月也，易关市，来商旅，入货贿，以便民事。”（《吕氏春秋·仲秋纪》）所谓“以便民事”，就是发展商业，以方便老百姓的生产和生活。“法天地”这一环与发展农、工、商三业，都联系得很紧密。

范纯仁像

范纯仁，北宋大臣，人称“布衣宰相”。对吕不韦适时以耕的“上农”思想甚为赞许，他秉承其父仲淹“先忧后乐”的精神，时刻不忘“以天下为己任”。他阐述了吕氏“以便民事”的“民贵”思想，认为“圣人以民之视听，为天之视听，故万事不可不察于民也。”（《进尚书解》）

您著名的“啬论”用在治身上就是爱惜，就是珍惜。老实说，这“啬论”也不是您发明的，在《礼记·公冠》中就说：“使王近于民，啬于时，惠于财。”意思是，在花费财物上可以大度一些，但在时日的使用上就是要做不肯乱花的“吝啬鬼”。您说：“论早定则知早啬，知早啬则精不竭。”(《吕氏春秋·情欲》)您的“啬论”不只说在时间上要“啬”，还说要在精力上“啬”；不只时间精力上要“啬”，还要求人们尽量“早啬”。这是您的过人之处。在我们看来，您别出心裁地把“早啬”用于“法天地”上，这才是您的真正高明之处。是这样吗？

吕答：可以这样评说。单是说人应该“啬”、“早啬”，总感到说服力还不怎么强，后来我说，天本身是“啬”的，人的“啬”是取法于天的。这就有说服力了。我这样说：“秋早寒则冬必暖矣，春多雨则夏必旱矣，天地不能两，而况于人类乎？”天地在寒暖、雨水上都“不能两”，这就是“啬”。人的生命，人的生命的每一个时间段，也都“不能两”，在时间上不可能有“两个”当下，因此，你能不“啬”吗？所以，我说：“凡事之本，必先治身，啬其大宝。”(《吕氏春秋·先己》)

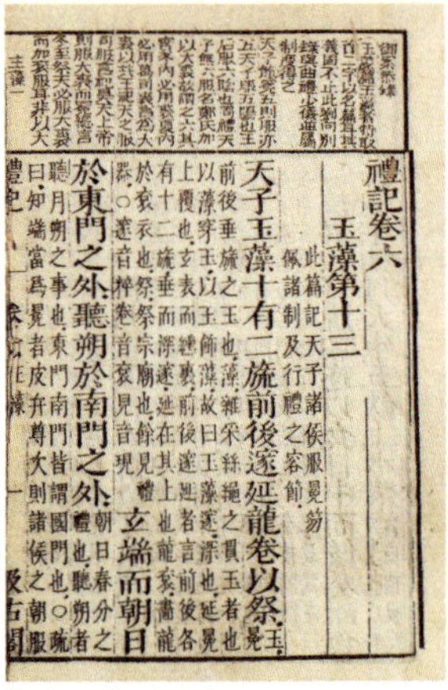
禮記卷六
玉藻第十三
天子玉藻，十有二旒，前後邃延，龍卷以祭。玄端而朝日於東門之外，聽朔於南門之外

《礼记》书影

《吕氏春秋·先己》书影

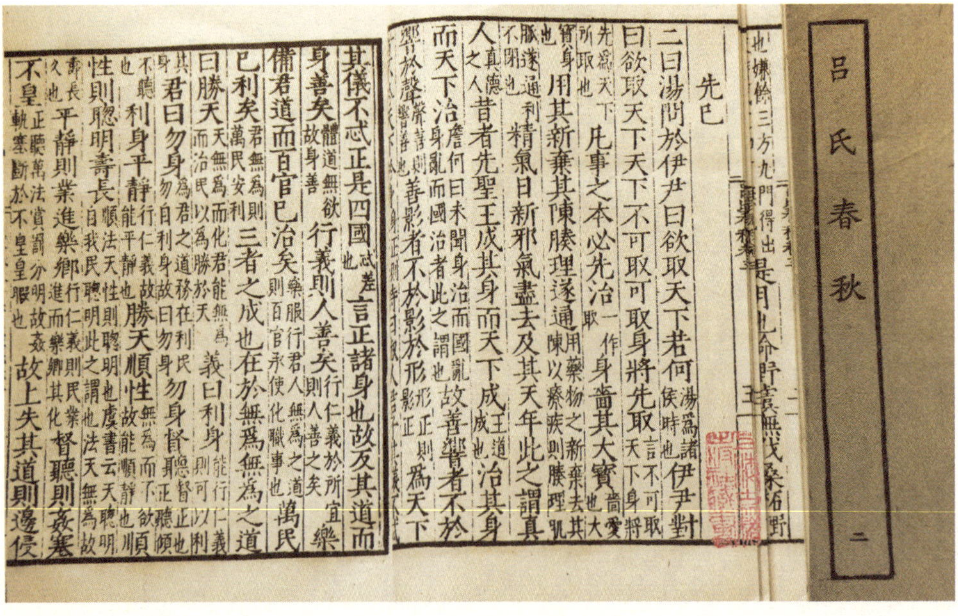
吕氏春秋
先己
二曰：湯問於伊尹曰：欲取天下若何？伊尹對曰：欲取天下，天下不可取；可取，身將先取。凡事之本，必先治身，嗇其大寶。用其新，棄其陳，腠理遂通。精氣日新，邪氣盡去，及其天年，此之謂真人。昔者先聖王成其身而天下成，治其身而天下治。故善響者不於響於聲，善影者不於影於形，為天下者不於天下
其儀不忒，正是四國。言正諸身也。故反其道而身善矣，行義則人善矣，樂備君道而百官已治矣，萬民已利矣。三者之成也，在於無為。無為之道曰勝天，義曰利身，君曰勿身。勿身督聽，利身平靜，勝天順性。順性則聰明壽長，平靜則業進樂鄉，督聽則姦塞不皇。故上失其道則邊侵

柳宗元像

柳宗元，唐朝著名的文学家，字子厚，世称“柳河东”，哲学著作有《天说》、《天对》、《封建论》等。他在《封建论》中明确指出，秦始皇推行郡县制是历史的进步，唐朝也应该实行郡县制而不是倒退到封建制。

与“畜论”相关联的是，您还提出了有着您个人特色的“人欲论”。您既认为人的有欲有贪是必然的，不可避免的，又认为人必须“节欲”、“适欲”、“正欲”，人才能正常地生活。这样说，也是“法天地”吗?

吕答：当然是这样。我把人的有贪有欲，即“耳之欲五声，目之欲五色，口之欲五味”，看成是正当的，因为“天生人而使有贪有欲”。人欲是一种天意。同时，我又认为，人欲必须有所节制，“欲有情，情有节”（《吕氏春秋·情欲》）。如果情无节，“大喜、大怒、大忧、大恐、大哀，五者接神则生害矣”（《吕氏春秋·尽数》）。节欲又称为适欲，“圣人必先适欲”（《吕氏春秋·重己》）。贪欲会导致生命“不顺”。只有“适欲”的人才是真正爱惜生命的人。与之相关的就是“正欲”，要用正当的手段取得正当的利益，那才叫正欲。“欲不正，以治身则夭，以治国则亡”（《吕氏春秋·为欲》）。我把节欲、适欲、正欲，也看成是“天”对人行为的要求。

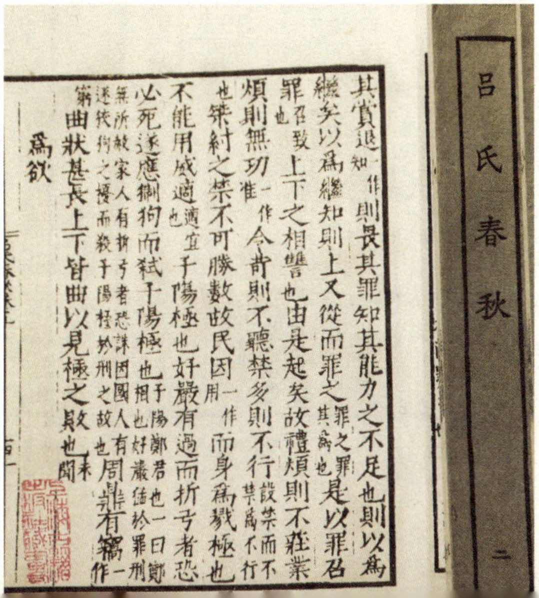
其實退則畏其罪知其能力之不足也則以爲繼矣以爲繼知則上又從而罪之是以罪召罪上下之相讐也由是起矣故禮煩則不莊業煩則無功令苛則不聽禁多則不行桀紂之禁不可勝數故民因而身爲戮極也不能用威適子陽極也好嚴有過而折弓者恐必死遂應猘狗而弒子陽極也周鼎有竊曲狀甚長上下皆曲以見極之敗也

爲欲

《吕氏春秋·为欲》书影

八〇问

您讲了“春秋改革第一人”子产外，还讲了秦国大力士。在《重己》篇中，讲了这样一个故事：秦武王时期有个大力士叫乌获。他为了让牛尽快地走动，拼命的去拽拉牛的尾巴，牛要前行，乌获要拉牛往后走，结果把牛尾巴拉断了，牛没有走动一步，乌获的力气用尽了，坐在地上爬都爬不起来。这时走来一个五尺高的小孩，他牵住牛鼻子往前走，毫不费劲地就让牛跟着他走了。先生，您讲这样一个有趣的故事，其用意何在？

吕不韦

吕答：我的意思很清楚，人要活得轻松，活得如意，就得顺势而行，同样，改革也要顺势而行，我称之为“顺生”。“世之人主贵人，无贤不肖，莫不欲长生久视，而日逆其生，欲之何益？凡生之长也，顺之也，使生不顺者欲也。”（《吕氏春秋·重己》）话又回到一个“欲”字上来了。何谓“顺生”？就是要懂得节欲。何谓“逆其生”？就是纵欲。纵欲者，其害无穷。小而言之必亡身，大而言之必亡国。我在《骄恣》篇说过：“亡国之主，必自骄，必自智，必轻物。自骄则简士，自智则专独，轻物则无备。”（《吕氏春秋·骄恣》）也就是说，亡国之君必然是骄傲放纵者，必然是专断独行者，如此，又何来“顺生”呢？

子产像

子产，春秋时期郑国的政治家和思想家，在郑国为相数十年。他执政期间在改革上颇多建树，被清朝的王源推许为“春秋第一人”。

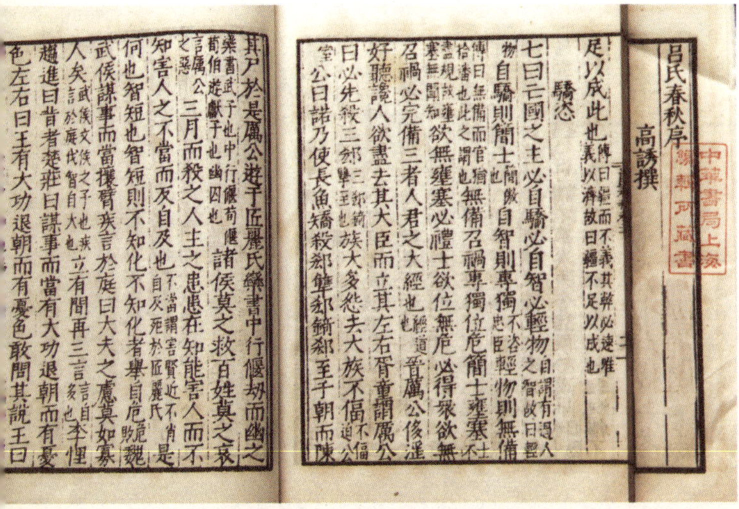

呂氏春秋序
高誘撰
中華書局上海編輯所藏書

足以成此也
驕恣
七曰亡國之主必自驕必自智必輕物
自驕則簡士自智則專獨輕物則無備
無備召禍專獨位危簡士壅塞
欲無壅塞必禮士欲位無危必得衆欲無
召禍必完備三者人君之大經也
好聽讒人欲盡去其大臣而立其左右胥童謂厲公
曰必先殺三郤族大多怨去大族不偪
公曰諾乃使長魚矯殺郤犫郤錡郤至于朝而陳

其尸於是厲公遊于匠麗氏欒書中行偃劫而幽之
諸侯莫之救百姓莫之哀
三月而殺之人主之患患在知能害人而不
知害人之不當而反自及也
何也智短也智短則不知化不知化者舉自危
武侯謀事而當攘臂疾言於庭曰大夫之慮莫如寡
人矣
立有間再三言
趨進曰昔者楚莊王謀事而當有大功退朝而有憂
色左右曰王有大功退朝而有憂色敢問其說王曰

《吕氏春秋·骄恣》书影

在您看来，养生的一大课题是去害就利。大自然给人类带来了大量的利，也带来了无穷的害。只有懂得去害避害的人，才能不生病和少生病，才能确保有一个健康的身体。“大寒、大热、大燥、大湿、大风、大霖、大雾，七者动精则生害矣。”（《吕氏春秋·尽数》）您是在说，这七种恶劣的气候条件如果触动了人的精气（所谓“七者动精”），那人的健康就全受到侵害，就会生病。怎么办呢？人就应该避开这些恶劣的气候条件，离开对健康有害的环境，这样做您称之为“知本”。先生，对此还不太理解，避开环境中的恶劣条件，为何就是知本呢？

吕答：我与诸子百家中的一些学者看法不一样。有些学者认为，环境恶劣怎么办？人们应当改造环境，征服环境。我却不这样看。我认为，“天”的本性是恒常的。它的“本”是什么呢？就是“天生阴阳寒暑燥湿，四时之化，万物之变，莫不为利，莫不为害”（《吕氏春秋·尽数》）。天地变化发展过程中，总是有有利的一面，也会有有害的一面。这就是天地的本性。对有害的一面，有人主张去硬顶，那样做我认为是不行的，我主张“去害”、“避害”，以保全自己的生命。懂得“去害”、“避害”的人，我认为是聪明人，也就是“知本”之圣人。那样做，也许有人会说是“太消极”，其实不然，不断审察阴阳变化的时宜，时常辨识万物的有利之处而养护生命，让精神安于形体之中，这种探索本身就是主动积极的精神。所以，我认为那样做是合理的、明智的。

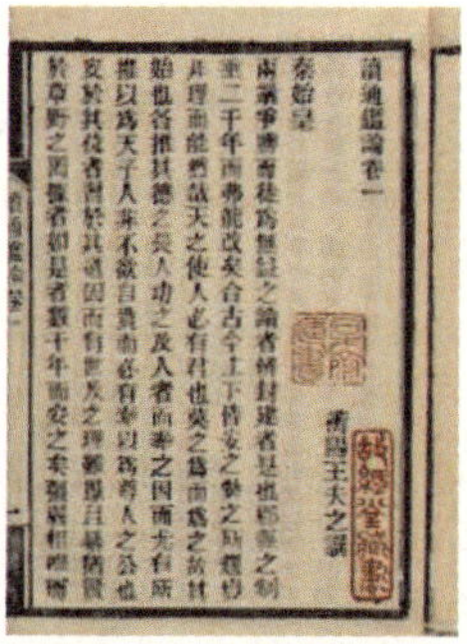

王夫之像及《读通鉴论》书影

王夫之，又称王船山，与黄宗羲、顾炎武并称为明末清初的三大思想家。其人著述甚丰，其中以《读通鉴论》、《宋论》为其代表之作。他猛烈抨击韩非子的思想，却对《吕氏春秋》的“贵公”、“去私”等思想大加推崇。

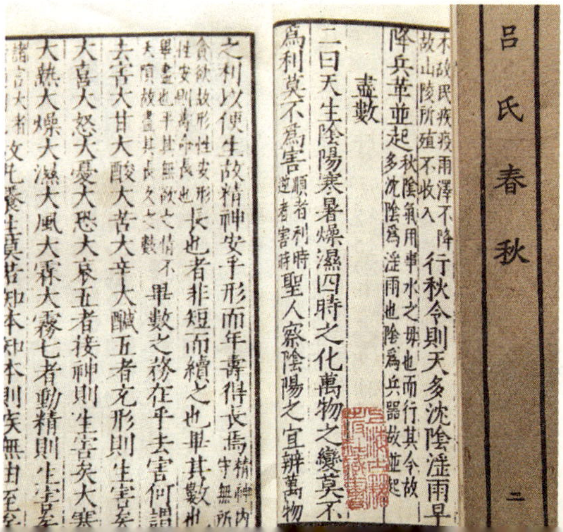
吕氏春秋 二
行秋令則天多沈陰淫雨早
降兵革並起
盡數
二曰天生陰陽寒暑燥濕四時之化萬物之變莫不
爲利莫不爲害
聖人察陰陽之宜辨萬物
之利以便生故精神安乎形而年壽得長焉
長也者非短而續之也畢其數也
畢數之務在乎去害何謂
去害大甘大酸大苦大辛大鹹五者充形則生害矣
大喜大怒大憂大恐大哀五者接神則生害矣大寒
大熱大燥大濕大風大霖大霧七者動精則生害矣

《吕氏春秋·尽数》书影

在饮食养生上，您在《尽数》篇中说得很细致，很具体。您说，在饮食上，不要大吃大喝，不要吃过多油腻的东西，不要酗酒，不要吃过于甜、酸、苦、辛、咸的食物，要按时进食，不要暴饮暴食。这些常识，在后人看来也是珍贵的养生要诀。可是，您在说了这些以后，又说饮食时要“和精端容，将之以神气。百节虞欢，咸进受气”(《吕氏春秋·尽数》)，意思是说，饮食时精神要放松，身体各个部位处于愉悦状态，使全身都接受精气的滋养。我们不知您为何要这样说呢?

吕答：这是健身上的“精气说”。这种“精气说”源于齐国的稷下学派，在《管子》一书中有较为全面的阐述，其要旨是认为人的健康关键是精气的健旺，人一当失去了精气，就什么都不是了。我在论健康时吸收了这种精气说。说这种说法是科学的或不科学的，都有待研究，但是，在饮食上除了吃好外，强调一下精神因素，倡导“精神胜利法”，总是不错的吧！后人有言：“一个好心情，胜过十副良药。”吃出一个美好的心情，则可能要远远胜过十剂良药，因为吃的本身就是为人体提供营养的最重要途径，若是情绪极坏，营养的吸收就会大打折扣，甚至损伤身体。

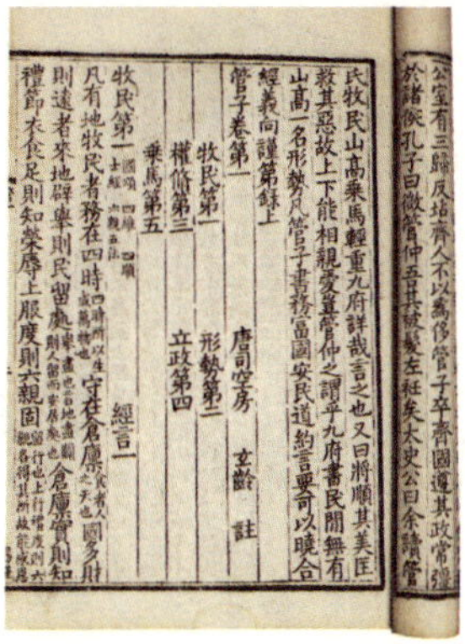
公室有三歸反坫齊人不以為侈管子卒齊國遵其政常彊
於諸侯孔子曰微管仲吾其被髮左衽矣太史公曰余讀管
氏牧民山高乘馬輕重九府詳哉言之也又曰將順其美匡
救其惡故上下能相親豈管仲之謂乎九府書民閒無有
山高一名形勢凡管子書務富國安民道約言要可以曉合
經義向謹第錄上
管子卷第一　唐司空房　玄齡　註
牧民第一　形勢第二
權修第三　立政第四
乘馬第五
牧民第一　經言一
凡有地牧民者務在四時守在倉廩國多財
則遠者來地辟舉則民留處倉廩實則知
禮節衣食足則知榮辱上服度則六親固

《管子》书影

《管子》是一部重要的先秦典籍。旧题管仲所撰，实为后人总结管仲的治国思想并加以推演而写成的。内容很庞杂，包括法家、儒家、道家、阴阳家、名家、兵家和农家的观点，传说是春秋时期管仲的著作。

刘备像

刘备，字玄德，汉中山靖王刘胜的后代，三国时期蜀汉开国皇帝，政治家。《吕氏春秋》等先秦典籍对其深有影响。齐桓公任管仲为相，打出“尊王攘夷”的号令，刘备则任诸葛孔明为相，以“讨伐汉贼，兴复汉室”为旗帜，誓成霸主。

接下来我们来讨论"治天下，必法天地"的问题。在治天下问题上，您认为最要紧的是对待生命的态度问题。您说："始生之者，天也。养成之者，人也。能养天之所生而勿撄之谓之天子。天子之动也，以全天为故者也。"（《吕氏春秋·本生》）这段话太重要了，翻译成白话是：初始创造生命的是天，而培养生命并使它成长的是人。能承担培育上天创造的生命、并使它不受到危害的，是天子。天子一举一动都是以保全人的本性和生命为己任的。有学者认为，您把这段话当作"治天下"思想总纲，是这样吗？

吕答：我可以同意这种观点。这里有两个要点：一是"天"、"人"各有要务。前者创造了人；后者替天来管理人，也就是中国传统的"替天行道"的意思。二是天子尽到管理之责，就是要"养生"而"勿撄之"，也就是说，要关注民生。这是最基本的要求。关注民生就是顺天行事。夏桀和商纣是不关注民生的典型，我在《功名》篇指出："桀、纣贵为天子，富有天下，能尽害天下之民。"夏桀、商纣富有天下，却坑害了天下百姓，结果被天下民众世代唾骂。

商纣像

殷纣，帝辛，为帝乙少子，是商朝第三十代君主，天资聪颖，闻见甚敏，但居功自傲，穷奢极欲，又刚愎自用，杀比干，囚箕子，失去人心，为商朝的亡国之君。

夏桀像

夏桀，是夏朝第16代君主发之子，荒淫无度，暴虐无道，为历史上著名的暴君。商汤在名相伊尹谋划下，起兵伐桀，桀在逃往鸣条的路上被汤追上俘获，遭放逐后饿死。

吕不韦

大凡一个学者提出某一问题，必有它的针对性。您在《吕氏春秋》一书的开头就大言道：“始生之者，天也。养成之者，人也。”（《吕氏春秋·本生》）想必也是有其针对性的吧？

贾谊像

贾谊，西汉初年著名的政论家、文学家。著作有《过秦论》《论积贮疏》《吊屈原赋》等，对先秦诸国及秦王朝之亡有精到论述，他认为，君主单凭“仁义”不足维系政权，还必须依靠权势与法制。他指出：“权势法制，此人主之斤斧也。势已定，权已足矣。”

吕答：确是有其针对性的。我明确指出：“今世之惑主，多官而反以害生，则失所为立之矣。”（《吕氏春秋·本生》）当时世上的那些糊涂的君主，还有那么多昏官，他们不但不关注民生，反而危害民生。这样，不只老百姓没有立足之地了，就是他们这些当君主的、当官僚的，也是立不住脚的。这就是我这段话所针对的。至于学者们一再探讨的“惑主”何指？我认为那是一目了然的，当然是指六国的那些君主了。说六国“惑主”是“失所为立”，实际上是说，你们的失位、亡国，这些遭遇是自己招来的，自作自受，可谓咎由自取啊！谁叫你们逆天行事的呢？至于在这里痛骂一顿“惑主”，是否对即将成为天子的秦王“击一猛掌”，具有警戒的意思，那就得让人们自己去理解和体味了。

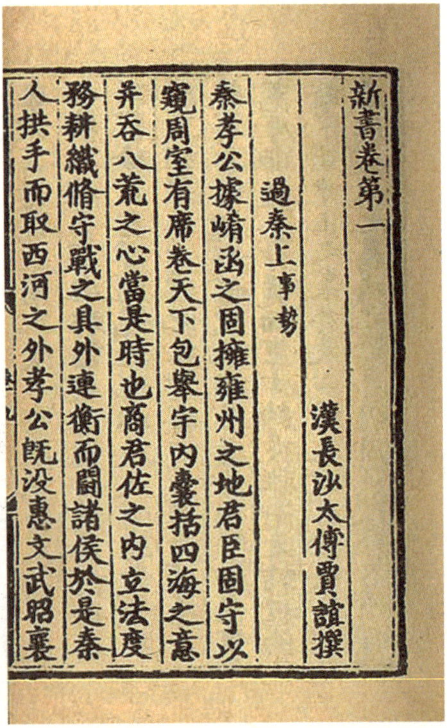
新書卷第一
過秦上事勢　漢長沙太傅賈誼撰
秦孝公據崤函之固擁雍州之地君臣固守以窺周室有席卷天下包舉宇内囊括四海之意并吞八荒之心當是時也商君佐之内立法度務耕織脩守戰之具外連衡而鬬諸侯於是秦人拱手而取西河之外孝公既没惠文武昭襄

《新书·过秦》书影

您在《贵生》篇中说了民生的四种情况：全生为上，亏生次之，死次之，迫生为下。第一种是“全生”，也就是人的六欲都得到适当的满足。第二种是“亏生”，就是六欲部分地得到满足，生命的天性部分地受到了削弱和抑制。第三种是“死”。由于正常的生活欲求得不到满足，而过早地死去了。在那个非常岁月里，那样的人可还真不少呢！第四种是“迫生”，在屈从，在耻辱中度生，求生不得，求死不能，“迫生不若死”。先生，您花那么多笔墨写人生的四种境况，其意何在？

吕答：我在《贵生》篇引用子华子的话，描写当时人生的四种境况，这是一种包含了正负数的人生计量框架。我的心情是十分复杂的，总的来说，一是批判，二是向往。批判的是三、四两种情形。不管是因民生得不到满足而招致非正常死亡，还是在耻辱和屈从中过着生不如死、“六欲莫得其宜”的日子，都是可悲哀的，也是我不愿意看到的。由此我会责难于那里的君主，那里的官僚，对他们的所作所为取批判的态度。同时，我满怀激情地向往着“全生为上”局面的实现，我坚定地认为“圣人深虑天下，莫贵于生”。毋庸讳言，我是寄希望于秦国，寄希望于秦国天子多为“全生”做一些踏踏实实的事的。

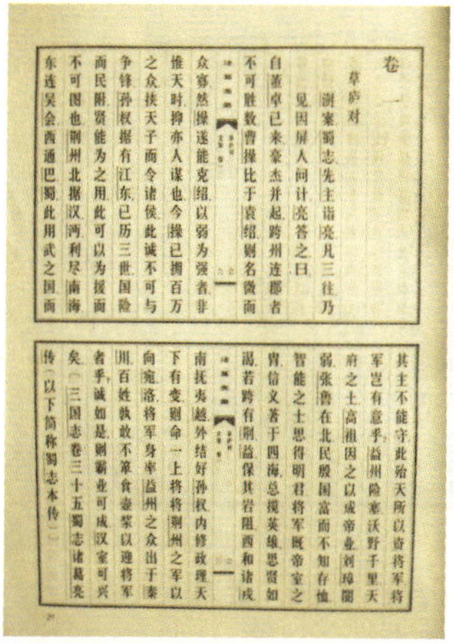

《诸葛亮集》书影

诸葛亮给儿子写信说：“夫君子之行，静以修身，俭以养德。非淡泊无以明志，非宁静无以致远。”（《诸葛亮集》）千百年来，此封家书的话语激励无数人士立志和成长。

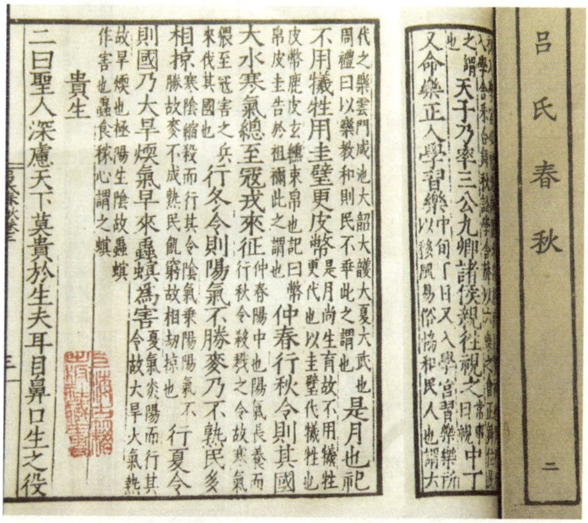

《吕氏春秋·贵生》书影

八六问

在《去私》篇中，您说：“天无私覆也，地无私载也，日月无私烛也，四时无私行也。行其德而万物得遂长焉。”这里接连讲了四个“无私”来阐明：天对它覆盖的万物是公平无私的，地对它承载的万物是公平无私的，太阳和月亮照耀万物也是公平无私的，春、夏、秋、冬四季的运行也是公平无私的。您这样不厌其烦地大讲天、地、日月、四季的公平无私，是为了什么呢？

吕不韦

吕答：我是主张“法天地”的，强调天地的“公平无私”，最终当然是要天子“法”天地，以公平无私的态度对待民众。“昔先圣王之治天下也必先公。公则天下平矣，平得于公。尝试观于上志，有得天下者众矣，其得之以公，其失之必以偏。凡主之立也生于公。”（《吕氏春秋·贵公》）只有“公平无私”的天子，才能得天下，才能在得天下之后永远立于不败之地。天子的“必先公”，取法于天地日月的“无私”。

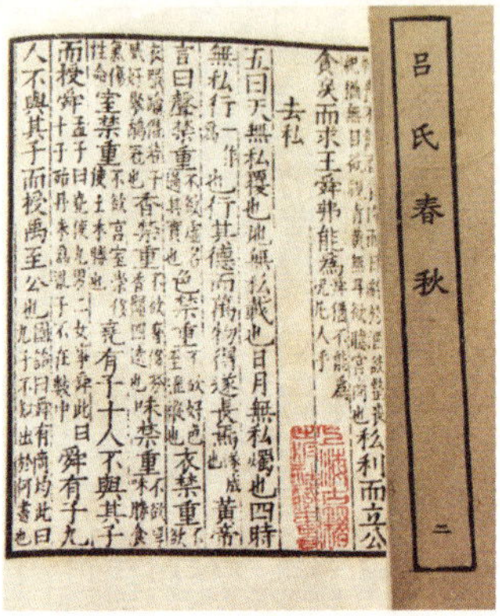
吕氏春秋

去私

五曰天無私覆也地無私載也日月無私燭也四時無私行也行其德而萬物得遂長焉

《吕氏春秋·去私》书影

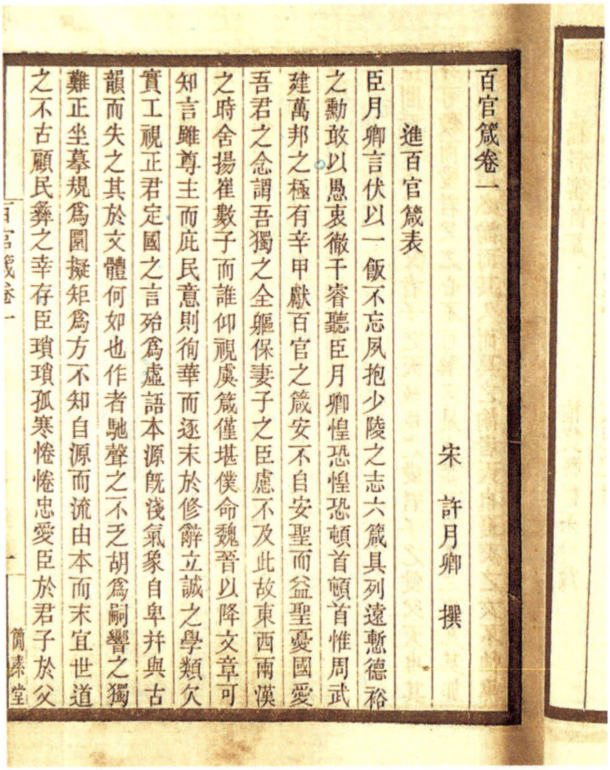
百官箴卷一

進百官箴表　　宋　許月卿　撰

臣月卿言伏以一飯不忘夙抱少陵之志六箴具列遠慙德裕之勳敢以愚衷徹于睿聽臣月卿惶恐惶恐頓首頓首惟周武建萬邦之極有辛甲獻百官之箴安不自安聖而益聖憂國愛吾君之念謂吾獨之全軀保妻子之臣慮不及此故東西兩漢之時舍揚崔數子而誰仰視虞箴僅堪僕命魏晉以降文章可知言雖尊主而庇民意則徇華而逐末於修辭立誠之學類欠實工視正君定國之言殆爲虛語本源既淺氣象自卑幷與古韻而失之其於文體何如也作者馳聲之不乏胡爲嗣響之獨難正坐摹規爲圓擬矩爲方不知自源而流由本而末宜世道之不古願民彝之幸存臣瑣瑣孤寒惓惓忠愛臣於君子於父

百官箴卷一　　簡素堂

《百官箴》书影

宋代许月卿在《百官箴》中说：“当官之法唯有三事：曰清、曰慎、曰勤。”据晋李秉《家诫》载，晋武帝司马炎曾对李秉等大臣说：“为官长当清，当慎，当勤。修此三者，何患不治乎？”（陈寿《三国志》）

由天地无私，到天子“必先公”，必然会得出“天下为公”的观念。《礼记》就明确提出了“天下为公”的政治理想，为历代的人们所乐道。在《礼运》篇这样写道：“大道之行也，天下为公，选贤与能，讲信修睦。故人不独亲其亲，不独子其子；使老有所终，壮有所用，幼有所长，矜寡、孤独、废疾者皆有所养；男有分，女有归，货，恶其弃于地也，不必藏于己。力恶其不出于身也，不必为己。是故谋闭而不兴，盗窃乱贼而不作。故外户而不闭，是谓大同。”我们认为，这段话的原创应该是属于您吕不韦的。是不是？

吕答：不能说我是“原创”者，可能有这样“天下为公”思想的人，不会只是我一个人。但是，我敢说，我的思想中，有比较完整的“天下为公”的思想。后人黄宗羲对我的“天下为公”思想特别推崇。“天下非一人之天下也，天下之天下也。”（《吕氏春秋·贵公》）这是“天下为公”思想的根基。天下本来就是上天赐给天下人的，那么，“天下为公”也就顺理成章的了。

黄宗羲像

黄宗羲，明末清初经学家、史学家、思想家、地理学家、天文历算学家、教育家。黄宗羲学问极博，思想深邃，著作宏富，与顾炎武、王夫之并称明末清初三大思想家（或清初三大儒），对吕不韦的“公天下”思想特别推崇，主要著作有《明儒学案》、《宋元学案》和《明夷待访录》等。

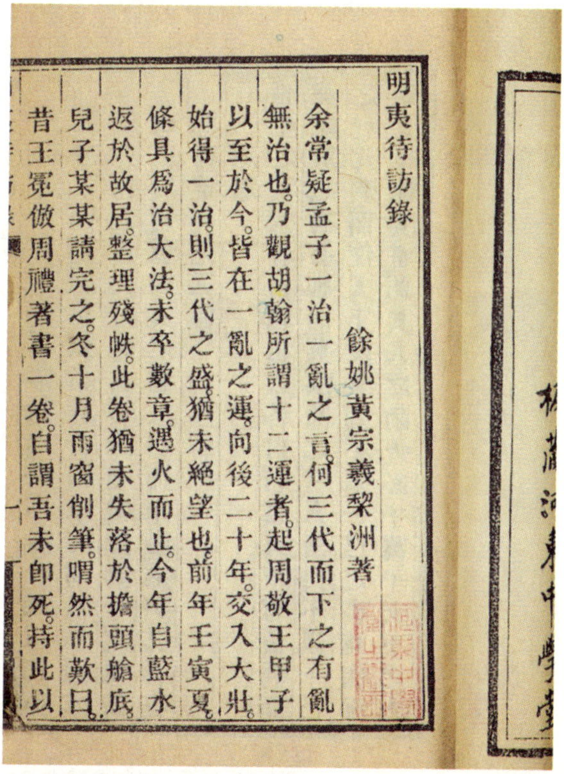

明夷待訪錄

餘姚黃宗羲梨洲著

余常疑孟子一治一亂之言何三代而下之有亂無治也乃觀胡翰所謂十二運者起周敬王甲子以至於今皆在一亂之運向後二十年交入大壯始得一治則三代之盛猶未絕望也前年壬寅夏條具爲治大法未卒數章遇火而止今年自藍水返於故居整理殘帙此卷猶未失落於擔頭艙底兒子某某請完之冬十月雨窗削筆喟然而歎曰昔王冕倣周禮著書一卷自謂吾未即死持此以

《明夷待访录》书影

《明夷待访录》诞生于明清之际，是一部具有启蒙性质的批判君主专制、呼唤民主政体的名著。徐复观认为：“一部《明夷待访录》，既是明清之际新的时代精神的反映，又从《吕氏春秋》表现的‘公天下’的思想中汲取了智慧。”

有人以为，正是“天下非一人之天下也，天下之天下也”这句话，透露出了您吕不韦取秦王天下而代之的野心，为日后秦王下定决心要铲灭吕氏埋下了祸根。您将如何评述这样一种说法？

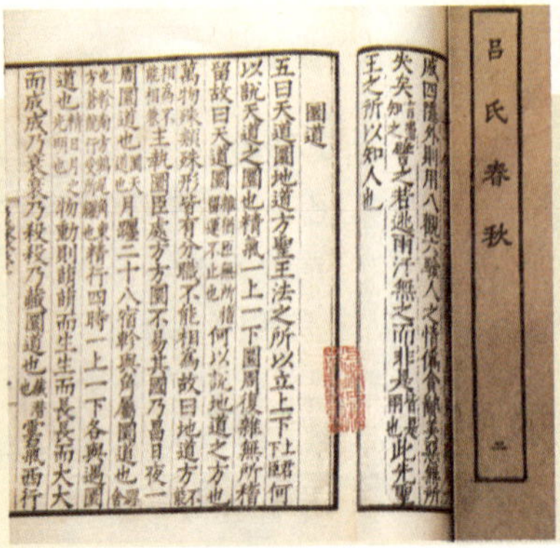
圜道

五曰天道圜地道方聖王法之所以立上下何以說天道之圜也精氣一上一下圜周復雜無所稽留故曰天道圜何以說地道之方也萬物殊類殊形皆有分職不能相爲故曰地道方主執圜臣處方方圜不易其國乃昌日夜一周圜道也月躔二十八宿軫與角屬圜道也精行四時一上一下各與遇圜道也物動則萌萌而生生而長長而大大而成成乃衰衰乃殺殺乃藏圜道也

《吕氏春秋·圜道》书影

吕答： 这完全是一种随心所欲的臆想。我在讲了上面这段话后，马上说：“阴阳之和，不长一类。甘露时雨，不私一物。万民之主，不阿一人。”（《吕氏春秋·贵公》）显然，我说“天下之天下”，明确指出天下是属于“万民”的，怎么说我是要取天下而代之呢？庄子说：“其动也天，其静也地。”（《庄子·天道》）我接受了这种学说。再添上“天圆地方”的天道观，我就得出了代表天的天子应“动”的政治观。“尧、舜，贤主也，皆以贤者为后，不肯与其子孙”（《吕氏春秋·圜道》）。我反对一世、二世、万世的传子制度，而主张以“禅让”形式出现的传贤制度。说我这是想取而代之，完全是一种曲解。

《吕氏春秋·求人》书影

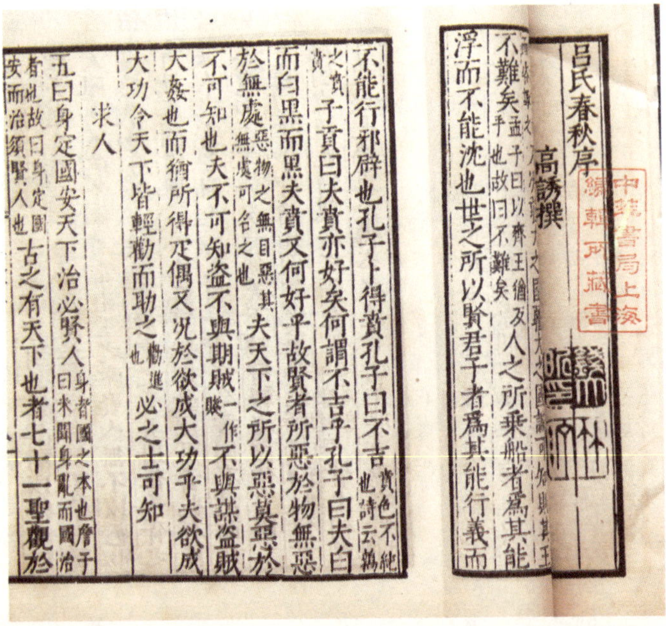
吕氏春秋序 高誘撰

不難矣……人之所乘船者爲其能浮而不能沈也世之所以賢君子者爲其能行義而

不能行邪辟也孔子卜得賁孔子曰不吉……子貢曰夫賁亦好矣何謂不吉乎孔子曰夫白而白黑而黑夫賁又何好乎故賢者所惡於物無惡於無處……夫天下之所以惡莫惡於不可知也夫不可知盜不與期賊……不與謀盜賊大姦也而猶所得之偶又況於欲成大功乎夫欲成大功令天下皆輕勸而助之……必之士可知

求人

五曰身定國安天下治必賢人……古之有天下也者七十一聖觀於

杜国庠塑像

杜国庠，现代历史学家。他在《论〈吕氏春秋〉》中对吕书的哲学、政治思想进行了深入发掘。

这里的问题在于：既然您主张“皇帝轮流做”，那为何又力主君主对为臣的态度要相对“静”，不要随意改变为臣者的职务呢？

吕答：让为臣者“静”在自己的岗位上，从理论上讲源于“地道静”。天子代表天道，臣子代表地道。为臣的要稳定在自己有所专长的职责岗位上。不是说在任何条件下都可以让臣“静”的。在这方面，我设定了一个先决条件，那就是贤人政治。“得贤人，国无不安，名无不荣；失贤人，国无不危，名无不辱。先王之索贤人无不以也，极卑极贱，极远极劳。”（《吕氏春秋·求人》）这样好不容易寻觅来的贤人，不应该让他们静静地在自己的岗位上做出自己的贡献吗？“百官各处其职、治其事以待主，主无不安矣”（《吕氏春秋·圜道》）。任贤用众，本身正好体现了“天下为公”的精神。

《吕氏春秋·有度》书影

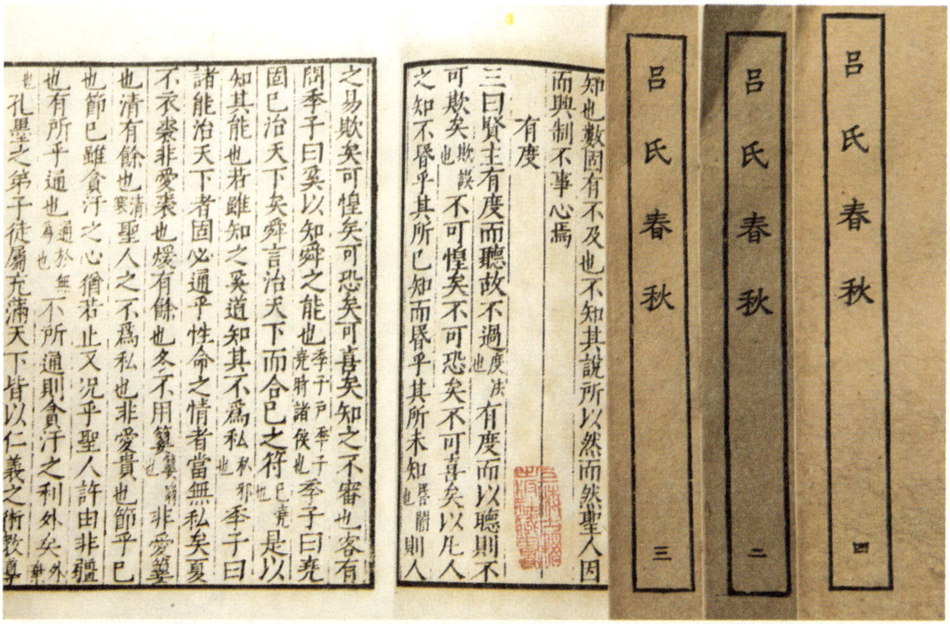
知也數固有不及也不知其說所以然而然聖人因
而興制不事心焉
有度
三曰賢主有度而聽故不過有度而以聽則不
可欺矣不可惶矣不可恐矣不可喜矣以凡人
之知不昏乎其所已知而昏乎其所未知則人
之易欺矣可惶矣可恐矣可喜矣知之不審也客有
問季子曰奚以知舜之能也季子曰堯
固已治天下矣舜言治天下而合己之符是以
知其能也若雖知之奚道知其不爲私季子曰
諸能治天下者固必通乎性命之情者當無私矣夏
不衣裘非愛裘也煖有餘也冬不用箑非愛箑
也清有餘也聖人之不爲私也非愛費也節乎己
也節己雖貪汙之心猶若止又況乎聖人許由非彊
也有所乎通也無不所通則貪汙之利外矣
孔墨之弟子徒屬充滿天下皆以仁義之術教導

九〇问

“天地万物，一人之身也，此之谓大同”(《吕氏春秋· 有始》)。这里在中国的古典文献中，首次出现“大同”这个概念。高诱注曰：“以一人身喻天地万物。”陈奇猷解释道：“此为阴阳家之说，‘先验小物，推而大之，至于无垠’，故以一人之身喻天地万物。天地万物与一人之身同理，故曰大同。”(《<吕氏春秋>校释》)这样解释当然没有错，但总觉没有触及此言的精神实质。先生，您说此“大同”之说，究竟想告诉人们些什么呢？

吕不韦

吕答：这应该说是一个伟大的美梦，追求“大同”之梦。当今的世界，大家看到的是太多太多的“大异”。国家利益的差异，地域利益的差异，人的群体与群体之间利益的差异。于是，就会引发种种的明争暗斗，甚至种种血腥的搏斗和残杀。我觉得，差异和斗争是客观存在的，但在这“众异”的背后是“大同”——大的“同一”和“和合”。既然一人之身有那么多的差异的部件可以形成“大同”之身，那么，千差万别的人们之间为何不可以找到“大同”呢？既然人与人之间可以找到“大同”，那么人与雷电、阴阳材物之间是否找到“大同”呢？既然人与诸多自然现象之间可以寻找到“大同”，那么，人与动物世界之间是否也会有所“大同”呢？所谓“大同”，就是寻找世界的和谐发展。这样的“大同”，比之《礼记·礼运》篇中所描述的大同世界要更完美了。这也就是我讲的“执一而万物治”之说，坚守根本的大同之道就可以治理万物。

司马迁像

太史公大赞《吕氏春秋》，将它与《诗经》《周易》《春秋》《离骚》《国语》《韩非子》《孙子》并列，将《吕氏春秋》与《周易》《春秋》等著作相提并论。在《太史公自序》和《报任安书》中说：“不韦迁蜀，世传《吕览》。”

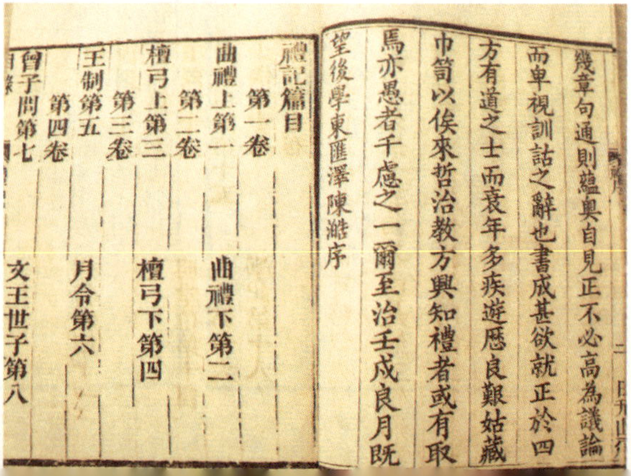

幾章句通則蘊奧自見正不必高爲議論
而卑視訓詁之辭也書成甚欲就正於四
方有道之士而衰年多疾遊歷良艱姑藏
巾笥以俟來哲治教方興知禮者或有取
馬亦愚者千慮之一爾至治壬戌良月既
望後學東匯澤陳澔序

禮記篇目
第一卷
曲禮上第一　曲禮下第二
第二卷
檀弓上第三　檀弓下第四
第三卷
王制第五　月令第六
第四卷
曾子問第七　文王世子第八

《礼记》书影

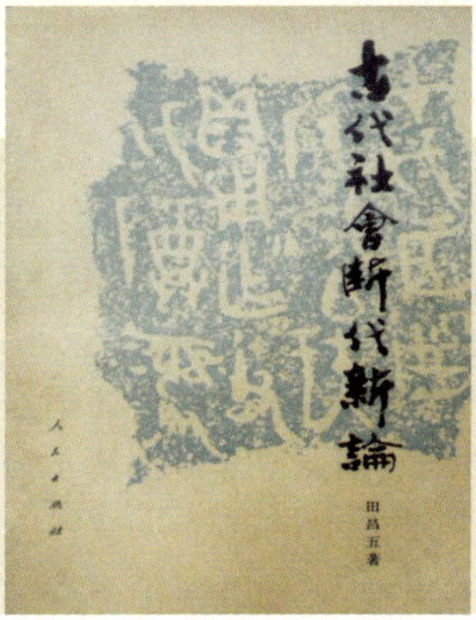

在《吕氏春秋》中您讲了这样一则寓言："有过于江上者，见人方引婴儿而欲投之江中，婴儿啼，人问其故，曰：'此其父善游。'"其意为，有一个渡江的人，看见有人正想要把一个婴儿扔进江里去。婴儿啼哭不止。旁人问他这样做的原因，对方回答说："这个孩子的父亲擅长游泳。"有人认为，您的用意是在讽刺主观臆断者，是这样吗？

《古代社会断代新论》书影

田昌五，著名历史学学者，一生著述宏富，成就卓著。著有《古代社会断代新论》、《历史学概论》等学术专著10余部，他在《吕不韦与〈吕氏春秋〉》一文中说："《吕览》者，帝王之鉴也。"，并认为吕不韦所择史料及寓言极富针对性，他要写出一部新的《春秋》，供新王朝的王者作为借鉴。

吕答： 在故事之后，紧接这样一句话："其父虽善游，其子岂遽善游哉？此任物亦必悖矣。"也就是说，即使这个孩子的父亲擅长游泳，那他的孩子难道就一定擅长游泳吗？主观臆断者用这样的思维方式处理事情，必然是荒谬的。其实还有两层意思：其一是本领的获得要靠自己去学习、实践，而不能靠先天的遗传。其二是处理事情要从实际出发，绝对不能强迫他人去做他做不了的事。对象不同或事物环境不同，处理问题的方法也要随之改变，因人而异。此外时代不同了，对象变了，解决问题的方法、手段也要随之变化，否则将要酿成大错。

《秦汉史》（田昌五、安作璋主编，人民出版社）书影

田昌五在《秦汉史》中认为，汉初的黄老政治是《吕氏春秋》的修订版，在《吕不韦与＜吕氏春秋＞》一文中说："历史总是曲折前进的。秦朝倒下去了，汉朝起来，实行所谓'黄老政治'。这黄老政治，在某种意义上，可以说是《吕氏春秋》的修订版。汉朝就是在黄老思想指导下稳定下来的。这样，《吕氏春秋》经历了两个朝代，对后世有相当大的影响。"

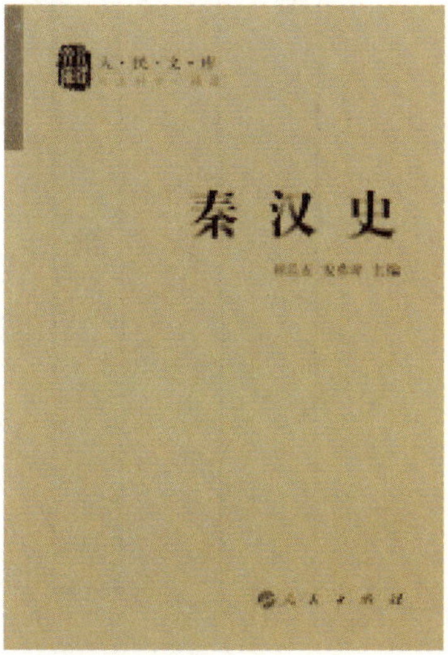

您还说："楚人有涉江者，其剑自舟中坠于水，遽(jù)契其舟曰：'是吾剑之所从坠。'舟止，从其所契者入水求之。"(《吕氏春秋·察今》)其意是说，楚国有一个坐船渡江的人，他的剑不小心从船上落入江中。他急着在船沿上用刀刻上记号，说："我的剑就是从这儿掉下去的。"船停了之后，这个人就从他用刀刻的地方下水去寻找剑。不少学者认为，您用此寓言故事比喻死守教条，拘泥成法，固执不知变通的意思，含有劝诲秦王嬴政要改变思想，适应环境的意思，是这样吗?

吕答：是的。我在故事后插了一句话："舟已行矣而剑不行，求剑若此，不亦惑乎！"就是说，船已经行驶了，而剑却没有走，像这样去寻找宝剑，岂不是很糊涂吗？其实，这里还有更深的含义，就是说，世界上的事物千变万化，不断发展，不断前进，"大同"不是简单的静止的"同"，而是"舟已行矣"式的变动中的"同"。教育人们不能用片面、静止、狭隘的眼光看待问题、处理问题，否则就会失败。当然，这里含有劝诲秦王嬴政之意：面对新环境、新机会，要放大眼界，积极进取。

《中国古代寓言史》书影

陈蒲清，学者，主要研究方向为寓言与古典文献，著有《中国古代寓言史》、《世界寓言通论》等。据陈浦清在《中国古代寓言史》中的统计，《吕氏春秋》一书中共有寓言和故事300多个，内容丰富多样。《吕氏春秋》一般都用三四个故事组成"寓言群"来阐明一个主题，《淫辞》篇只有700字左右，竟共用了6个寓言故事。有人说，《吕氏春秋》是一座春光满目的寓言大观园。

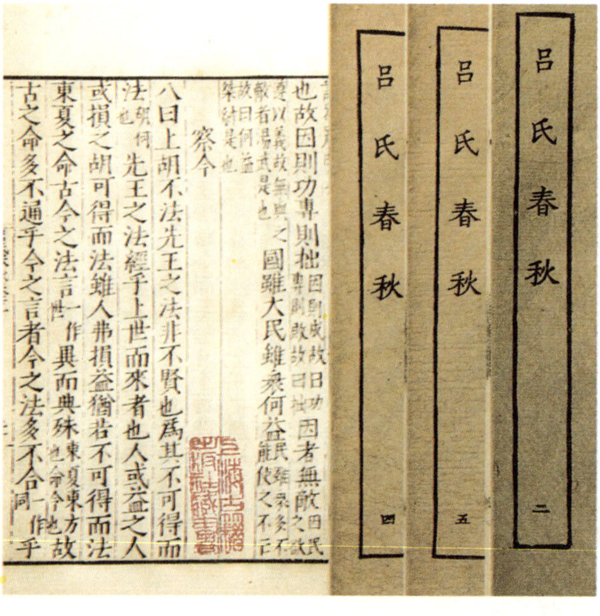

《吕氏春秋·察今》书影

在《吕氏春秋·察今》又讲了一则寓言："荆人欲袭宋，使人先表澭水。澭水暴益，荆人弗知，循表而夜涉，溺死者千有余人。"说的是，楚国人想要偷袭宋国，派人先在澭（yōng）河里测量水深并做记号。后来河水突然猛涨，楚人不知，仍按原来的标记在夜间渡水，结果，有一千多人被淹死。有人认为，这也是讽刺那些墨守成规，固执己见的人。《察今》篇讲了"引婴投江"、"刻舟求剑"和"循表夜涉"的寓言故事，其寓意是否都是针对秦王嬴政的?

吕答：是的。三则寓言都是讽刺那些墨守成规、固执己见、不知变通，不懂得根据客观实际采取灵活对策的人。我反复教诲秦王嬴政，思想要随着时代的变化而变化，不能因循守旧，墨守成规。"引婴投江"寓意对象变了，手法也要变，"刻舟求剑"寓意不能拘执、不知变通。"循表夜涉"寓意时间变，方法不能不变。"先表之时可导也，今水已变而益多矣，荆人尚犹循表而导之，此其所以败也。今世之主，法先王之法也，有似于此。其时已与先王之法亏矣，而曰'此先王之法也'而法之，以此为治，岂不悲哉！"这里完全是提醒秦王嬴政要明察当今实际情况，而不死守故法的道理。这三则寓言，使我的"大同"思想更具体化，也更有针对性了。

郭沫若像

郭沫若，现代著名的无产阶级文学家、诗人、剧作家、考古学家、思想家、古文字学家、历史学家、著名的革命家、社会活动家，蜚声海内外；他是是继鲁迅之后革命文化界公认的领袖。他对吕不韦予以极高的评价，他在《十批判书》称吕不韦为"在中国历史上应该是一位有数的大政治家"。

《十批判书》书影

吕不韦像

第四章

孝治天下

中国历来是以孝立国的国家。从一定意义上可以说，中国文化就是孝文化。一个“孝”字，润泽着血缘这根又粗又长的纽带，使中国的家庭关系分外牢固；向外延伸，就形成了无所不至的“孝”的社会文化。正像《孝经》说的：“自天子至于庶人，孝无终始。”这是在世界上任何地域、任何国家都看不到的景象。

“孝”文化的形成有一个悠长的过程。如果不把较为原始的“孝”文化算进去，那么儒家的始祖孔子也应该是完整意义上的“孝”文化的祖师爷。从孔子，到曾子，到乐正子春，到孟子，到荀子，一两百年间，“孝”文化迅速地成熟起来。而从战国晚期的吕不韦，到汉代辑成的《大戴礼记》《小戴礼记》，以及明确由汉代皇家颁发的《孝经》，孝道的理论才得以完成。其中，吕不韦实在是功不可没。在先秦的诸子百家中，他首先征引《孝经》中部分章句，并大力加以张扬，使“孝”文化真正走上了理论化的轨道。

吕不韦吸收了孔子的“孝”的思想，并对曾子的思想加以大刀阔斧的改造，将人子之孝、师生之谊、君臣之义融会于一炉，形成了以“孝”为核心的政治观念，实际上开了汉代“以孝治天下”的先河。

梁漱溟先生在《中国文化要义》中说:“中国文化是孝的文化。”这可能是自古亦然的。当然,它有一个漫长的发展过程。在远古时代,当时的物质条件很差,生前养老的观念很难确立起来,因此,原始的“孝”总是与祭祀亡者、追念先祖结合在一起的。先生,您说是不是这样?

梁漱溟像

梁漱溟,著名的思想家、哲学家、教育家、国学大师,主要研究人生问题和社会问题,有“中国最后一位儒家”之称。著有《乡村建设理论》、《人心与人生》等。他认为,《孝经》成书在《吕氏春秋》之前。

吕答:大致上是这样的。《易·萃》:“‘王假有庙’,致孝享也。”这大概是较为远古的事。王者可以假祖庙祭祀,以表孝心,一般人还做不到呢!孔子说到大禹时,说他“菲饮食,而致孝乎鬼神”(《论语·泰伯》)。《史记·夏本纪》说禹“薄衣食,致孝于鬼神”,都是把“孝”解释成祭祀“鬼神”,也就是先人。生时的奉养是要有一定的社会物质条件的。在原始时代,还不具备那样的物质条件,只能把孝敬的心意寄托在亡故的先人身上了。

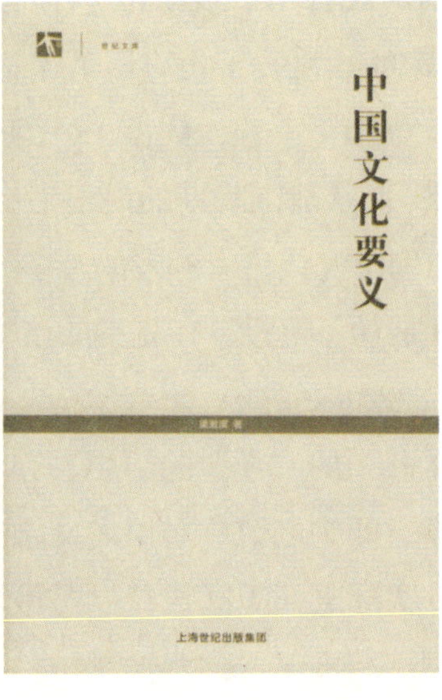

《中国文化要义》(左为学林出版社出版)书影

梁漱溟认为,吕不韦开汉代以孝治天下之先河,他在《中国文化要义》中说:“中国文化是孝的文化。”而《吕氏春秋》在子书中首先征引了《孝经》,并大加张扬。这一方面可以肯定地说《孝经》成书在《吕氏春秋》稍前,而《吕氏春秋》实际上开了汉代“以孝治天下”的意识形态的先河。

从祭死到养生，这是“孝”的一大飞跃。从《论语》的某些篇章可知，到孔子之时，主流的“孝”文化是养生文化。孔子是这样说的：“今之孝者，是谓能养。至于犬马，皆能有养；不敬，何以别乎？”（《论语·为政》）孔子，还有后来的孟子，他们在“孝”的观念上是超前的，因此感到只是养的话，与犬马没有什么区别。其实，当时一般人能做到“养”已经了不起了。是不是这样？

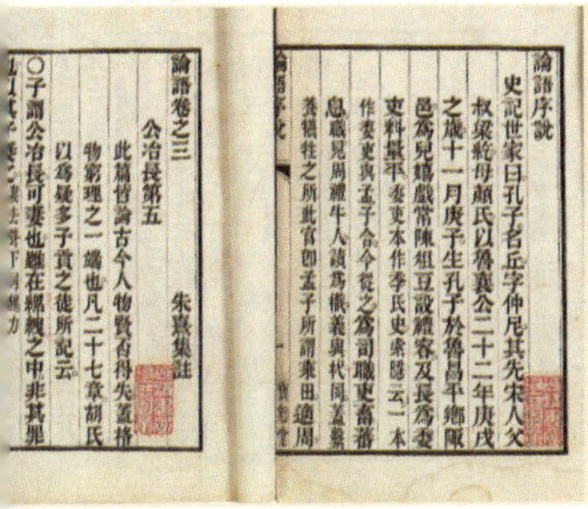
論語序說
史記世家曰孔子名丘字仲尼
論語卷之三
公冶長第五 朱熹集註

《论语》书影

吕答：应该说是这样的。以养为孝的观念是持续了相当长时期的。一直到孟子时，还在说：“食而不爱，豕交之也；爱而不敬，兽畜之也。”（《孟子·尽心上》）这说明当时的主流孝文化还只是“食”而已。其实，民以食为天，孝能做到“食”已经了不起了。只是孔子和孟子作为先知者，还要求以礼敬爱父母长辈，是他们在“孝”的要求上高于常人罢了。

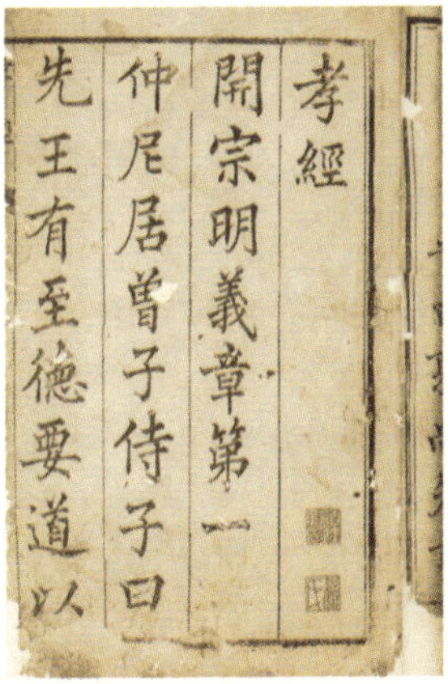
孝經
開宗明義章第一
仲尼居曾子侍子曰
先王有至德要道以

《孝经》书影

《孟子·尽心上》书影

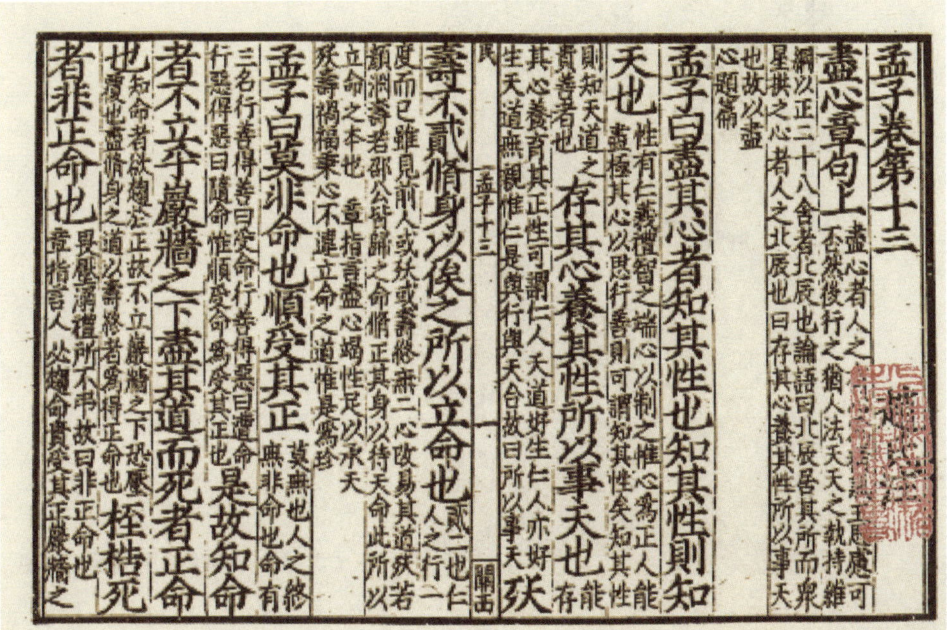
孟子卷第十三
盡心章句上
孟子曰盡其心者知其性也知其性則知天也
存其心養其性所以事天也
殀壽不貳脩身以俟之所以立命也
孟子十三
孟子曰莫非命也順受其正
是故知命者不立乎巖牆之下
盡其道而死者正命也
桎梏死者非正命也
105

在“孝”文化的发展过程中，有一个由家庭文化向社会文化推进的过程，其演变进程在典籍上可以找到根据。《左传·隐公三年》上有这样一段话：“君义、臣行、父慈、子孝、兄爱、弟敬，所谓六顺也。”这里已经将“父慈、子孝”的孝道，推而广之为家庭生活中的“兄爱、弟敬”，以及社会生活中的“君义、臣行”。这也可以看作是您构建“以孝治天下”的孝文化的思想文化基础吧？

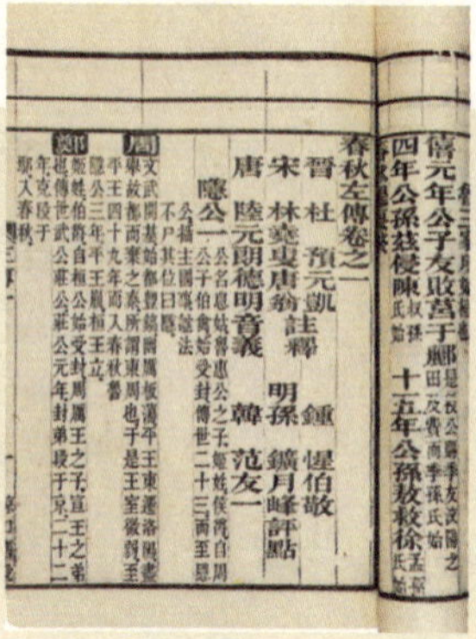

《左传》书影

吕答：有意思的是，《左传》的作者把人际的六种关系称之为“六顺”。不知读者注意了没有，我在《吕氏春秋》中好用一个“顺”字，有好几篇文章就是以“顺”为题的。何谓“顺”？顺就是顺于天理人情。《汉书·文帝纪》：“孝悌，天下之大顺也。”意思是说，孝敬父母，友爱兄弟，是合符天理人心的大道理。把“君义”、“子孝”等六方面看作是“六顺”，本身就说明当时“孝”的观念已深入人心，被人们普遍接受。

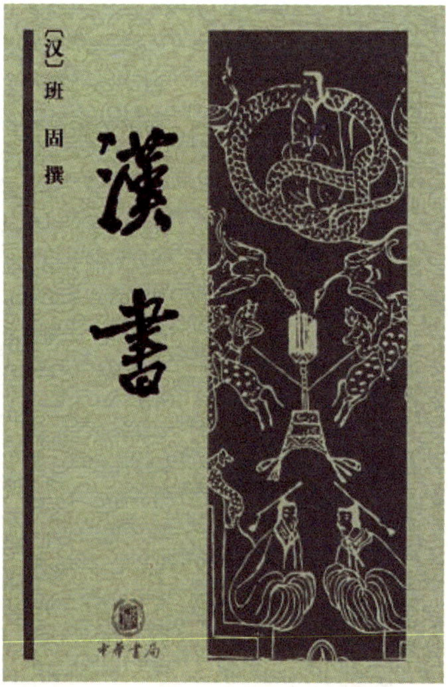

《汉书》（中华书局出版）书影

孔子像

从理论层面上讲，孔子应该是完整意义上的“孝”文化的祖师爷了。从孔子，到曾子，到乐正子春，到孟子，到荀子，一两百年间，“孝”文化迅速地成熟起来。您正是这几代人关于“孝”的文化的终结者。读您的关于“孝”的若干论述，我们以为您是儒家“孝”文化的集大成者，不知先生以为然否?

吕答：说我是儒家“孝”文化的集大成者，这是我的光荣。我的那篇被后世人广泛传颂的《孝行》，实际上就是“孝”文化的一篇宣言书。在这篇文稿中我讲了一个乐正子的故事。乐正子下堂时伤了脚，病愈后几个月不外出，依然有忧色。学生问他：“先生伤好了，为何还有忧色，那是为什么呀？”乐正子回答道：“你这个问题问得好呀！我曾经听曾子说，曾子又听孔子说，父母完好地生下子女，子女就要完好地把身体归还给父母，不损伤，不毁坏，这就是孝了。君子挪动一下脚步都要想到孝。我没有保护好自己的身子，我忘了孝的道理了，因此我忧虑。”在讲完这个故事以后，我画龙点睛地加了一句：“故曰：身者，非其私有也，严亲之遗躬也。”意思是，不要把身体单纯看成是个人的事，它实际上涉及到父母辈的血脉能否传下去的问题。这就把孔子、曾子、乐正子春，以及我吕不韦在“孝”上的传承关系表述得清清楚楚了。

《孝经》书影

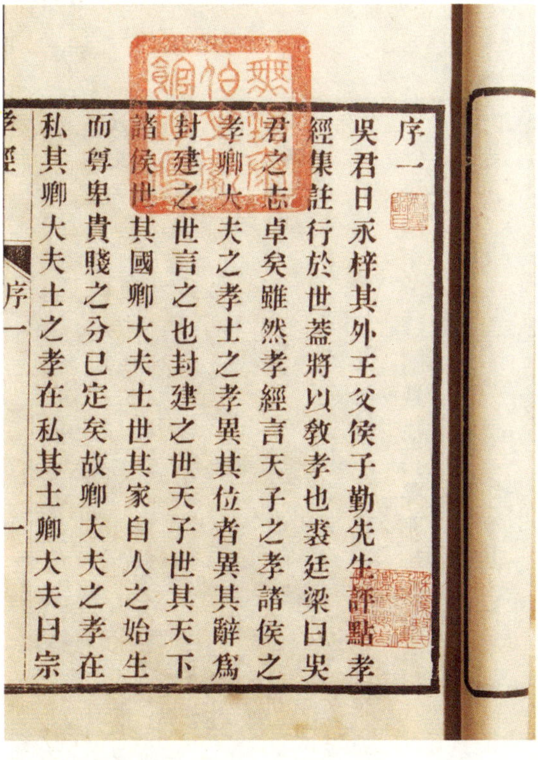

序一
吳君曰永梓其外王父侯子勤先生評點孝
經集註行於世蓋將以教孝也袁廷梁曰吳
君之志卓矣雖然孝經言天子之孝諸侯之
孝卿大夫之孝士之孝異其位者異其辭爲
封建之世言之也封建之世天子世其天下
諸侯世其國卿大夫士世其家自人之始生
而尊卑貴賤之分已定矣故卿大夫之孝在
私其卿大夫士之孝在私其士卿大夫曰宗

孝經 序一 一

不过，我们又注意到，您在涉及“孝”的问题上，可以说是旁征博引，触及面极广。您引述《商书》上说的“刑三百，罪莫重于不孝”的章句，您说到了《庄子》中说的“孝子操药，以修慈父，其色燋然，圣人羞之”（《庄子·天地》）的话，您还说到了墨者巨子的儿子杀人，秦惠王因其“非有他子”奉孝而不想杀他，可墨者巨子坚决不从，最后是执了法，您的评述是：“子，人之所私也，忍所私以行大义，巨子可谓公矣。”我们读这些文字，似乎又可以得出另一个结论，您不只是儒家孝文化的集大成者，还是先秦诸子百家孝文化的集大成者。这一评价妥否？

吕答：事实正是这样。其实，不只儒家讲“孝”，先秦的诸子百家都讲“孝”，只是视角和观念不尽相同罢了。我是选择各家“孝”文化中的精华，加以综合和提炼，形成了“以孝治天下”的理念。

《商君书》书影

《孝经》书影

《孝经》是中国古代儒家的伦理学经典。传是孔子之作，但南宋时已有人怀疑是后人之附会。清代纪昀在《四库全书总目》中明确指出，《孝经》是孔子“七十子之徒之遗言”，成书于秦汉之际。自西汉至魏晋南北朝，注解者已有百家。现在流行的版本是唐玄宗李隆基注，宋代邢昺作疏的版本，分18章。

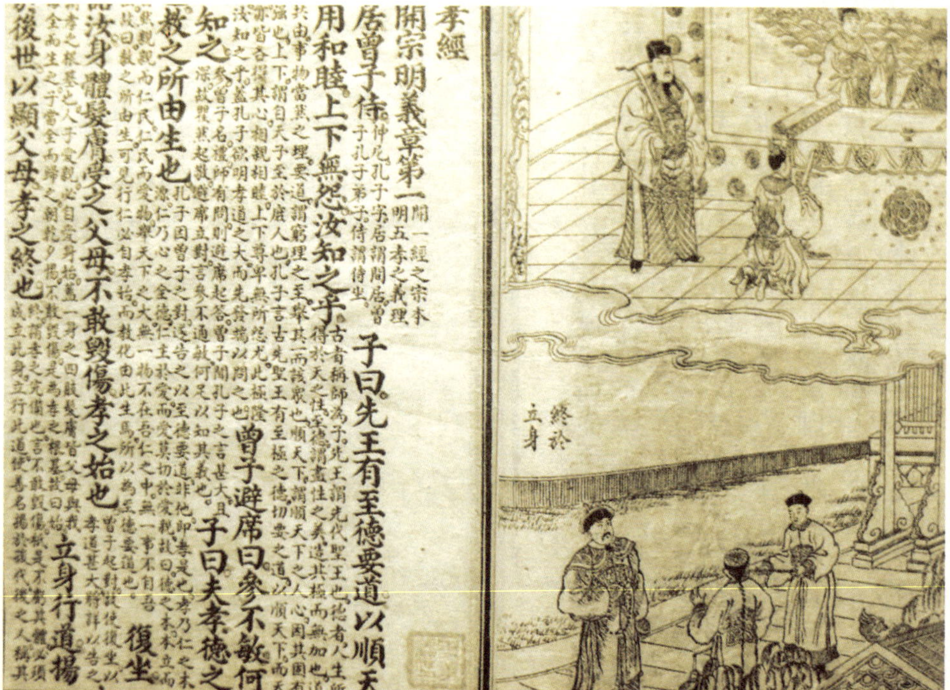

您在《精通》篇中讲了这样一则故事：有个叫申喜的年轻人，他与自己的母亲早年就失散了。长大成人后，他生活得不错，也有了钱，但一直在思念他的母亲。一天，他听到一个乞丐在门前作歌，他就感到很受触动，也很悲哀。他叫看门人把唱歌的乞丐叫进来，一问，才知道这个乞丐正是自己早年失散的母亲。对这个母亲为何能寻到这里？儿子为何会一下认出乞丐就是自己的母亲？先生用这个故事想告诉人们些什么呢？

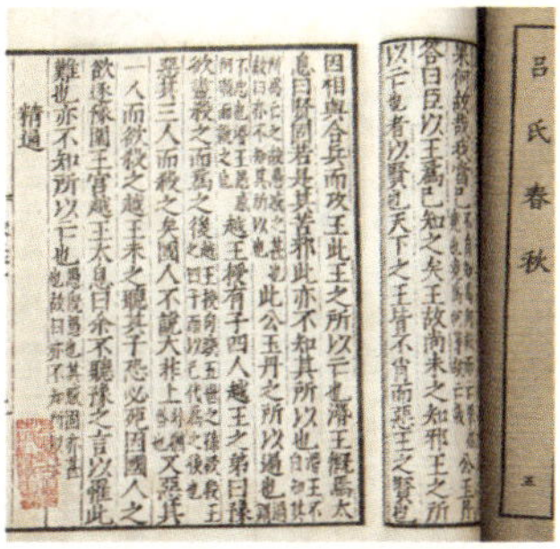
呂氏春秋
精通

《吕氏春秋·精通》书影

吕答：我作了这样的论述："父母之于子也，子之于父母也，一体而两分，同气而异息。若草莽之有华实也，若树木之有根心也，虽异处而相通，隐志相及，痛疾相救，忧思相感，生则相欢，死则相哀，此之谓骨肉之亲。"在这里，我在中国历史上第一次提出了"骨肉之亲"这个新概念。我说父母子女之间是"虽异处而相通，隐志相及，痛疾相救，忧思相感"（《吕氏春秋·精通》），是想说明，我所提倡的"孝"文化是有其生理上的先天基础的。父母子女之间生来就是心性相通、相及，并能相救、相感的，这是亲子之间一根无形的但怎么也扯不断的纽带。有人武断地说这是"迷信"。我看，这种父母子女之间的感应是一种血缘亲情之使然，是一种天性，没有什么神秘的，大家也容易认可。至于心灵感应如何传递，传递的机理是什么，如何解码，这还有待于科学的进一步探索。

何休像

何休，东汉今文经学家。精研六经，尤好公羊，注《孝经》《论语》，作《春秋公羊解诂》。画像藏台北故宫博物院。

一〇〇问

您说过："为天下及国，莫如以德，莫如行义。以德以义，不赏而民劝，不罚而邪止，此神农、黄帝之政也。"（《吕氏春秋·上德》）您还以"行德三年而三苗服"为例，说明德政感人之快，是超过邮站之传递政令的。您还借曾子之口说，"先王之所以治天下者五：贵德，贵贵，贵老，敬长，慈幼。"（《吕氏春秋·孝行》）这就明确告诉人们，您实际上是把"孝"当作"德治天下"的一个抓手的，是不是？

吕不韦

吕答：严格地说，我是主张"德主刑辅"以治天下的。我除了强调"德也者，万民之宰也"（《吕氏春秋·精通》）外，还主张"威不可无有，而不足专恃"（《吕氏春秋·用民》），这就是"德主刑辅"的治国方略。与这一治国方略紧相关联的是一个"孝"字。"夫孝，三皇五帝之本务，而万事之纪也。""笃谨孝道，先王之所以治天下也。"（《吕氏春秋·孝行》）请注意，这里我称"孝"为"孝道"，这是一个极大的提升，说明"孝"在我心目中早已从一般的道德规范中脱胎出来，具有了"道"的性质。而且，在《孝行》篇中，"以孝治天下"的观念也完整地提了出来。

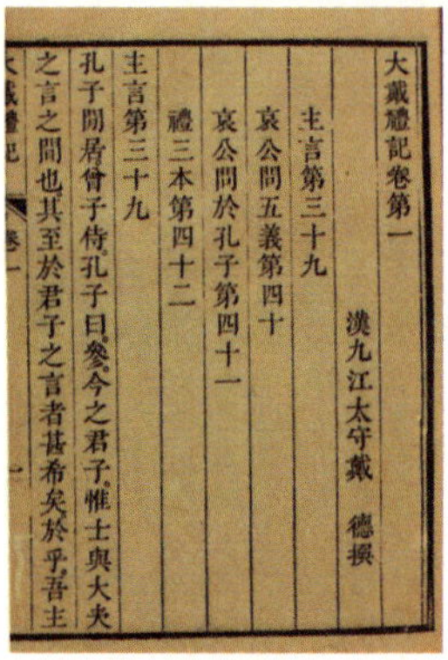

《大戴礼记》书影

有人以为，从远古朴素的孝的观念，到孔子，到曾子，到乐正子春，到孟子，到荀子，到战国晚期的《吕氏春秋》，再到汉代辑成的《大戴礼记》《小戴礼记》，以及明确由皇家颁发的《孝经》，孝道理论才完成。

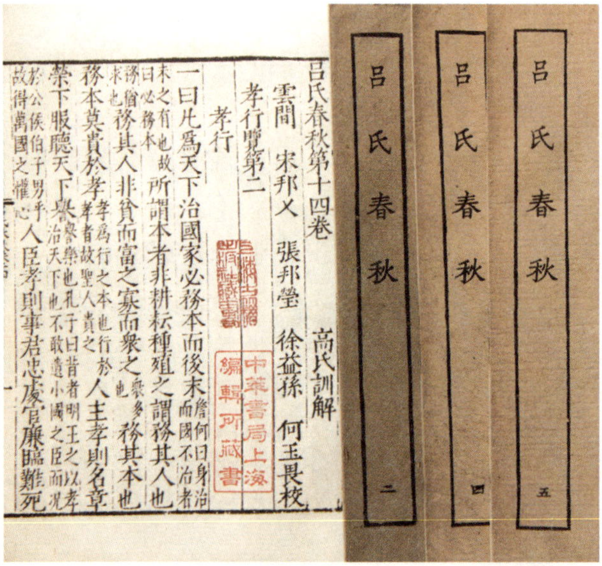

《吕氏春秋·孝行览》书影

毫无疑问，您是把“孝”主要作为一种道德规范来看待的。但是，您在《孝行》中却别出心裁地引用了《商书》载的“刑三百，罪莫重于不孝”的话，还说，“孝”体现了仁、礼、义、信、乐等方面的精神，最后您加了一句：“刑自逆此作也。”意思是说，谁违背了孝道，逆于孝道，谁就要受到刑罚的处置。您这样说，是否意味着与上述“德主刑辅”的基本思想的接轨？

《商君书》（中华书局出版）书影

吕答：这样理解是正确的。我在很多场合一再强调“孝”是治国之本。《孝行》《上德》《审分》等篇都提倡“德主刑辅”的方针。既然我的治国方略是“德主刑辅”，那么，在我的“孝”的观念中，除了主体的“德”的精神实质外，不可能没有“刑”的意味。我明确点出“刑自逆此作也”，就是要警示人们，孝道的实施除了劝行和教化的一手之外，还有强制和刑罚的另一手。后来，“孝道”趋法规化、形成相当严厉的“家规”“族规”，其源盖出于我的“孝治”思想。

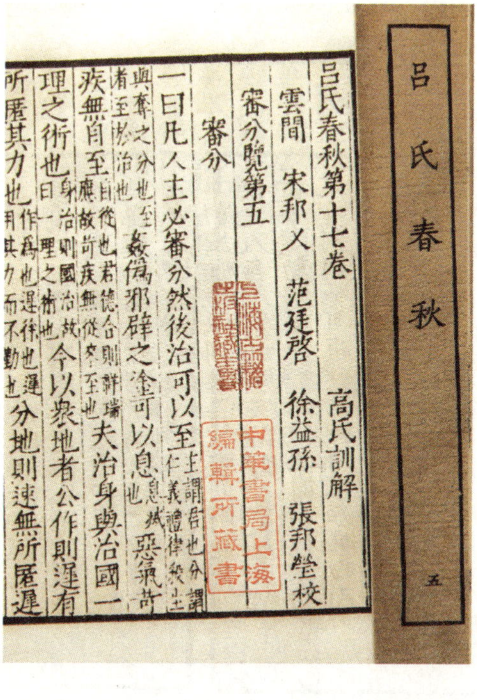
吕氏春秋　五

呂氏春秋第十七卷　高氏訓解

雲間　宋邦乂　范廷啓　徐益孫　張邦瑩校

審分覽第五

審分

一曰凡人主必審分然後治可以至主謂君也分謂仁義禮律殺生與奪之分也至者至於治也姦僞邪辟之塗可以息息滅也惡氣苛疾無自至自從也君德合則祥瑞應故苛疾無從來至也夫治身與治國一理之術也身治則國治故曰一理之術也今以衆地者公作則遲有所匿其力也作爲也遲徐也遲用其力而不勤也分地則速無所匿遲

中華書局上海編輯所藏書

《吕氏春秋·审分览》书影

一〇二问

吕不韦

在“孝”的内涵上，您完全称得上是承前启后。您说：“民之本教曰孝，其行孝曰养。养可能也，敬为难。敬可能也，安为难。安可能也，卒为难。”(《吕氏春秋·孝行》)您是把“孝”的观念扩展到了最丰富，也最完整，能这样说吗？

马融像

马融，东汉经学家，博学才高，能综合各家之学，他遍注《孝经》等经书，兼注《离骚》等，其孝的思想一定程度上参照了《吕氏春秋》的相关观点。画像藏台北故宫博物院。

吕答：我把“孝”的观念扩展了，也完整化了，那是事实，但说“最丰富”、“最完整”就过誉了。孔子主要讲了两层意思：子女对父母一是要养，二是要敬。我则讲了四层意思：一是要“养”，二是要“敬”。这是孔子说到了的。三是要“安”。“安”的内涵十分丰富。第一层意思是在父母活着的时候，要让他们安居乐业，生活得安安稳稳；第二层意思是自己的行为要无愧于父母，好让他们安心、放心；第三层意思是我一再强调的所谓“安死”，死了以后，“入土为安”，安定地在另一个世界中生活。四是要“卒”。就是要坚持到底，要始终如一，要将“孝”进行到底。

《吕氏春秋·本味》书影

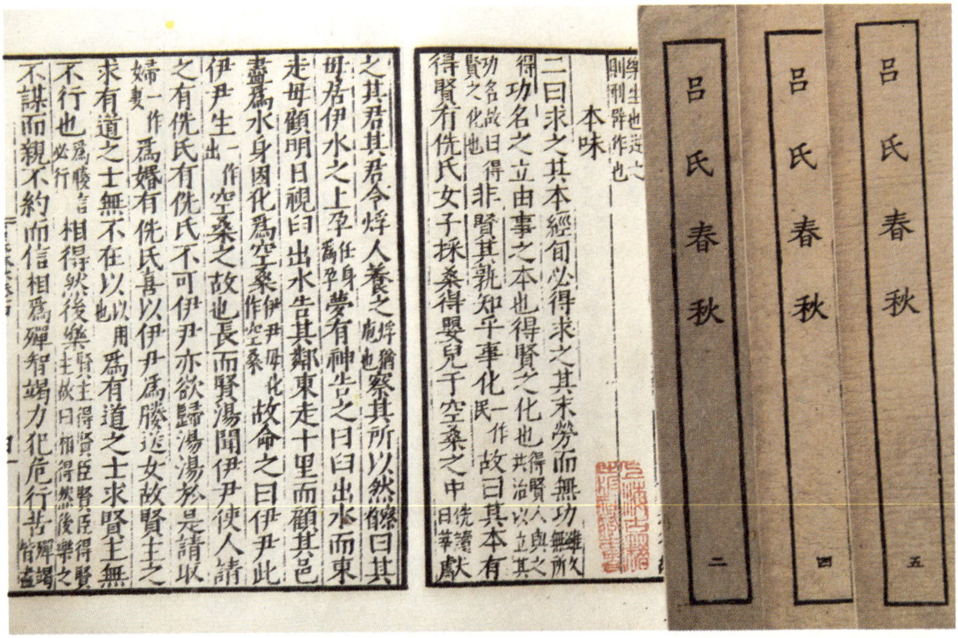

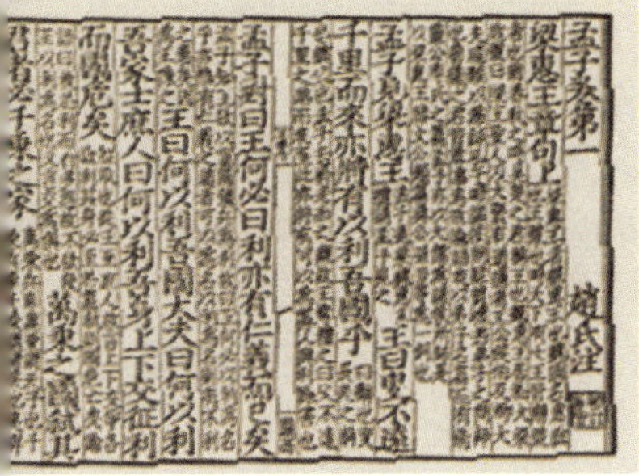

孟子卷第一

梁惠王章句上 趙氏注

孟子見梁惠王 王曰叟不遠千里而來亦將有以利吾國乎

孟子對曰王何必曰利亦有仁義而已矣

王曰何以利吾國大夫曰何以利吾家士庶人曰何以利吾身上下交征利而國危矣

《孟子·梁惠王上》

您认为，要实施“以孝治天下”，就要让孝的观念普及于全民，“人主孝则名章荣，下服听，天下誉。人臣孝则事君忠，处官廉，临难死。士民孝则耕芸疾，守战固，不罢北。”（《吕氏春秋·孝行》）如果从君主，到人臣，到士民，都以孝为自我的行为准则了，这个国家就有希望了。那么，请问如何实施“孝”的普及呢？

吕答：“孝”的普及，有赖于孝的教育。孟子说到了孝的教育：“谨庠序之教，申之以孝悌之义。”（《孟子·梁惠王上》）他说在学校教育中要有孝的教育的内容，但没有明确孝的教育的地位。而我就要明确得多：“民之本教曰孝。”（《吕氏春秋·孝行》）我把孝的教育看作是“本教”，也就是最基础的教育。我在《吕氏春秋》中首先引用《孝经》语，可见我是想以《孝经》纳入教科书的。“圣人生于疾学”（《吕氏春秋·劝学》），圣人是在奋发学习中造就出来的，以孝为“本教”的教育就是要造就一大批支撑社会的“圣人”。

《孝经》碑

由重孝，到重孝的教育，然后到重视从事孝的教育的老师，这是顺理成章的事。关于尊师，您提出了许多的规范性的条款，如为老师编麻鞋、织罗网啊，帮老师播种五谷、猎取鸟兽啊，为老师照看车马、驾驭车辆啊，这些都算不了什么，最重要的是您提出了“君子之学也，说义必称师以论道，听从必尽力以光明。听从不尽力命之曰背，说义不称师命之曰叛”(《吕氏春秋·尊师》)。这么看来，有学者认为，您“尊师”思想可以说对中国整部文化史、教育史产生了极大的影响，对此您能作出评价吗?

吕答：这里我说了两个“必”。一是“说义必称师以论道”，意思是论说道理一定要称引老师的观点。二是“听从必尽力于光明”，意思是说听从老师的教悔一定要尽力加以发扬光大。这两句话后世视为弘扬“师道”的经典之言。我自己认为，这对后世形成以名师为轴心的学术流派、发展有个性的文化，是有好处的。尤其是提倡对老师的学说“尽力以光明”，那样学生就可以有想象和发展的空间了。当然，有一利必有一弊。过分强调师道，强调“称师以论道”，也不利于学术的自由发展，助长了学界的门户之见和门户之争。

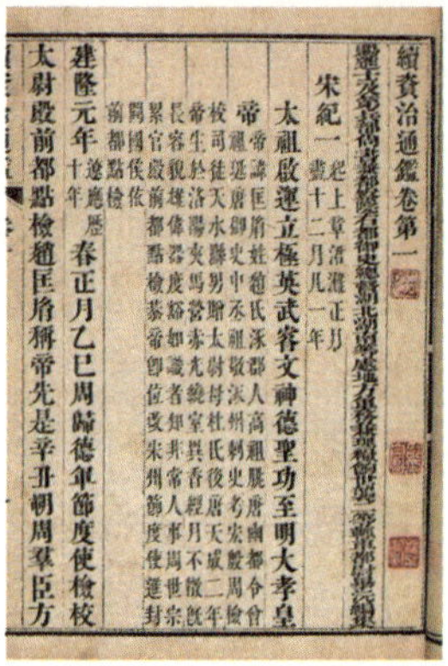

毕沅《续资治通鉴》书影

清代学者毕沅在其著述中对《吕氏春秋》的文学成就作了高度评价，在《吕氏春秋新校正·序》说：“吕不韦一意采奇词奥旨，可喜可观，庶几乎立言不朽矣！”称其“立言不朽”，这就不仅是对其语言的赞赏，还是对该书思想内容的极大肯定。

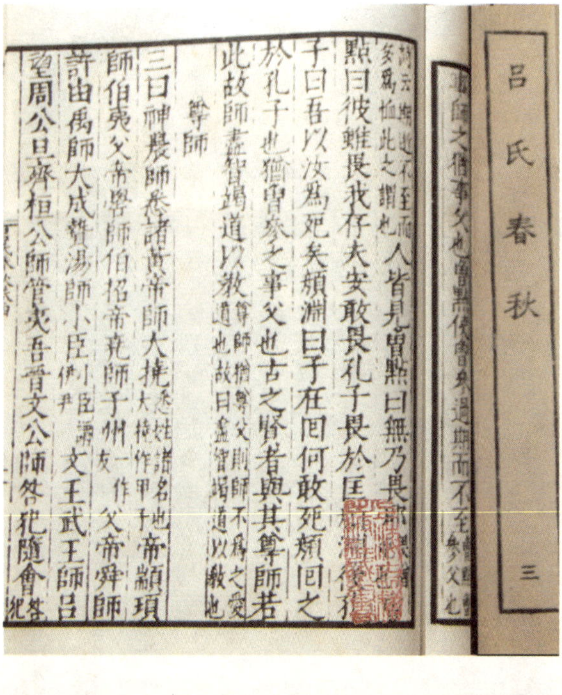

《吕氏春秋·尊师》书影

环绕尊师，您又提出了一系列新观点，其中最重头的就是“事师之犹事父也”(《吕氏春秋·劝学》)，要求学生对老师“生则谨养，谨养之道，养心为贵；死则敬祭，敬祭之术，时节为务”(《吕氏春秋·尊师》)。这就是后世“一日为师，终生为父”的思想的源头。有学者认为，您那样强调尊师，是因为您自己是秦王之师，尊师的话是说给秦王听的，目的还是为了巩固自己的地位，是那样吗？

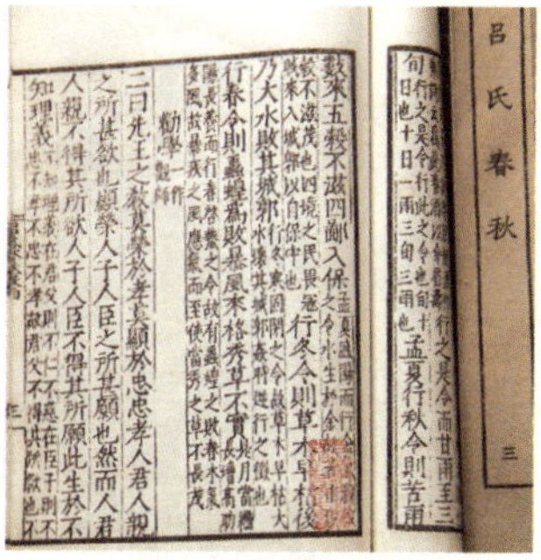

《吕氏春秋·劝学》书影

吕答：话要分两方面来说。我是秦王的“仲父”，多少年来是秦王之师，因此，我的主张尊师，必有尊我这个帝王之师的内涵。但是，我是个力主“去私”、“贵公”的人，决定“以孝治天下”这样的大政方针，决不可能只是为了我一己之利。我那样重孝教，重师道，还是为了未来“大一统”的帝国有一个坚实的立国之基。我在《慎人》篇引舜“普天之下，莫非王土。率土之滨，莫非王臣”之诗，就是为了阐明以天下为家的思想，诚挚地期望秦王嬴政能像舜那样拥有一切，一统天下。

《吕氏春秋·慎人》书影

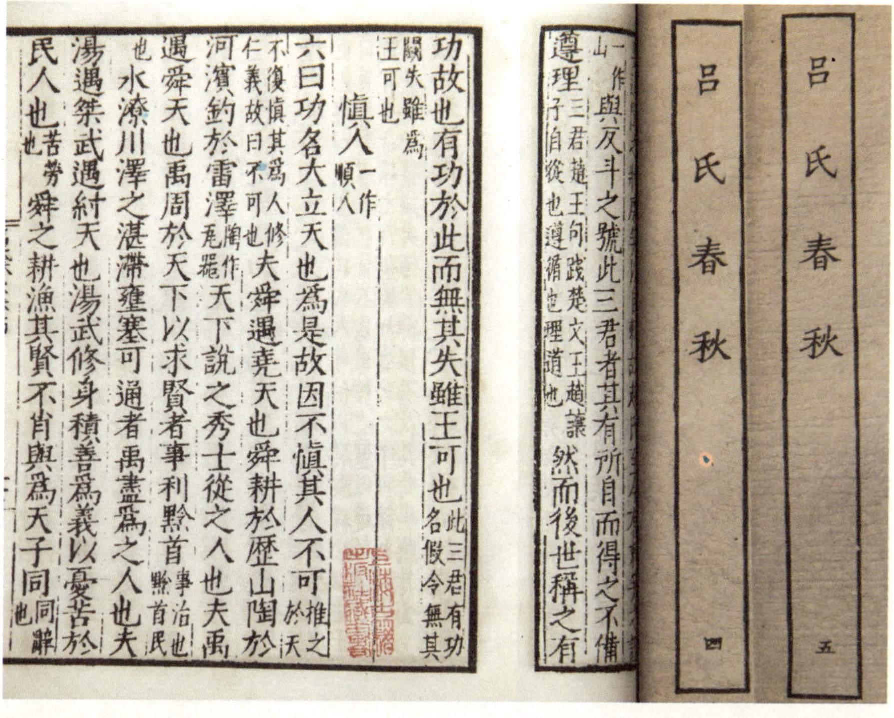
功故也有功於此而無其失雖王可也此三君有功名假令無其闕失雖爲王可也
慎人一作順人
六曰功名大立天也爲是故因不慎其人不可推之於天不復慎其爲人修仁義故曰不可也夫舜遇堯天也舜耕於歷山陶於河濱釣於雷澤天下說之秀士從之人也夫禹遇舜天也禹周於天下以求賢者事利黔首事治黔首民也水潦川澤之湛滯壅塞可通者禹盡爲之人也夫湯遇桀武遇紂天也湯武修身積善爲義以憂苦於民人也苦勞也舜之耕漁其賢不肖與爲天子同同辭
呂氏春秋 四
呂氏春秋 五

自古以来，就有“忠孝两难全”的说法，“先王之教，莫荣于孝，莫显于忠。忠孝，人君人亲之所甚欲也。显荣，人子人臣之所甚愿也”（《吕氏春秋·劝学》）。光荣的名声，是人们想得到的，显赫的地位也是人们想得到的。既然两者都是人们想得到的，那么，您又如何使忠、孝两者得以两全呢？这是一个两难问题，您是怎么以高明的手段处置的呢？

吕答：要说我的高明之处，就在于突破了“忠”“孝”平起平坐的局面，让“孝”高踞于“本”的最崇高的位子上。我把“孝”视为“为天下，治国家”之“本”和“万事之纪”。把“孝”的教育视为“本教”（《吕氏春秋·孝行》）。这样，“以孝治天下”的理论框架就搭建起来了。“事君忠，处官廉，临难死”，按原本意义上说是“忠”，可现在也被统一到了“人臣孝”的名目下。因为君主现在又有了一个新的名号，叫做“君父”。君主既然是天下人之父，那天下人对他的“忠”当然又可名之为“孝”了。一般老百姓的“守战固，不罢北”之类为国勇敢作战的行为，原先也是说成“忠”的，现在也归在对君父的“孝”里了。这样一来，“忠”与“孝”天衣无缝地结合在一起了。我为当政者设计的就是这样的一个以“孝”为思想观念核心、兼具尽忠观念的统治模式和统治框架。

钱穆像

钱穆，中国现代历史学家。他在《先秦诸子系年·吕不韦著书考》中说：“余疑此乃吕家宾客借此书以收揽众誉，买天下人之心。俨然以一家《春秋》，托新王之法，而归之吕氏。”

梅尧臣像

梅尧臣，北宋著名现实主义诗人。五十岁后，始得宋仁宗召试，赐同进士出身，为太常博士。以欧阳修荐，为国子监直讲，累迁尚书都官员外郎。他忠君事孝，被后人称为“忠孝两全”者。曾参与编撰《新唐书》，并为《孙子兵法》作注，所注为孙子十家著（或十一家著）之一。

第五章

兴王典礼

元代的陈澔在《礼记集说》中说："吕不韦相秦十余年，此时已有必得天下之势，故大集群儒，损益先王之礼而作此书，名曰'春秋'，将欲为一代兴王之典礼也。"吕不韦眼中的"兴王"不是别人，正是日后名震古今的千古一帝秦始皇。他所要"兴"的不是一般意义上的一个前代王朝翻版，而是空前统一、疆域空前辽阔的秦王朝。眼看自己亲自参与兴建的新王朝要诞生了，吕不韦能不由衷地感到欢欣鼓舞？所谓"典礼"云云，就是他为这个新王朝制礼作乐、献计献策。

当吕不韦毕恭毕敬地把自己的心血之作敬献给那位已经长大成人的秦王嬴政的时候，他的心中既是兴奋的，又是惶惑的。他无法猜透这个曾经对自己言听计从的孩子，现在长大成人后究竟在想些什么；他也认不准这位气宇轩昂的"兴王"，会干出些怎样的惊人之举来。但是，为了自己的前程，他必须作出这样的奉献。

从吕不韦的感受看，一切都在变，一切都在向难以掌控的方向发展。决定自己未来命运的，不只是自己的老相好子楚夫人赵姬（即后来的太后），还有那个日夜伴随在太后身边而且势力日益壮大到足以与自己抗衡的嫪毐，当然，最让他头疼的还是那个难以捉摸的天子秦王嬴政。但是，不管怎样，他必须向秦王献上自己的力作，因为那是自己的政治宣言书啊！

如果把受异人之托入秦都咸阳面见华阳夫人，得到华阳夫人和安国君的承诺立异人为嗣，“请吕不韦为傅之”，您从而介入秦的权力层为起始点的话，那么公元前 247 年庄襄王（异人）的去世和秦王嬴政的即位是大的转折点，从此开始了秦国历史上著名的“仲父专政”的十年。您能说说这十年政治的基本特点吗？

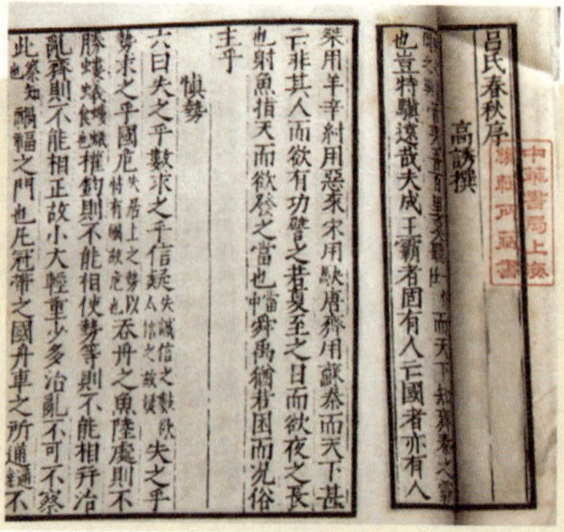

《吕氏春秋·慎势》书影

吕答：当时的所谓“仲父专政”，就是史书上说的“王年少，初即位，委国事大臣”（《史记·秦始皇本纪》）的十年。这里说的“大臣”，不是别人，正是作为“仲父”的我吕不韦。总体上而言，这是名符其实的“吕氏专政”。在秦王宫正殿的正中，安放着的是秦王嬴政的御座，其右侧就是我仲父的座位。当时崇尚的是以“右”为尊，从座次看，我的地位实际上也是最高的。事实证明，在当时我集政治、经济、军事、文化大权于一身，谁敢对我说个“不”字？说这是“仲父专政”，一点也不假。我在《慎势》篇举了神农的事例说：“神农十七世有天下，与天下同之也。”之所以能出现繁荣昌盛的神农时代，就是因为神农能与天下民众共享天下的缘故。尽管是传说，但说明一个道理：治理天下者，要有“天下为公”的思想。

神农像

秦始皇雕像

从许多资料看，这十年似乎也不是铁板一块。比如说，秦王年少时，可以听任您摆布，可是当他大了一点后就不同了。尤其是秦王嬴政天资聪敏，决非等闲之辈，对“太后时时窃私通吕不韦”事，他要管，对朝政和外交他也要管，尤其是后来那个“大阴人”嫪毐介入后，局面更是有点复杂。对此，您能说点什么呢？

吕答：宫帏深深，内情谁知晓！十年的局面有点复杂，我看大致上可以分为三段：一，最初三四年，是我最为春风得意的时期，可称为吕氏专政的全盛期。这时期我可以支配一切、调动一切。从史料上看，那时的对外战争中，我要调动谁就是谁，不管老的将领还是新起用的将领都拼死作战，连王室的一些人员也参与作战。取得节节胜利和成功。二，是中间的两三年，由于“始皇益壮”，对“太后的淫不止”有所不满，我采取了应对措施，“求……嫪毐以为舍人”，让嫪毐去代替自己与太后去淫乐，自己由此可以抽身事外，不料这个嫪毐的势力急剧上升。但是，总体上说，这段时间，还是我一人说了算。三，是这十年的最后一两年，“嫪毐封为长信侯。予之山阳地，令毐居之。宫室车马衣服苑囿驰猎恣毐。事无大小皆决于毐。”(《史记·秦始皇本纪》)这是十年中大大分权的最后一两年。

复原后的阿房宫（西安）

一〇九问

有些学者以为，嫪毐其人，乃是秦始皇母亲的同乡，又是旧情人，因此一经您吕不韦引见，就与太后分外地热乎上了。我们翻了一下《史记》，在《史记》中，提到这个嫪毐的，共有八次之多，可是一次都没有说到他是何处人氏，也没说他原先是否与太后有过勾搭，更谈不上什么“旧情人”了。因此，我们以为有些学者的嫪毐乃太后“旧情人”之类的说法是杜撰的，没有事实根据的。先生，您说呢？

吕答：我也是这样认为。《史记》上写得明明白白：“始皇帝益壮，太后淫不止。吕不韦恐觉祸及己，乃私求大阴人嫪毐以为舍人，时纵倡乐。”（《吕不韦列传》）史实是清楚的。一面是始皇越长越大，对自己母亲的淫行越来越不满。另一面是作为始皇母亲的太后根本不肯收敛自己的淫行。这就使我处于一种十分被动的局面。我与始皇母亲的性关系，是有政治上的目的的，我决不愿意因为性行为而断送自己的政治前程。为了摆脱当时的被动局面，我“私求”（私下寻求）到了嫪毐这样一个性工具，把他推荐给太后，这样既可以满足太后的性欲，又可以摆脱自己的被动局面。“太后私与通，绝爱之”。从某种意义上讲，我的移花接木计是成功了的。

班固像

班固，东汉史学家、文学家，史学家班彪之子。他潜心二十余年，修成《汉书》，又撰《白虎通德论》。他在《艺文志》中将《吕氏春秋》归在“杂家”类中，此后大部分学人把吕不韦视为杂家。“杂家者流，……兼儒、墨，合名、法，知国体之有此，见王治之无不贯，此其所长也。及其荡者为之，则漫羡而无所归心。”

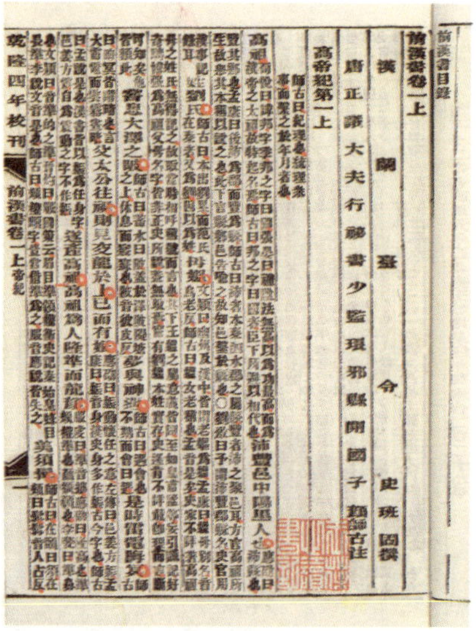

前漢書卷一上

漢　蘭臺令　史班固撰

唐正議大夫行秘書少監琅邪縣開國子顏師古注

高帝紀第一上

乾隆四年校刊

《汉书》书影

从摆脱太后的性纠缠上讲，您那样做可以说是成功了的，但是，从另外角度看，您失去了更多。有人说，您是自己为自己树起了一个强劲的政治敌手。嫪毐以“诈腐”的手法进入内宫以后，马上青云直上，大约只一两年间，就“封为长信侯，予之山阳地”，“事无大小皆决于毐”。到这个时候，有封爵，有封地，除了少一个相位以外，简直是与您吕不韦平起平坐了。不久，又将河西的太原郡(今山西中部)封给嫪毐，更名为毐国。这样，在封赏的风头上，嫪毐已经着实盖过您了。嫪毐势力的急剧膨胀，在您看来，背后的真正推手是谁呢?

吕答：有不少历史学家以为，那是因为太后宠信的结果。其实，那只是表面现象。从后来的事实可见，秦始皇到了这个年岁，对太后未必会是言听计从的。按秦制，封爵、赐邑，都要由国君签署才有效。嫪毐无尺寸之功而封爵、封国，能说不是始皇亲自决定的吗？让这样一个政治的暴发户“事皆决于嫪毐”(《史记·吕不韦列传》)，不得到始皇的首肯，怎么可能呢？一切都说明了让嫪毐跃上与我吕不韦对垒高位的最终推手不是别人，正是表面上似乎坐在那里静观其变的秦始皇。

方孝孺像

方孝孺，明代著名学者、文学家、思想家。他赞《吕氏春秋》实有“足取”之处，所言“切中始皇之病”。

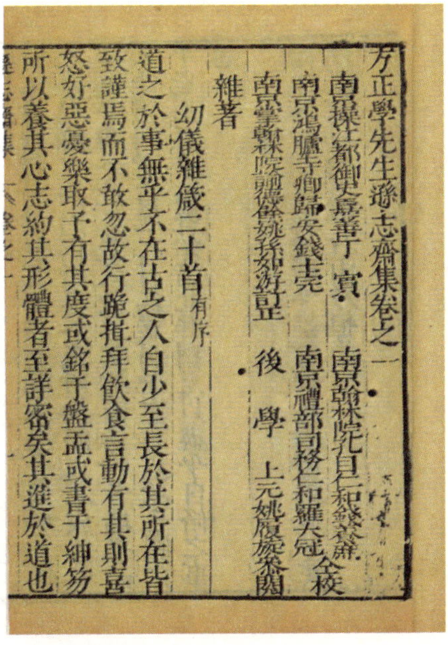

方正學先生遜志齋集卷之一

南京操江都御史嘉善丁賓　南京翰林院孔目仁和錢養廉　仝校

南京鴻臚寺卿歸安錢士完　南京禮部司務仁和羅大冠

南京掌翰林院禮部侍郎餘姚孫如游　後學　上元姚履旋　閱

雜著

幼儀雜箴二十首有序

道之於事無乎不在古之人自少至長於其所在皆致謹焉而不敢忽故行跪揖拜飲食言動有其則喜怒好惡憂樂取予有其度或銘于盤盂或書于紳笏所以養其心志約其形體者至詳密矣其進於道也

遜志齋集　卷之一

《逊志斋集》书影

方孝孺所著《逊志斋集·读<吕氏春秋>》中高度赞许了吕不韦的德治精神和求实态度，他说：“《吕氏春秋》其书诚有足取者，其《节丧》《安死》讥厚葬之弊，其《勿躬》言人君之要在任人，《上德》言刑罚不如德礼，《达郁》《分职》皆尽人君之道，切中始皇之病。”

事实证明，嫪毐本身也不是盏省油的灯。他实际上既是条得意便猖狂的中山狼，又是个蓄意篡国夺权的大阴谋家。这一点上，不只您始料不及，连心计和城府极深的秦王嬴政也没想到吧？

颜师古像

颜师古，唐初儒家学者，经学家、语言文字学家、历史学家。颜师古是名儒颜之推的孙子，擅长于文字训诂、声韵、校勘之学，对“见王治之无不贯”之说，颜师古作注曰：“王者之治，于百家之道无不综贯。”

吕答：对嫪毐其人，我开初认为他只是个好色能淫的市井小人，因此把他荐到太后身边，以解脱自己的困境，一两年后才知道此人确是个大阴谋家。这一点可以从三个方面印证：一，在当时，我为了政治的需要，“招致士，厚遇之，至食客三千人”。可以说是开了秦国养士的一代之风。嫪毐得势后，马上仿而效之。他名义上是个宦者，不能养士，怎么办呢？就变换手法养“僮”。“僮”者，家奴也。他还学我的样养“舍人”。“嫪毐家僮数千人，诸客求宦为嫪毐舍人千余人”(《史记·吕不韦列传》)。这是多大的一股势力啊！二，干预朝廷甚至军政事务。公元前239年（秦王政八年）秦魏之间有过一场大战。所谓大战，实际上是一边倒的战争，魏国哪还有还手之力？可是，魏国知道嫪毐集团势力的厉害，派出间谍与嫪毐沟通，最后嫪毐竟能让秦国前方的将军放慢攻魏的步伐，使魏得以苟延残喘。三，发展私人武装，以备不时之需。后来的“兵反蕲年宫”，说明他备有一支相当有实力的私人武装。这些我没料到，连多谋善断的秦王嬴政也没料到。

颜师古注《汉书》书影

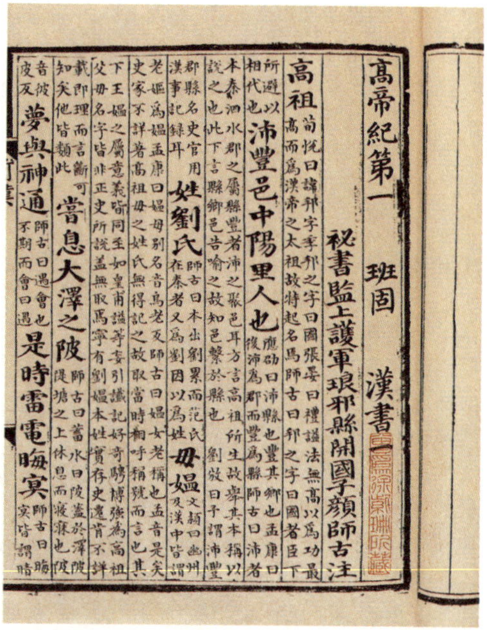

高帝紀第一 班固 漢書一
秘書監上護軍琅邪縣開國子顔師古注
高祖 荀悅曰諱邦字季邦之字曰國張晏曰禮謚法無高以爲功最高而爲漢帝之太祖故特起名焉師古曰邦之字曰國者臣下所避以相代也
沛豐邑中陽里人也 應劭曰沛縣也豐其鄉也孟康曰後沛爲郡而豐爲縣師古曰沛者本秦泗水郡之屬縣豐者沛之聚邑耳方言高祖所生故舉其本稱以說之也此下言縣鄉邑告喻之故知邑繫於縣也 劉攽曰予謂沛豐郡縣名史官用漢事記録耳
姓劉氏 師古曰本出劉累而范氏在秦者又爲劉因以爲姓
母媪 文穎曰幽州及漢中皆謂老嫗爲媪孟康曰媪母別名音烏老反師古曰媪女老稱也孟音是矣史家不詳著高祖母之姓氏無得記之故取當時相呼稱號而言也其下王媪之屬意義皆同至如皇甫謐等妄引讖記好奇騁博強爲高祖父母名字皆非正史所說蓋無取焉寧有劉媪本姓實存史遷肯不詳載即理而言斷可知矣他皆類此
嘗息大澤之陂 師古曰蓄水曰陂蓋於澤陂隄塘之上休息而寢寐也陂音彼皮反
夢與神通 師古曰遇會也不期而會曰遇
是時雷電晦冥 師古曰晦冥皆謂暗

有人以为，公元前239年（秦王政八年）到公元前238年（秦王政九年）是您最受煎熬的岁月。秦王政九年，二十一岁的秦王行冠礼，意味着他开始实行亲政。这时，秦国的诸多矛盾也尖锐起来。而具有“相国”和“仲父”双重身份的您，更是处于种种矛盾的聚焦点上。能给大家分析一下当时的矛盾吗？

胡瑗像

胡瑗与孙复、石介并称宋初三先生，是宋代理学重要人物。他精通儒家经术，对吕学也通达感应。对吕不韦的尊师重教思想予以肯定，认为只有“礼下贤师、恭听教诲”，才得以“德行彰显”。著有《周易口义》、《洪范口义》，均收入《四库全书》，另有《论语说》、《春秋口义》。像载《三才图会》，明万历刻本。

一一二问

吕不韦

吕答：当时的矛盾可以用“错综复杂”四字来形容。我在《察微》篇赞“孔子见之以细，观化远也”，认为能从细微的事中看到事物发展变化的必然态势，这是孔子的高明之处，让我崇敬和学习。可以说，当时我处于矛盾的层层包围之中：一是我与秦王嬴政之间的矛盾。从他“委国事”与我，到收回权力，怎么会没有矛盾？况且秦王是个“少恩而虎狼心”的人，他会怎么对待我这个“仲父”一直是个谜。二是我与太后之间的矛盾。原先我们是情人，后来由于我怕“祸及身”而以嫪毐替代了我。太后不但不会感激我，相反会从骨子里恨我。太后通过秦王政对嫪毐的“赏赐甚厚”，这就是一种报复。三是我吕不韦与嫪毐之间的矛盾。这中间不只有权力之争，还有让国家走一条怎样的发展之路的问题。四是秦王嬴政与嫪毐之间的矛盾。当嫪毐一两年后野心毕露之时，秦王与嫪毐之间的矛盾必然会白热化。五是秦王嬴政与其母后之间的矛盾。起因当然是母后的淫乱，后来自然会涉及到治国方略问题。这么多矛盾，最后聚焦的的确是我。

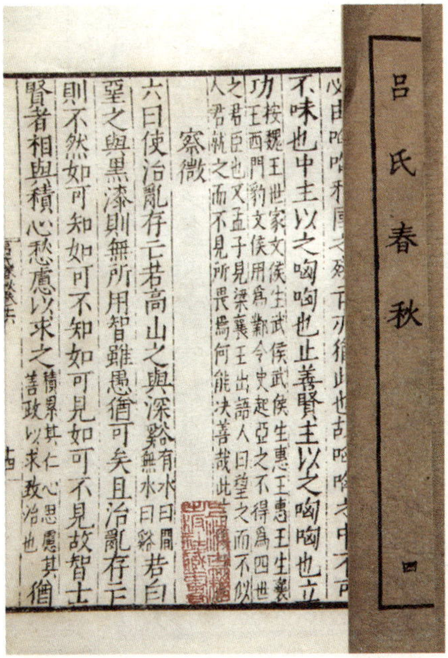
吕氏春秋

不味也中主以之㘗㘗也止善賢主以之㘗㘗也立功按魏王世家文侯生武侯武侯生惠王惠王生襄王西門豹文侯用爲鄴令史起亞之不得爲四世之君臣也又孟子見梁襄王出語人曰望之而不似人君就之而不見所畏焉何能決善哉此

察微

六曰使治亂存亡若高山之與深谿有水曰澗無水曰谿若白堊之與黑漆則無所用智雖愚猶可矣且治亂存亡則不然如可知如可不知如可見如可不見故智士賢者相與積心愁慮以求之積累其仁心思慮其善政以求致治也猶

《吕氏春秋·察微》书影

【一一三问】

吕不韦

这么多的矛盾交织在一起，自己又站在这些矛盾的聚焦点上，您想过没有，怎么办呢？从当时的情势来看，退路是没有的。路只有一条，就是挺身前行、迎接挑战。具体讲，您是如何处置的？

《剑桥中国秦汉史》书影

海外学者所著《剑桥中国秦汉史》，从特殊的视角来评述《吕氏春秋》一书，称之为“一部独一无二的晚周哲学思想的文集。”

吕答：我思之再三，认为只有公布我的政治主张，向秦王嬴政进献我的《吕氏春秋》，以教诲这位刚刚亲政的“新王”端正政治路线。只有他端正了政治路线，国家才有出路，我个人也才有出路。在《吕氏春秋》中有《序意》一文，大家公认那是一篇我的政治宣言书，实际上也是我在向秦王嬴政递交我的作品时对秦王说的一番话。“文信侯曰：‘尝得学黄帝之所以诲颛顼矣，爰有大圜在上，大矩在下，汝能法之，为民父母。’”这段话的主旨在于一个“诲”字。当年黄帝教诲他的后人颛顼，要效法皇天在上、大地在下的规矩，那样才可当好为民父母的王。这里当然讲的是历史，指的却是现实。我把《吕氏春秋》交给秦王嬴政，目的也是在“诲”秦王，要他当“为民父母”的一统天下之王。

《吕氏春秋·序意》书影

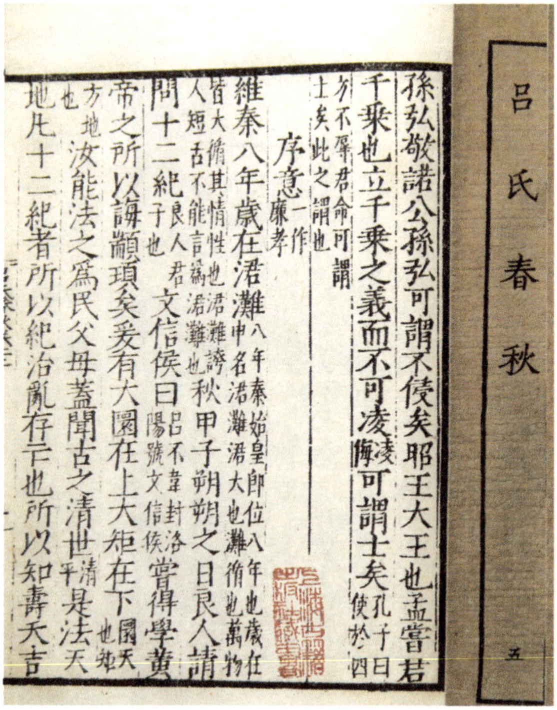
呂氏春秋　五

孫弘敬諾公孫弘可謂不侵矣耶王大王也孟嘗君千乘也立千乘之義而不可凌凌侮可謂士矣孔子曰使於四方不辱君命可謂士矣此之謂也

序意一作廉孝

維秦八年歲在涒灘八年秦始皇即位八年也歲在申名涒灘涒大也灘循也萬物皆大循其情性也涒灘誇人短舌不能言爲涒灘也秋甲子朔朔之日良人請問十二紀良人君子也文信侯曰呂不韋封洛陽號文信侯嘗得學黃帝之所以誨顓頊矣爰有大圜在上大矩在下圜天也矩地也汝能法之爲民父母蓋聞古之清世清平世是法天地凡十二紀者所以紀治亂存亡也所以知壽夭吉

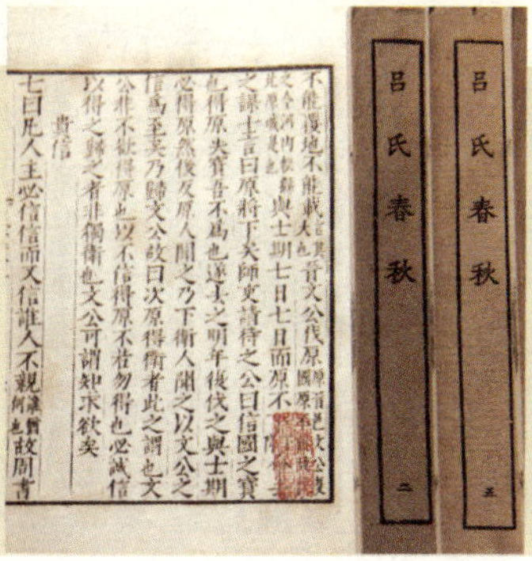

您认为《吕氏春秋》是一部进献于秦王嬴政的政治宣言书，这一点，我们完全同意。您在《贵信》篇说：“凡人主必信。信而又信，谁人不亲？”那么既如此，还为何同时要“布咸阳市门，悬千金其上”呢？那样做，是否为了一个“信”字？

《吕氏春秋·贵信》书影

吕答：是的，为了信誉。关于将《吕氏春秋》“布咸阳市门”一事，历来学者多所评议，这在前面已经论述过。不过，大家似乎都疏忽了一点，这样做与直接将文本交给秦王之间的关系怎样？其实，从本意讲，我是想通过“布咸阳市门”向秦王施加政治压力，使之不得不顺从我的政治教诲。我有一个基本的思想，“天下非一人之天下也，天下之天下也。”（《吕氏春秋·贵公》）正因为天下是属于天下人的，因此，“欲为天子，民之所走，不可不察。”（《吕氏春秋·功名》）天子要知道的是老百姓的去向，也要知道民心所向为何。我把《吕氏春秋》往城门口一挂，大家都举双手赞成，那看您秦王嬴政怎么办？可以这样理解：这是我在“将”秦王嬴政一军，也可视作是对秦王嬴政一种警示。

《吕氏春秋·功名》书影

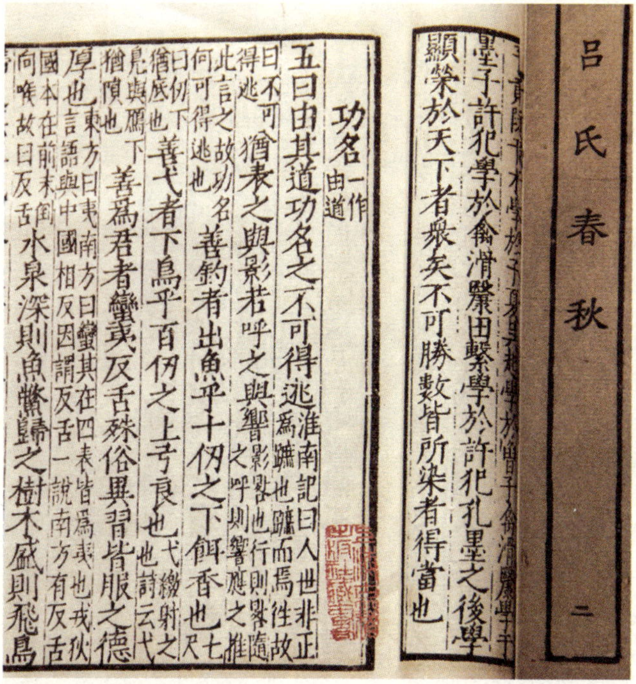
功名 一作由道
五曰由其道功名之不可得逃
猶表之與影若呼之與響
善釣者出魚乎十仞之下餌香也
善弋者下鳥乎百仞之上弓良也
善為君者蠻夷反舌殊俗異習皆服之德厚也
水泉深則魚鱉歸之樹木盛則飛鳥

您对秦王又是尽心地劝诲，又是极力地施压，目的只有一个，就是让他走您规范的那条“顺民心，功名成”（《吕氏春秋·顺民》）的政治路线。在当时，您竭尽全力地那样做，觉得秦王有可能走您一心想要走的路吗？

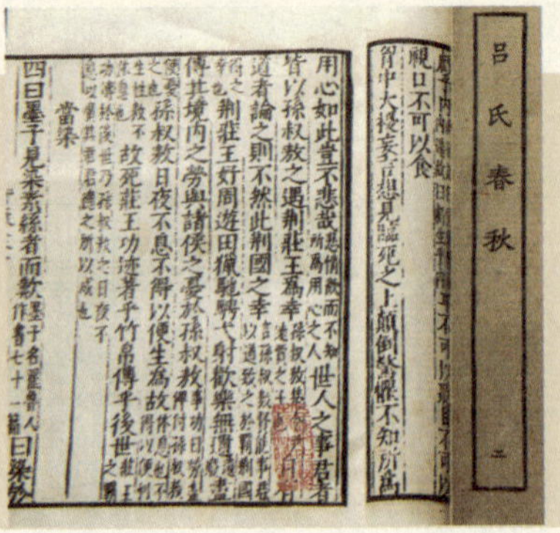

《吕氏春秋·当染》书影

吕答：至少那是我的一个美丽的梦。在梦境没有完全破灭之前，我当然还是想美梦成真的，毕竟我已经为此押上了我的全部——从家庭财产到身家性命。秦王嬴政是我一手从小抚养大的，后来我又明确被任命为王师，因此，说对他的个性、人品一无所知，那不是真话。有些学者一再强调我与秦王嬴政之间的诸多“不同”，没有看到我们之间最大的“同”，那就是都希望“大一统”国家的建立。我美丽的梦是建造在这“同”的基石上的。如果连这点“同”都没有，我就不可能那样痴心于“诲”秦王了。所以，我在《当染》篇讲了“孔子学于老聃”的故事，劝谏秦王要虚心、勤奋学习，走我指引的路。

《孔子见老子图》（汉代碑刻，山东嘉祥出土）

图绘刻孔子躬身，手捧一物，面对画面右方的老子如行礼状，老子亦俯身拄一曲杖，似在鞠躬还礼。榜书“孔子”、“老子”于左右。画中间一儿童，有说为“七岁项橐”。汉代画像石中，以孔子见老子为题材画面众多，足见孔老之会影响之大。

关于秦王与您的相异，历代论家说得很多。最典型的是两家之说。宋人高似孙在《子略》中说：“秦王不好士，不韦则徕英茂，聚俊豪，簪履充庭，至以千计；始皇甚恶书也，不韦乃极简册，攻笔墨，采精录异，成一家言。”今人郭沫若则明确认为两人立于两个极端，并立出十八项对立，如：吕无神，秦王有神；吕求变，秦王不求变；吕有命，秦王无命；吕适欲，秦王纵欲；吕重理智，秦王重迷信；吕重平等，秦王重阶级；吕官天下，秦王家天下；吕主民本，秦王主君本；对这两家评述，您能否说点评述的评述？

吕答：两家罗列的种种，大多是符合实际的，也有一定道理，但似乎都未切中要害。尤其是郭沫若氏之说，我与秦王政之间的对立，竟列有十八条之多，叫人如何去把握？我们还得理出一两条根本的来，那样才有利于鉴往开来。你们看是不是？

高似孙作品书影

高似孙，南宋官员，晚居于越地，为嵊令史安之作《剡录》；有《疏寮小集》、《剡录》、《子略》等。他认为吕不韦诸子“声于战国秦汉间，往往骋辞立言，成一家法。观其跌宕古今之变，发挥事物之机，智力足以尽其神，思致足以殚其用……乃系以诸于之学；必有因其学而决其传，存其流而辨其术者，斯可以通名家、究指归矣”，作《子略》。

《子略》书影

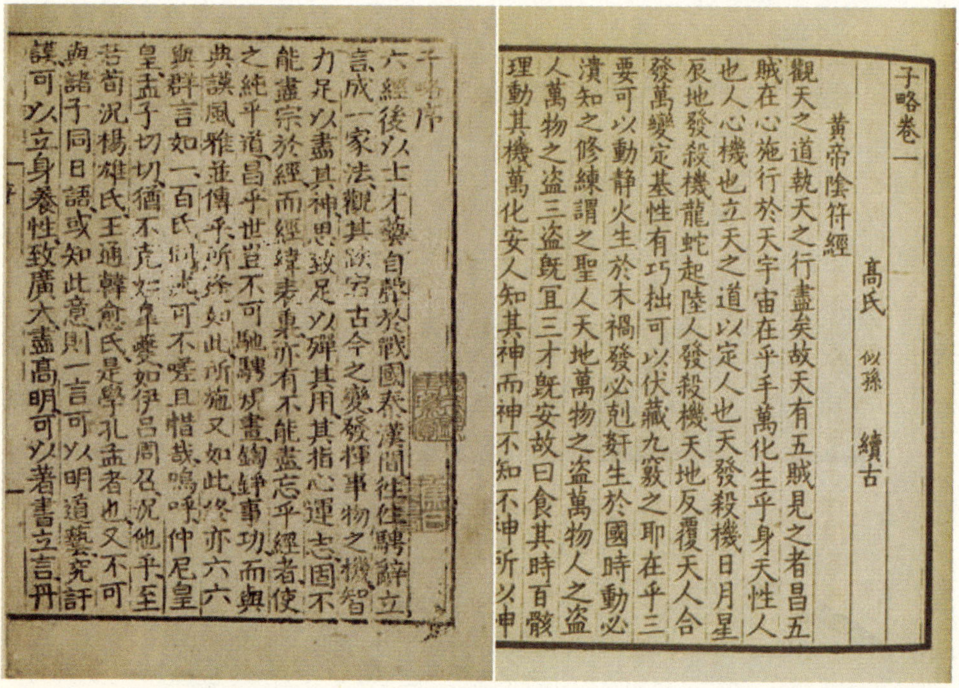

子略卷一

黄帝陰符經　高氏 似孫 續古

觀天之道執天之行盡矣故天有五賊見之者昌五賊在心施行於天宇宙在乎手萬化生乎身天性人也人心機也立天之道以定人也天發殺機日月星辰地發殺機龍蛇起陸人發殺機天地反覆天人合發萬變定基性有巧拙可以伏藏九竅之邪在乎三要可以動靜火生於木禍發必剋姦生於國時動必潰知之修練謂之聖人天地萬物之盜萬物人之盜人萬物之盜三盜既宜三才既安故曰食其時百骸理動其機萬化安人知其神而神不知不神所以神

子略序

六經後以士才藝自顯於戰國秦漢間往往騁辭立言成一家法觀其跌宕古今之變發揮事物之機智力足以盡其神思致足以殫其用其指心運志固不能盡宗於經而經緯表裏亦有不能盡忘乎經者使之純乎道昌乎世豈不可馳騁[illegible]事功而與典謨風雅並傳乎所[illegible]如此所施又如此終亦[illegible]與群言如一百氏[illegible]可不嗟且惜哉嗚呼仲尼皇皇孟子切切猶不克[illegible]如伊呂周召況他乎至若荀況楊雄氏王通韓愈氏是學孔孟者也又不可與諸子同日語或知此意則一言可以明道藝究[illegible]謨可以立身養性致廣大盡高明可以著書立言[illegible]

好，那我们就试着来寻找您与秦王政之间的带根本性的对立之所在吧！我们觉得，第一个根本性的分歧在于“天下为公”，还是“天下为私”。“昔先圣王之治天下也必先公，公则天下平矣”。只有为“公”，才能天下太平。在其对立面的是“天下为私”。您尖锐地提出：“智而用私，不若愚而用公。”（《吕氏春秋·贵公》）这是从理论上讲“公”与“私”的对立。实际上您是有所指的，矛头所向就是秦王嬴政，是不是这样？

吕答：这对确是我与秦王政之间第一位的对立。既然“天下为公”，那么第一天下的土地、财物都不是你的私产，你当国君的就无权随意的封赏给你喜欢的人；既然“天下为公”，那么王位应传贤而不是传子，怎么可以“后世以计数，二世三世至于万世，传之无穷”（《史记·秦始皇本纪》）呢？这种对立具有根本性质，是怎么也调和不了的。

《王政全书：〈吕氏春秋〉与中国文化（河南大学出版社出版）书影

张富祥，学者。主要研究领域为中国古代文化史、史学史、历史文献学，著有《王政全书——吕氏春秋与中国文化》、《韩非子解读》等著。他在《＜吕氏春秋＞与中国文化》中说：“《吕氏春秋》是先秦诸子中‘杂家’的代表作，也可以说是开山之作。它是吕氏学派的一部政治文化论文集，它是一部古典王政全书，是一部百科全书式的帝王教科书。”

郑玄像

郑玄，东汉末年经学大师。早年学今文《易》和公羊学，后从马融学古文经，潜心注疏，为汉代经学集大成者，世称“郑学”。画像藏台北故宫博物院。

熊铁基像

熊铁基，著名历史学家，长期从事中国古代史教学和研究。他称《吕氏春秋》为“一部符合时代潮流的政论书”（《重评〈吕氏春秋〉》）。

与上面的根本性对立相关联的是，是“法天地”，还是违背天地之道，肆意而为？在您看来，天地是自然，自然有着自己的运行规律。“凡生之长也顺之也”（《吕氏春秋·重己》）。而在秦王政看来，管它什么顺不顺，想怎样干就怎样干。这个矛盾也是根本性的，是不是这样？

吕答：的确如此。我既然强调“法天地”，那么必然要求在治理国家上推行“无为而治”。这种“无为而治”的政治，具体地说，第一是要“节欲”，让民众得到充分的休养生息；第二是要以德为政，“为天下及国，莫如以德，莫如行义”（《吕氏春秋·上德》）。“凡用民，太上以义，其次以赏罚”（《吕氏春秋·用民》）。而秦王嬴政恰恰相反。第一他是大事“有为”，从他掌握政权的第一天开始，就大兴土木，建陵墓，造宫殿，为所欲为；第二他是不事教化，把刑罚当成治国的最主要甚至是唯一的手段。这种对立，也具有根本的性质。

《吕氏春秋·上德》书影

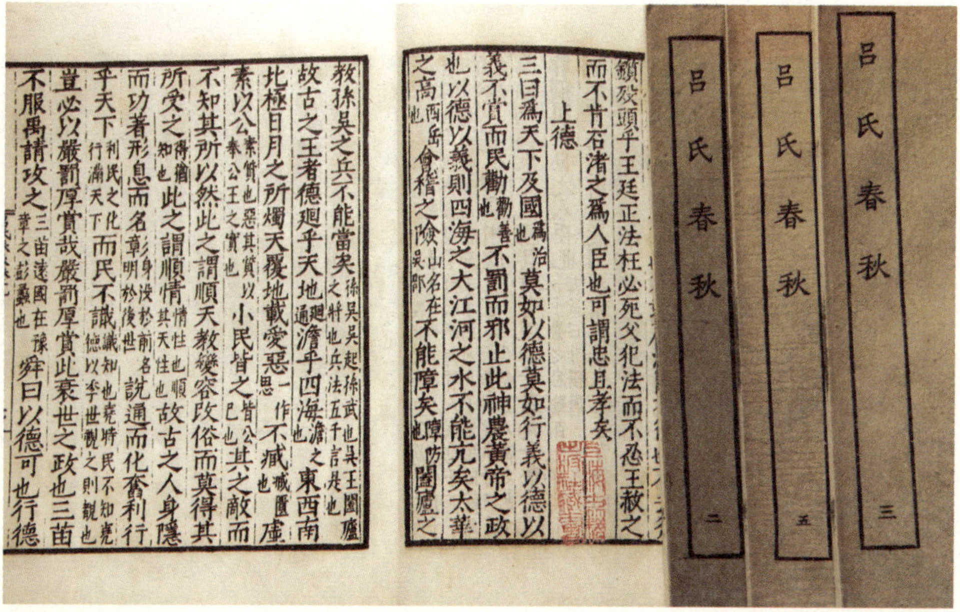

您把《吕氏春秋》交付给秦王嬴政，并在咸阳城门口公诸于众，原本的意思是想弥合您与秦王嬴政之间的矛盾，把思想统一到《吕氏春秋》表述的治国治天下的原则上来，“将欲为一代兴王之典礼”，从而为即将新生的新王朝立基奠礼。结果呢？似乎矛盾非但没有弥合，相反更加激化了，是不是这样？

梁启超像

梁启超，中国近代史上著名的政治活动家、启蒙思想家、教育家、史学家和文学家。戊戌变法（百日维新）领袖之一。他高度评价吕不韦“天下为公”的思想。

吕答：的确是这样。秦王的思想走向似乎是这样的：先是看我吕氏的势力过大，于是就与太后一起精心扶植嫪毐。扶植嫪毐的目的，显然是为了压抑甚至击败我吕氏的势力。《战国策·魏策四》中有一段文字说：“秦自四境之内，执法以下，至于长挽者，故毕曰：‘与嫪氏乎？与吕氏乎？’”其意是，秦国国内从上层的执法者，到驱车的草野之民，都在议论是投靠嫪氏还是吕氏的问题，而且嫪氏在前，说明这是当时人们的首选。可是，后来发现嫪毐是个更阴险、更贪得无厌、更无耻的家伙，秦王嬴政的思想有了变化，决心将吕氏、嫪氏统统铲除掉。

《饮冰室合集》（中华书局出版）书影

梁启超称吕不韦是“类书之祖”，他认为：“后世《艺文类聚》《太平御览》《永乐大典》等，其编纂之方法及体裁，皆本于此。吕氏之书，实千古类书之先河，亦一代思想之渊海也。”

看来，秦王要将嫪氏和吕氏统统消灭掉的决心是下定了的。可是，从后来的行动看，他为何不是先从您那里开刀，而是率先去解决嫪毐的问题呢？

吕答：这是秦王嬴政的一种谋略。他知道得很清楚，我在秦国的影响是根深柢固的，为秦国的强大作出的贡献也是有目共睹的，因此，即使在消灭了嫪氏集团以后，他还是要装模作说一番“奉先王功大”（《史记·吕不韦列传》）之类的话。秦王很明白，嫪氏和吕氏虽说是对立的，又是有牵连的。谁都知道，嫪毐被引见进宫，就是我吕不韦牵的线，就这一条，就可以致我于死命。因此，在我看来，秦王下那样大决心解决嫪毐问题，实际上是醉翁之意不在酒，从根本上说矛头是指向我的。

王充像

王充，东汉杰出的唯物主义思想家和教育家。他曾到京城，拜扶风（地名）人班彪为师。《论衡》是王充的代表作品，也是中国历史上一部不朽的无神论著作。

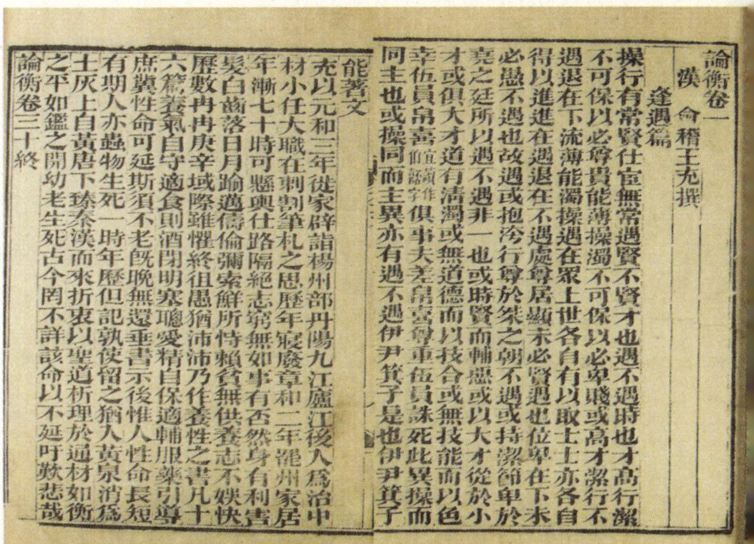

論衡卷一
漢 會稽王充撰
逢遇篇
操行有常賢仕宦無常遇賢不賢才也遇不遇時也才高行潔不可保以必尊貴能薄操濁不可保以必卑賤或高才潔行不遇退在下流薄能濁操遇在衆上世各自有以取士士亦各自得以進進在遇退在不遇處尊居顯未必賢遇也位卑在下未必愚不遇也故遇或抱洿行尊於桀之朝不遇或持潔節卑於堯之廷所以遇不遇非一也或時賢而輔惡或以大才從於小才或俱大才道有清濁或無道德而以技合或無技能而以色幸伍員帛喜（宜作伯嚭字）俱事夫差帛喜尊重伍員誅死此異操而同主也或操同而主異亦有遇不遇伊尹箕子是也伊尹箕子

能著文
充以元和三年徙家辟詣楊州部丹陽九江廬江後入爲治中材小任大職在刺割筆札之思歷年寢廢章和二年罷州家居年漸七十時可懸輿仕路隔絕志窮無如事有否然身有利害髮白齒落日月踰邁儔倫彌索鮮所恃賴貧無供養志不娛快歷數冉冉庚辛域際雖懼終徂愚猶沛沛乃作養性之書凡十六篇養氣自守適食則酒閉明塞聰愛精自保適輔服藥引導庶冀性命可延斯須不老既晚無還垂書示後惟人性命長短有期人亦蟲物生死一時年歷但記孰使留之猶入黃泉消爲土灰上自黃唐下臻秦漢而來折衷以聖道析理於通材如衡之平如鑑之開幼老生死古今罔不詳該命以不延吁歎悲哉
論衡卷三十終

《论衡》书影

王充认为，吕不韦为秦相后，“招致宾客游士，欲以并天下”。一面议事，一面写书。《吕氏春秋》成书后，吕不韦将它公布在咸阳城头，说能增减一字的，给千金。但没有一人能易一字的。为何如此？王充在《论衡·自纪》回答说：“观读之者，惶恐畏忌，虽见乖不合，焉敢谴一字。”

在处理嫪毐问题上，可以说是秦王嬴政政治谋略的初试锋芒，也可见他政治才干的老辣和政治心计的狠毒，您是最了解秦王嬴政的，这样评述他妥当吗?

胡适像

胡适认为，五德终始说源于《吕氏春秋》，他说："秦始皇所取的'五德终始说'，并非邹子之徒齐人所奏，乃是间接采自吕书《应同》篇。"

吕答：我看这样说是相当得体的。整个事态的发展与变化，都是秦王嬴政在主导的。在处理中，他显得冷峻而沉着，并步步紧逼，直至把嫪毐逼上绝路。先是有人告发嫪毐实际上不是宦者，常与太后私乱，甚至生有两个儿子，还与太后商定日后立其子为王。秦王马上派人去调查，结果确实如此。这时，秦王嬴政显得分外练达，"秦王验左右，未发"。所谓"未发"，可解释为不发作，不表态。其实，他是早已打定了主意，只在等待适当时机。第二步是所谓的"上之雍郊"。后来的事实证明，这也是秦王嬴政的谋略，故意离开京城到雍地去祭天，看嫪毐有何动作。果然，嫪毐按捺不住反叛之心，在京城发动了兵变。有了兵变这一条，秦王嬴政就名正言顺地"发吏攻毐"了。区区嫪毐，哪是秦王嬴政的对手，一交手就一败涂地了。事情还没有完，还有第三步，那就是将嫪毐及其团伙的人"下吏治"，要这些人说出实情。结果"事连相国吕不韦"。这实际上是秦王嬴政的真正目的。搞丑和搞垮嫪毐的终极目的，还是为了搞丑和搞垮我吕不韦。

《中国中古思想史长编》(安徽教育出版社出版)书影

胡适认为，吕不韦的贵生思想建立在爱利哲学上，他在《中国中古思想史长编》中说："《吕氏春秋》的政治思想，根据于'法天地'的自然主义，充分发展贵生的思想，侧重人的情欲，建立一种爱利主义的政治哲学。"

镇压嫪毐谋反，本来只涉及嫪毐及其党羽，与您吕不韦无大涉。可是，结果却“事连相国吕不韦”。秦王政九年九月夷嫪毐三族后，经过一年零一个月，到秦王政十年十月，才“免相国吕不韦”。问题是：既然已经查明您吕不韦与嫪毐案有牵连，为何要延宕长达一年多时间呢？

毕沅像

毕沅，清代官员、学者。经史小学金石地理之学，无所不通，续司马光书，成《续资治通鉴》，又有《传经表》、《经典辨正》、《灵岩山人诗文集》、《吕氏春秋新校正》等。毕沅的《吕氏春秋新校正》在其研究性作品中最有价值，其影响也最大。

吕答：处置嫪毐集团以后，不马上就趁热打铁处置我吕不韦的事，那可能出于两方面的考虑：一是所谓的“奉先王功大”。这当然是秦王嬴政门面上的话，今天说我“功大”，一年后不是可以说“君何功于秦”吗？可见，“功大”云云，实际上是说我在秦国经营那么多年，影响太大，轻率对我动手，怕民众不能接受。二是“宾客辩士为游说者众”，这是怕我罗致的那些士，会对秦王的政权有什么不利的举动。秦王嬴政还是深谋远虑的，他在对我动手之前，考虑了各种可能和诸多因素。经过一年多的筹划，他才对我下手。而我的态度同他对我的绝然相反，一直对这位秦王心存希望。宋代陈澔以及清代毕沅等人的有关著述对我这段经历都有比较详细的介绍。

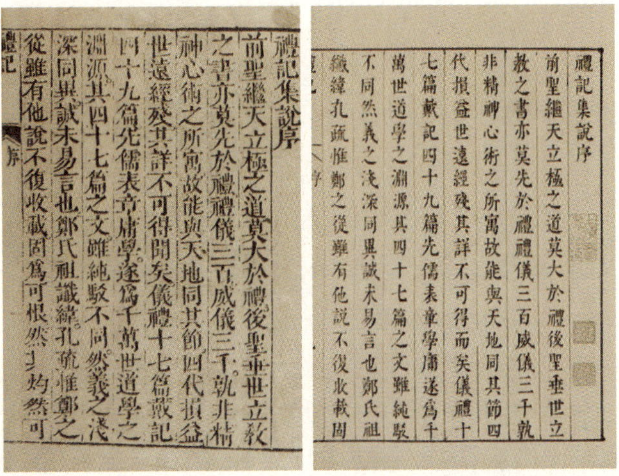
禮記集說序
前聖繼天立極之道莫大於禮後聖垂世立教之書亦莫先於禮禮儀三百威儀三千孰非精神心術之所寓故能與天地同其節四代損益世遠經殘其詳不可得聞矣儀禮十七篇戴記四十九篇先儒表章庸學遂爲千萬世道學之淵源其四十七篇之文雖純駁不同然義之淺深同異誠未易言也鄭氏祖讖緯孔疏惟鄭之從雖有他說不復收載固爲可恨然其灼然可

陈澔《礼记集说》书影

陈澔，宋末元初著名理学家、教育家。一生不求闻达，隐居不仕，主要从事讲学和著述。勤学而好古，秉承祖业，精于《易》、《礼》、《书》。父祖两代均好《礼》，对陈澔一生从事《礼》的研究有很大影响。他在《礼记集说》中说：“吕不韦相秦十余年，此时已有必得天下之势，故大集群儒，损益先王之礼而作此书，名曰‘春秋’，将欲为一代兴王之典礼也。”吕不韦眼看一个新王朝要降生了，他愿为这个新王朝制礼作乐、献计献策。

【一二三问】

秦王政十年十月，秦王嬴政免了您的相国一职，而且将您逐出京城，“就国河南”。有学者以为，您“无奈大势已去，兵权不在手，只好躲在府中装死躺下，示意毫无政治野心，侥幸地希冀秦王嬴政把他放过”（林剑鸣：《吕不韦评传》）。先生，这样说符合实际吗？

李贽像

李贽，明代官员、思想家、文学家。晚年往来南北两京等地，被诬，死于狱中。著有《焚书》、《续焚书》、《藏书》等。他认为“人必有私”，不同意《吕氏春秋》中《贵公》和《去私》那种“崇公灭私”的思维方式。

吕答：可以明确地回答：这种说法完全不符合实际。我吕不韦有着“天下为公”的伟大理想，又有着几十年政治斗争的经验，怎么可能一受挫折就“装死躺下”呢？事实上，我在罢相以后，继续自己未竟的事业，将《吕氏春秋》一书写完、修订完。司马迁说：“不韦迁蜀，世传《吕览》。”（《史记·太史公自序》）此说决非虚言。当然，对“迁蜀”一说，也不能只从字面理解，它不是指我著书的时间是在秦王下迁蜀令之时，也不是指我吕不韦真的迁往蜀地去了，而是泛指从嫪毐事发到事连我吕不韦，到免相，到赐书徙蜀，到饮鸩而亡这样一个时间段。从秦王夷嫪毐三族，到“免相吕不韦”，大约有一年多时间。从免相到下令徙蜀，又是一年多时间。这段时间我在干什么呢？太史公司马迁得出的结论是在完成传世的《吕览》。可以这样告诉后世读者，在最后的一两年间，我对《吕氏春秋》中的“十二纪”、“六论”部分根据自己新的体会作了修订。在这两部分中，论述天子、国君、圣王之处多达一百零一处，大部分是新添上去的，表达了我在最后岁月中对秦王的希望。而当时“八览”部分还没最后完稿，我就利用这最后时日，匆匆将其完成。

《焚书》、《续焚书》书影

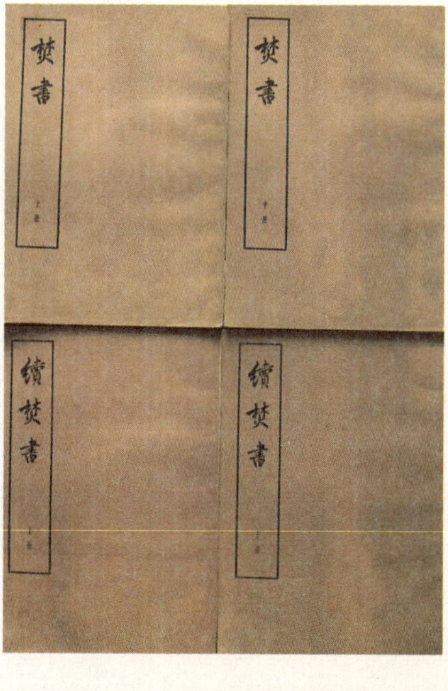

说到“八览”，给人的总体印象是，它是全书中最粗糙的部分。已经有许多学者指出，“八览”中有不少不该重复而又重复了的部分。如《有始览》中的《谕大》篇，与《士容论》中的《务大》篇相重复。《先识览》中的《去宥》篇与《有始览》中的《去尤》篇相复。《恃君览》中的《召类》篇与《有始览》中的《应同》篇相重复。不只篇章重复，故事雷同的也不少。从文字角度看，“八览”部分也相对要粗糙些。那是为什么？

吕答：这不正好从一个新的视角证明了司马迁说的“不韦迁蜀，世传吕览”的正确性吗？显然，“八览”是在十分困难、潦倒、匆忙，甚至无资料查对的状态和境况下撰写而成的。我清楚地知道，留给我的时间大概不会太多了，说不定哪一天秦王会像处置嫪毐那样把我处置了，我得赶快完成这部寄托着我全部希望的作品。粗糙，少文饰，甚至出现一般情况下不该出现的重复，正好作为我当时艰难处境的最好注脚。

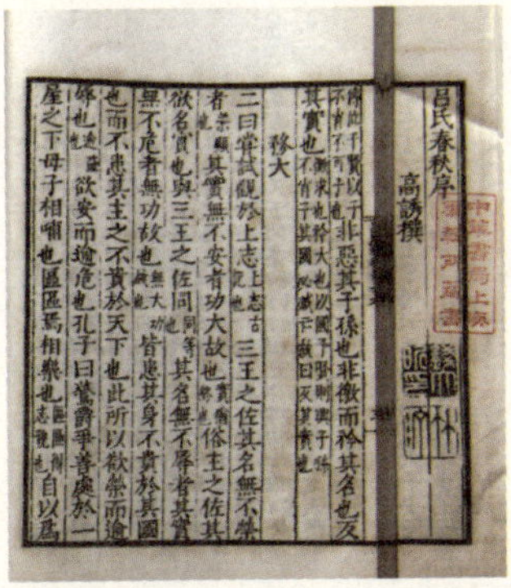

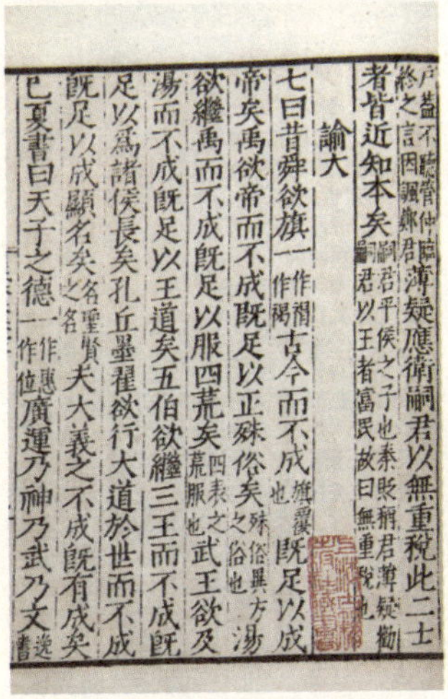
者皆近知本矣
諭大
七曰昔舜欲旗古今而不成 既足以成
帝矣禹欲帝而不成既足以正殊俗矣 湯
欲繼禹而不成既足以服四荒矣 武王欲及
湯而不成既足以王道矣五伯欲繼三王而不成既
足以為諸侯長矣孔丘墨翟欲行大道於世而不成
既足以成顯名矣 夫大義之不成既有成矣
已夏書曰天子之德 廣運乃神乃武乃文

《吕氏春秋·务大》及
《吕氏春秋·谕大》书影

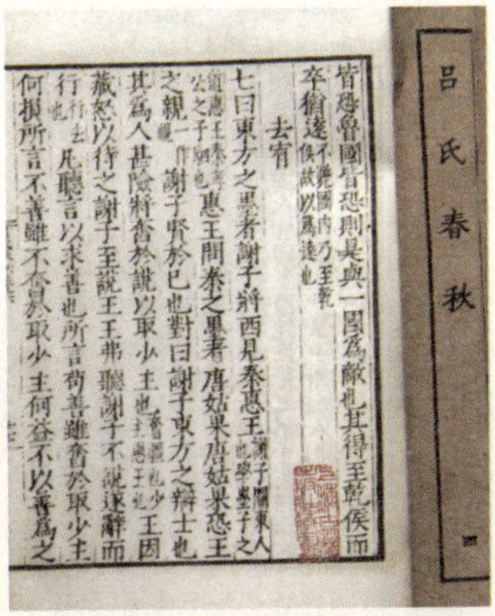

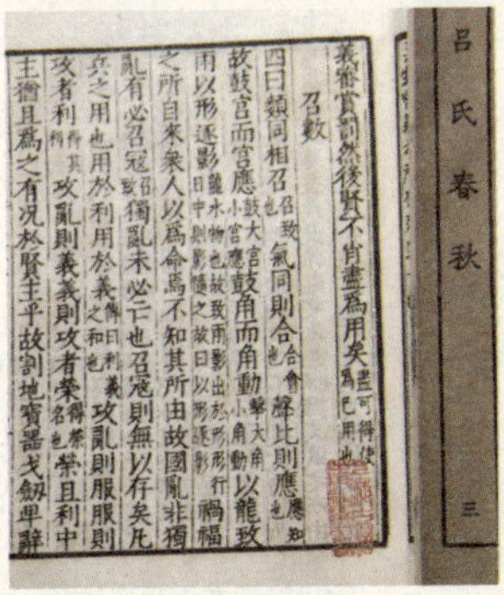

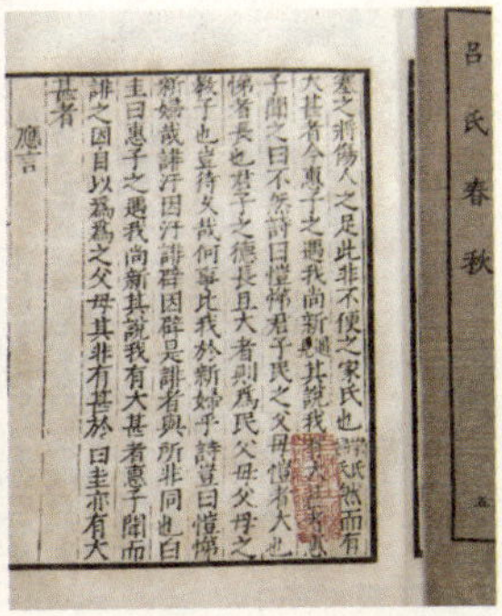

《吕氏春秋·去宥》书影
《吕氏春秋·召数》书影
《吕氏春秋·应言》书影

司马迁是把《吕览》归入与《离骚》、《周易》《诗经》同样的“愤书”类的，即所谓“此人皆意有所郁结，不得通其道也，故述往事，思来者”（《史记·太史公自序》），用以“舒其愤”。请问：《吕览》一书“愤”在何处？

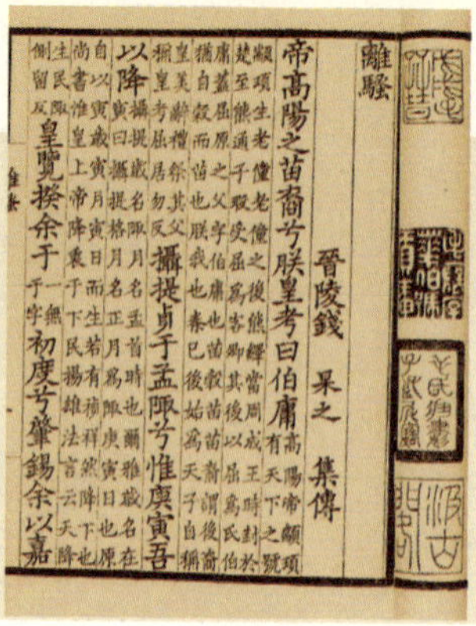

《离骚》书影

吕答：司马迁说《吕览》是“愤书”，可谓是知遇之论。在我的心中，当然有“愤”，这是一种悲愤，是对秦王不能体察我的一片赤诚之心的大悲和大愤！请读者注意：我在“八览”的首篇《有始》中，明确地提出了；“天地万物，一人之身也，此之谓大同。”创建大同世界，这是我的最高理想，也是我在最困难境况下的最后寄托。我把创建大同世界的希望托在谁人身上呢？不是别人，正是我精心扶养大的秦王嬴政。“天斟万物，圣人览焉，以观其类”（《有始》），我是说，苍天把万物汇聚在一起，那只有圣人才足以明览，才足以分门别类的加以观察和区分。看，我就是那样一个人，都困难到那种田地了，还是对我心中的“圣人”（即秦王嬴政）充满着希望和寄托。我是那样的痴心，总希望“圣人”在“览”了我写的《吕览》一书后，会幡然醒悟的。当然，事实证明，这只是我一厢情愿的一个美丽的梦。

《诗集传》及《周易》书影

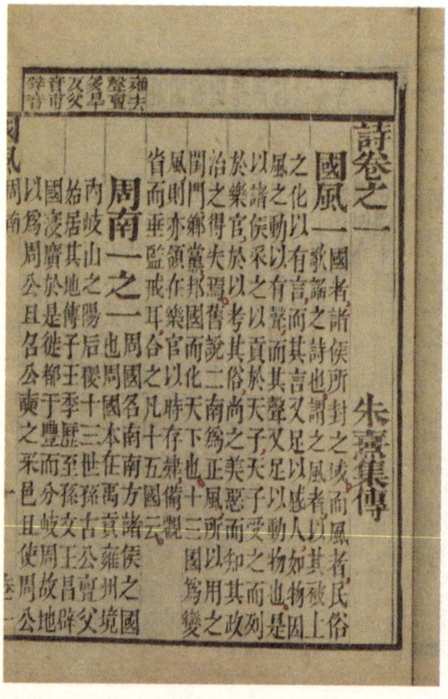

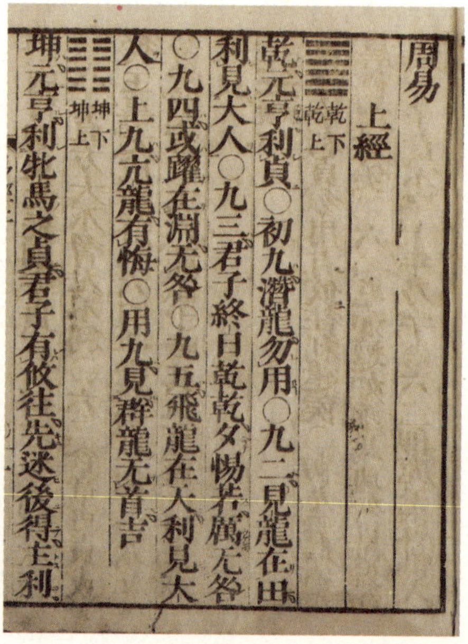

秦王嬴政后来给了您一道通牒："君何功于秦？秦封君河南，食十万户。君何亲于秦？号称仲父。其与家属徙处蜀。"虽说只有短短三十字通牒，却含有三大方面的内容：一是彻底否定了您几十年来的功业，与一年前说的"为其奉先王功大"完全是两个调门。二是彻底否认了在当时社会上流传的秦王嬴政与吕氏有血亲关系的传闻。"君何亲于秦？"明白无误地告诉人们吕氏与嬴姓一点也不沾边。三是宣告了与昔日的"仲父"的彻底决裂，把您逐到荒蛮的边远之地。秦王嬴政这样做，不少人归结为秦王嬴政的为人和他"少恩而虎狼心"的个性使然，您以为这样看正确吗？

吕答：事情往往是十分复杂的。这里有秦王嬴政个性的因素，但更主要的是政治见解和政治图谋上的不同。我要造就的是天无私覆、地无私载的"大同世界"，而秦王嬴政要打造的是"二世三世至于万世"的传子王朝。两者之间虽说都有"大一统"的共同愿望，但由于最后的归宿很不相同，决裂那是早晚的事。当收到秦王嬴政的一纸决裂文书后，我才大梦初醒。我不愿委委屈屈地接受现实，最后只得以自杀了结残生。

《先秦诸子与民间文化》书影

罗永麟在《先秦诸子与民间文化》中说："《吕氏春秋》就其修、齐、治、平之道而言，仍不失为有远见的治国安民之道。汉承秦制，吕氏之书，直接影响文景之治。间接地说，因为它是'备天地万物古今之事'的书，对于中国二千余年的政治思想，也不无影响。"

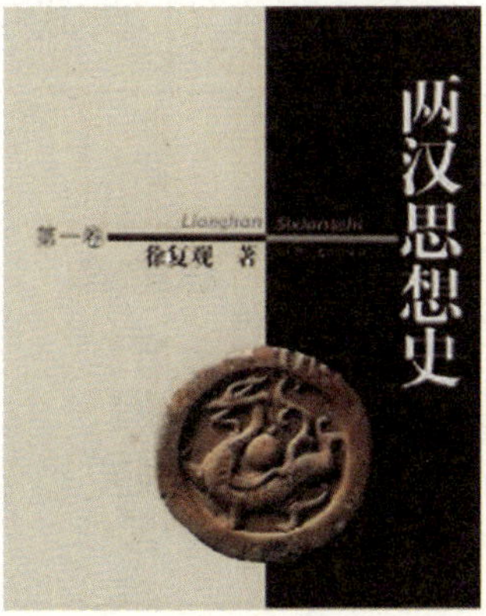

《两汉思想史》书影

徐复观，原名秉常，字佛观，后由其师熊十力更名为复观，取义《老子》"万物并作，吾以观复"。他的著作有《两汉思想史》（三卷）等，在著中有三章专论《吕氏春秋》与汉初政治的关系。他认为："汉初思想家，对《吕氏春秋》有直接或再传的关系。它对汉代思想的影响，实在是至深且巨。甚至可以说，没有《吕氏春秋》，便没有《淮南子》。就个人而言，受《吕氏春秋·十二纪》影响最深的是董仲舒。董氏继承了《十二纪·纪首》阴阳五行的观念，并作了极为烦琐的发展。可以说，两汉思想家，几乎没有一个人不受《纪首》影响的。"

一二七问

吕不韦

有学者把秦王嬴政于公元前238年到公元前235年间先后对嫪毐和吕不韦的镇压行为，称之为“平定吕嫪阴谋集团”。请问，把您的庞大的士人团队与嫪毐的家僮集团相提并论，妥当吗?

冯友兰像

冯友兰，当代著名哲学家，教育家。著有《中国哲学史新编》等。他在《中国哲学史新编》中指出：“吕不韦的杂家思想，虽然不能成为真正的哲学体系，但是作为一个对付百家争鸣的态度，还是有道理的，吕不韦认为当时的各家各派各有所长。这就是对于‘百家争鸣’取一种容忍的态度。”

吕答：在我看来，显然是不妥当的。说嫪毐是阴谋集团，那是板上钉钉的事。嫪毐私自筹组秘密军事武装，准备将其与太后的私生子立为秦王，最后发动武装叛乱。嫪毐组织的阴谋集团，是货真价实的。可是，我没有搞任何形式的私人武装，而且发表在《吕氏春秋》里的政治见解也完全是公开的，并交给了秦王嬴政“览”阅，如果说这也是“谋”的话，最多是一种阳谋，怎么可与嫪毐集团的阴谋活动同日而语呢?

《中国哲学史新编(上)》(人民出版社出版)书影

冯友兰在《中国哲学史新编》中说：“在百花争艳的春天里，荼蘼花最后开。它的开放，表示春天已经快完结了。‘开到荼蘼花事了。’在先秦，百家争鸣、百花齐放中，杂家是一棵荼蘼花。”

有人以为，秦王嬴政要吕不韦全家一起“徙处蜀”，吕不韦就真的“爬上了崎岖巍峨的蜀道山路，来到了指定的流放地点”（林剑鸣：《吕不韦评传》），后来因受不了屈辱而自杀身亡的。这是事实吗？

范文澜像

范文澜，当代史学家。主编《中国通史简编》，著有《中国近代史》、《正史考略》、《群经概论》等。他认为，产生《吕氏春秋》那样的一部书，也不是偶然的。所谓“诸子……各择其术以明其学，莫不持之有故”，就是企图创立自己独特体系；而《吕氏春秋》则诸子之说“兼有之”，就是走向调和折衷的路径。“兼”字，于古义即为杂，如“兼金”即杂金，杂多是与统一相对的，故杂有诸说，正是折衷的没落思想。

吕答：这是不可能的。从史书上看，从秦王嬴政的所谓赐书“徙处蜀”，到“恐诛，乃饮鸩而死”，是转瞬间的事。在当时的条件下，从河南地区，由公差押解到蜀地，少说也得半年的时间。我吕氏与嫪毐不同。嫪毐在叛乱后被杀，秦王令“诸嫪毐舍人皆没其家而迁之蜀”，到后来的大发慈悲“皆复归嫪毐舍人迁蜀者”，前前后后有三到四年的时间，一往一返还是可能的，这些人实际在蜀服役时间也最多一年有余罢了。而我被秦王赐书是在秦王十二年，我的死也在秦王十二年，两者在时间上是紧挨着的，说什么我也是去不了蜀地的。再说，秦王嬴政深知我深得宾客的尊崇，那么多人放在“巴蜀亦沃野”的远方，他能放心吗？他的“徙蜀地”只是一种冠冕堂皇的说法，明摆着的，实际上还是要我死。

《中国通史简编》（修订本，人民出版社出版）书影

范文澜在《中国通史简编（一）》认为，吕氏的作风，和稷下的作风实有显著的区别。因为稷下先生的治学精神是兼容并包，让各家独立自见；而《吕氏春秋》的编制则是“兼听杂学”的糅合，颇倾向于统一思想的路数。

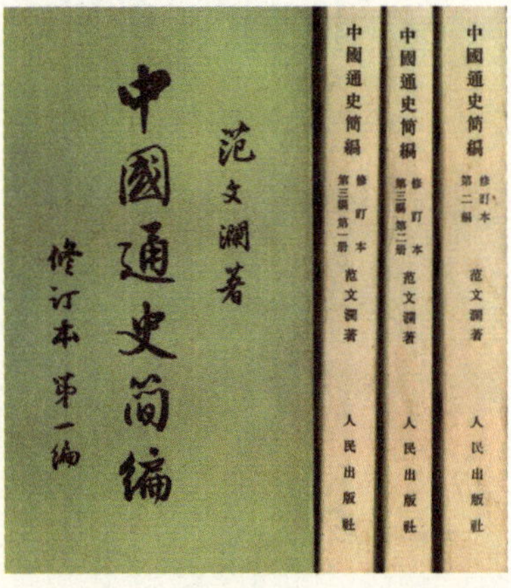

有人还说，吕不韦是死于蜀地的。吕死后，尸体由其门下舍人和故旧们千里迢迢偷运回河南，然后安葬在食邑之地。证据呢？他们引证的是“十二年，文信侯不韦死，窃葬。”(《史记·秦始皇本纪》)把“窃葬”注释为偷偷地从千里之外把尸体从蜀地运回来，安葬在洛阳地区，这说得通吗？

吕答：这更是天方夜谭式的荒诞故事了。在两千余年前，没有便捷的交通工具，就是一个人单身行走到蜀地也不容易，怎么可能神不知鬼不觉地把一具尸体从千里之外运回洛阳城呢？在朝廷要犯的流放之地，花上多少时日把尸体“窃”回中原，能做到无人知晓吗？完全不可能。再说，千里运尸，有谁有那么大的本领让尸体不腐烂呢？可以说，谁都没那个本事。唯一可能的是《史记·索隐》说的：“不韦饮鸩死，其宾客数千人窃共葬于洛阳北芒山。”当时，我吕不韦没离开洛阳，就饮鸩死了。像我这样的朝廷要犯，是不能按常规处理丧事的，一切都得听秦王嬴政处置。可是，我的宾客们真有能耐，在还没发布我死去的信息前，就抢先在洛阳举行了隆重的安葬仪式，并使我在北邙山入土为安了。这种不经由秦王嬴政批准和安排的葬礼和葬仪，称之为“窃葬”。秦王嬴政一看，人也死了，葬也葬了，只得默认了。

吕振羽像及《中国政治思想史》书影

吕振羽，当代史学家，主要史学著作有《史前期中国社会研究》《殷周时代的中国社会》《中国政治思想史》《简明中国通史》《中国社会史诸问题》等。他在《由〈吕氏春秋〉到〈淮南子〉》文中对吕书的哲学、政治思想进行了深入发掘和系统研究。

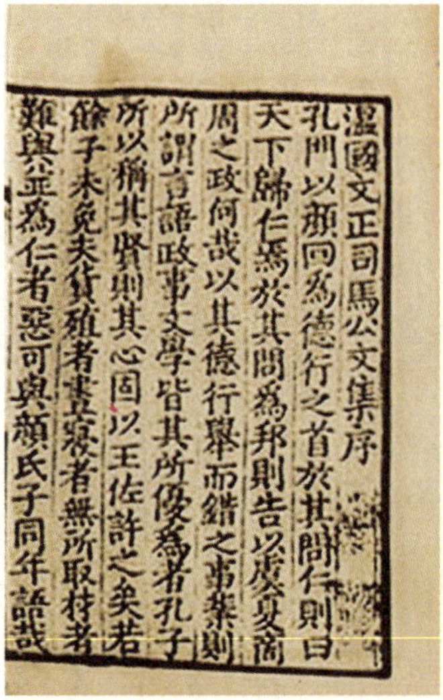
温國文正司馬公文集序
孔門以顏回爲德行之首於其問仁則曰
天下歸仁焉於其問爲邦則告以虞夏商
周之政何哉以其德行舉而錯之事業則
所謂言語政事文學皆其所優爲者孔子
所以稱其賢則其心固以王佐許之矣若
餘子未免夫貧賤者憂患者無所取持者
難與並爲仁者惡可與顏氏子同年語哉

《温国文正司马公文集》书影

节俭兴邦，奢侈亡国，自古都是如此。司马光给儿子司马康的家训围绕“成由俭，败由奢”这则古训，并援引古今事例（《温国文正司马公文集》），包括《吕氏春秋》“节丧”篇对“奢侈”者的批评，告诫“由俭入奢易，由奢入俭难”。这成了千古不磨的至理名言。

第六章

杂家之父

两千余年来，吕不韦其人和《吕氏春秋》其书，一直是众人议论的热门话题。是耶？非耶？众说纷纭，争讼不已。从两汉时期的多所表彰，且有不少人将吕氏列入圣贤之林，到魏晋南北朝时期人们对其人其书的持缄默态度，出现了少有的“久无传”、“独无传”的悲凉局面，再到明清时期的“人书分离”论的出台，褒其书而贬其人，在名教思想的支配下，吕不韦的“以吕易嬴”、“以位易宗”成了人们的千古骂柄，而其书则认为“较诸子之言独为醇正”，直到近世，随着吕氏名位的复崇和吕学价值的晋升，吕不韦最终被定位在“杂家之祖”的高位上。

当然，争论还是有的，关键在于对这个“杂”字如何去解读。在先秦历史上，文化大家不断涌现，有诸多大家被时人或后人誉为“集大成者”。那么，吕不韦这个“集大成者”，与比他早起的那些“集大成者”有何不同呢？吕不韦除了集先秦诸子之大成外，是否还集了在他之前的数千年文化成果之大成呢？有人说，中国文化本质上是杂交文化，那么我们有理由发问：在形成中国的杂交文化的漫长流程中，吕不韦扮演了怎样的一个文化角色呢？

一三〇问

个人的毁誉、名声，往往是不由自己决定的，在您身后的两千余年间，对您的评述，是是非非，从未间断过。其间褒奖者有之，贬斥者有之，不置可否者亦有之。鸦片战争以后，中国处于水深火热之中，在民族的危机面前，开明而有国学根底的文化人想起了您和《吕氏春秋》，其中民主性的精华深深打动了人们的心，“天下，天下之天下也”。这比起近代西方的民主思想一点也不逊色，这就进入了理性地认识您和《吕氏春秋》的历史新阶段。听了这样的回顾，作为当事人，您一定会感到很振奋吧?

吕不韦

吕答：据说，后世有学者，大致把《吕氏春秋》所获得的评价的历程分出四个阶段来：一是两汉时期。这时期对我和《吕氏春秋》的评价都相当高，不只是对我思想的肯定，就是对我人格人品也多所表彰。二是三国时期到两宋的千年间。这时“传子”的封建王朝体制相对成型，对您的“公天下”、“禅让”、“选贤而治”等甚为反感，对“采众录异”的多元文化更不能认同。这样，“吕学”就进入了漫长的沉寂期。三是明清时期。此时久被压抑的“异端”思想重又有了冒头的迹象，人们又想起了我和《吕氏春秋》，“吕学”又热了起来。四是鸦片战争以后。后人对我身后的是是非非作了系统的有价值的总结和回顾。从中我得到的最大感悟是，历史是最公正的，历史是民众写的，即使有人一时不被人们所理解，甚至遭受巨大的攻击，但到一定时候，算起历史的总账来，历史会有公正的确评，不会亏损了谁，也不会便宜了谁的。

白寿彝像

白寿彝，著名历史学家，致力于中国民族史、中国史学史及中国通史的研究，主编有《中国通史》等。

《中国通史》（上海人民出版社出版）书影

在对您和《吕氏春秋》作评论的诸多论家中，司马迁无疑是最早也最为突出的一位。司马迁对您的评价如何？人们的看法似有分歧。有人以为，司马迁对您“不无讥刺之意”（洪家义:《吕不韦评传》）。还有人认为，司马迁笔下的吕不韦“乃佞人也”（马融注，见《史记集解》）。先生，司马迁确是这样评述您的吗？

马融像

马融，东汉名将马援的从孙，东汉儒家学者，著名经学家，尤长于古文经学。他设帐授徒，门人常有千人之多，卢植、郑玄都是其门徒。他对吕不韦没有好感，认为吕是“佞人”。

吕答：其实，上述两说是没有根据的。在《史记》中，正面提到我吕不韦的有19处之多，涉及到《史记》的12个篇章，将近全部篇章的十分之一。这说明了司马迁是极为重视我吕不韦的。说到他对我的评价，大致上可以归结为“三说”：其一，“圣贤说”。在一段文字中，他把我与西伯、孔子、左丘明、孙子、韩非并提，认为这些人都是历史上的圣贤，他们的作品都是“发愤之作”。这与花言巧语、谄媚上司的“佞人”怎么关联得上？其二，“吕子说”。称某学人为“某子”，就是承认某人是学界的大家和巨子，如孔子、孟子、墨子等。在文中公然称我吕不韦为“吕子”的，两千年间恐怕只有司马迁一人。其三，“闻人说”。司马迁说：“孔子之所谓‘闻’者，其吕子乎？”这话当然含有某种批评之意，似乎在说，你吕不韦明明是个正正经经的读书人，本应品格纯正、礼贤下士，为何又要去耍种种手腕（指为太后引进嫪毐这样的事）。结果怎样呢？聪明反被聪明误，最后害了自己。这里与其说是讥刺，倒不如说是一种同情和叹息。

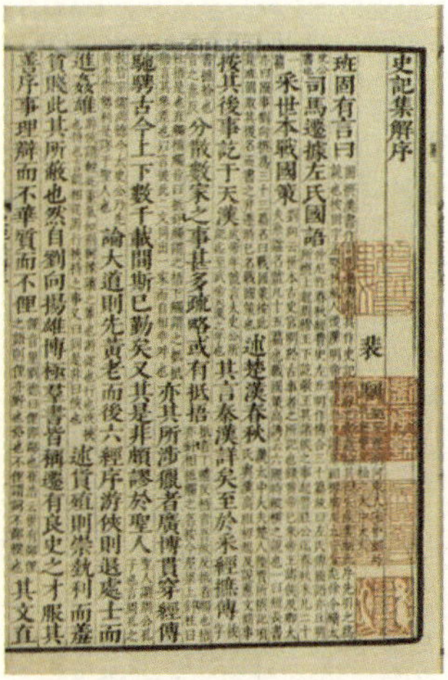

史記集解序
裴駰
班固有言曰
司馬遷據左氏國語
采世本戰國策
述楚漢春秋
接其後事訖于天漢
其言秦漢詳矣至於采經摭傳
分散數家之事甚多疏略或有抵捂
亦其所涉獵者廣博貫穿經傳
馳騁古今上下數千載間斯已勤矣又其是非頗謬於聖人
論大道則先黃老而後六經序游俠則退處士而
進姦雄
述貨殖則崇勢利而羞
貧賤此其所蔽也然自劉向揚雄博極群書皆稱遷有良史之才服其
善序事理辯而不華質而不俚
其文直

《史记集解》书影

太史公司马迁说吕不韦著《吕氏春秋》，“备天地万物古今之事”（《史记·吕不韦列传》），实际上承认吕不韦是先秦的一位大杂家。

一三二问

吕不韦

在评述您与太史公司马迁的关系时，一些学者注意到了你们之间文脉相连这个问题。清代的章学诚是文史大家，他认为您的《吕氏春秋》直接影响了司马迁《史记》的写作格局。他在《校雠通义》一书中用带有肯定的口气说："吕氏之书，盖司马迁所法也。十二本纪仿其十二月纪，八书仿其八览，七十列传仿其六论，则亦微有所以折衷之也。"如此评述，您能认可吗？

吕答：应该说，大致如此吧！可以说，《史记》开创的纪传体的治史格局，在我的《吕氏春秋》中是初见端倪了。我的"十二纪"是以天时为纪的，而司马迁用来纪天子，在"天"字上算是相通了。我的"八览"所"览"的是天人之际，而司马迁的礼、乐、律、历、天官、封禅、河渠、平准八书主旨也是天人之间。我的"六论"纵论六国时事，以史实与史料见长，而司马迁的七十列传更加专注于人物故事，正如清代大学者包世臣在《艺舟双楫·摘钞韩吕二子题词》中所说："史公序述话言，如闻如见则入吕尤多。"这种"如闻如见"的治史风格，影响长达千百年。不过，请读者注意：章学诚在论《吕氏春秋》与《史记》之间的文脉相连时，点出了"则亦微有所以折衷之也"一语。这里说的微有"折衷"，指的是变通。司马迁是史学巨匠，在写作中对我的著作，他是"法"和"仿"，而不是照抄照搬，是一种创新，这也是他的高明处。

章学诚像

章学诚，清代史学家、文学家，倡导"六经皆史"，治经治史，皆有特色。所著《文史通义》（共9卷）是清中叶著名的学术理论著作。他认为《吕氏春秋》直接影响了司马迁《史记》的写作格局。

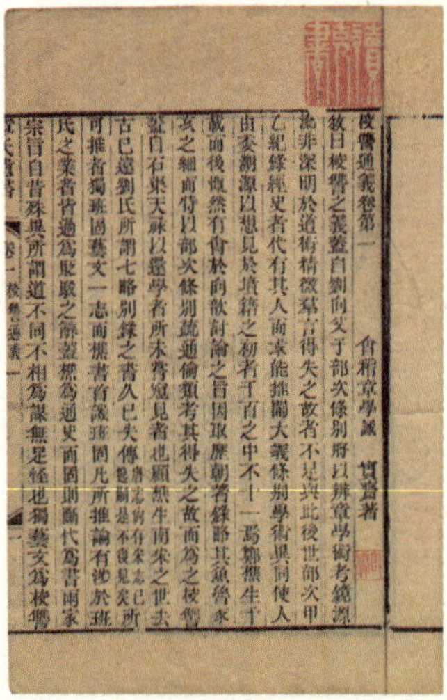

《校雠通义》书影

章学诚在《校雠通义》一书中肯定地说："吕氏之书，盖司马迁所取法也。"

您的思想对后世有很大的影响， 其中， 您在汉代的影响又超过了其他时代。汉初的无为而治政治， 汉代盛行的五行相生相克说， 从中都可以看到您的思想的影子。这些已经说得够多了， 我们这里不去论及。单是学术上对您的著作的充分肯定， 此时也可说达到了一个高峰。高度肯定您和《吕氏春秋》的代表人物， 是东汉的大学者高诱，他的那篇《< 吕氏春秋 > 序》可说是对您进行评析的代表作。他对《吕氏春秋》的注释也历来被认为是最权威的。先生， 您可否对高诱的序言及注本作一点分析?

吕答：高诱的注本和序言的权威性，两千多年来没有人怀疑过，不过，对其分析性的研究不太多。我在这里说四点：其一，高诱表彰了我的“集儒士”之功。士人们原先散居于民间，经我一“集”，他们的智能得到了充分的发挥。其二，高诱用了“备天地万物古今之事”一语，表彰了我所著《吕氏春秋》一书资料之丰富。从广度讲，《吕氏春秋》涉及到了天、地、人、农、工、商，从历史的纵深度讲，它上及黄帝时代，下逮六国时事，这些都是为战国诸子所不及的。其三，高诱明确道出了《吕氏春秋》一书的主旨：“此书所尚，以道德为标的，以无为为纲纪，以忠义为品式，以公方为检格”（高诱：《吕氏春秋序》）。这里有四层意思：“道德为标的”，确定了“以德治国”的方略；“以无为为纲纪”，讲的是政治模式，反对强暴政治；“以忠义为品式”，讲的是社会风貌，后来历代帝王强调的“以孝治天下”正是我这种观念的体现；“以公方为检格”，指的是我追求的终极目的，建立公平、方正的“大同世界”。其四，高诱对我的“杂”作了充分的肯定性评价。他说：“（吕氏）与孟轲、孙卿、淮南、扬雄相表里也。”

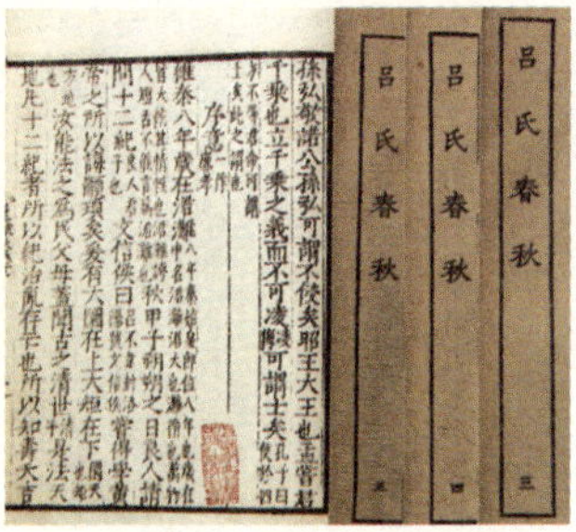

《吕氏春秋·序意》书影

《吕氏春秋·序意》：“维秦八年，岁在涒滩，……良人请问十二纪。”这就十分明确的告诉后人，该书成书于公元前 239 年（秦王嬴政 8 年）前后，这是先秦时期唯一的一部可考精确年代的子书。

《陈眉公全集》书影

忍，是一种涵养、宽容之心。明代陈继儒在《陈眉公全集》提出了“以忍为上”的主张，认为“小忍小益，大忍大益，暂忍暂益，久忍久益，半忍半益，全忍全益。”又说：“《百忍箴》者，真两藏之大总持，五伦之大药石也。忍之，忍之，又重忍之。”世间有许多宽容之说正是对《吕氏春秋》“孝行”说做了完美的诠释。

在两汉以后漫长的千年中，您及《吕氏春秋》几被历史厚重的尘埃所淹没，没有多少人再提及您和您的书。这也是历史使然。当“家天下”的格局相沿成习，统治者是再也不会喜欢有人在耳边说什么“天下，天下之天下”的。请问您：在这段悠长的历史里，《吕氏春秋》的影响是否绝迹了呢？

吕答：不可能，不可能。凡是有价值的思想，它即使倍受压抑，还是会如地火般在黑暗中穿行，不可能真正绝迹于世间。西晋时有个著名思想家傅玄，著有《傅子》一百二十卷。他在《傅子·通志》中说：“夫有公心，必有公道；有公道，必有公制。丹朱、商均，子也，不肖，尧舜黜之；管叔、蔡叔，弟也，为恶，周公诛之。苟不善，虽子弟不赦，则于天下无所私矣。”有趣的是，作者没有点出这些思想的出处，但是，明眼人一下就能看出，这是脱胎于我的“昔先圣王之治天下也必先公”(《吕氏春秋·贵公》)的说法的，丹朱、商均的例证，也可看成是我的“尧有子十人，不与其子而授舜；舜有子九人，不与其子而授禹，至公也”(《吕氏春秋·去私》)说法的复写。运用我的某些思想而不点出我的名的事例，可说是司空见惯，不胜枚举。

《傅玄评传》（南京大学出版社）书影

傅玄，西晋初年的文学家、思想家，参与编写《魏书》。

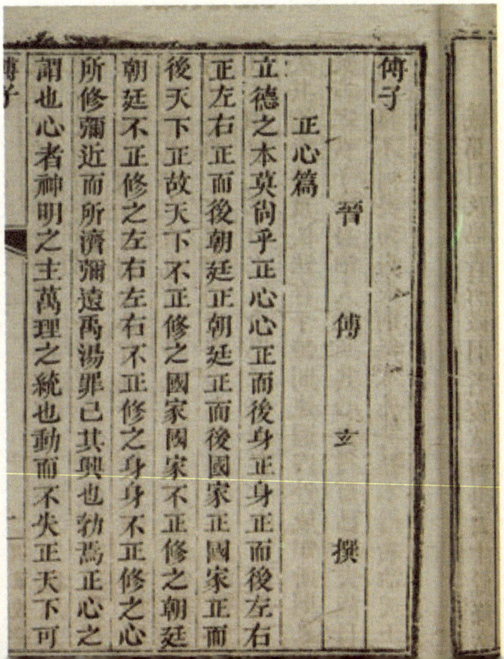
傅子

晉 傅玄 撰

正心篇

立德之本莫尚乎正心心正而後身正身正而後左右正左右正而後朝廷正朝廷正而後國家正國家正而後天下正故天下不正修之國家國家不正修之朝廷朝廷不正修之左右左右不正修之身身不正修之心所修彌近而所濟彌遠禹湯罪己其興也勃焉正心之謂也心者神明之主萬理之統也動而不失正天下可

《傅子》书影

明代中后期到清代，研究学习《吕氏春秋》的作品有 80 多种，这是中国历史上研究《吕氏春秋》的又一个高潮。在这段时间里，对《吕氏春秋》的研究是全方位的，多视角的。明代的汪一鸾对您作了高度评价，首次指出您“遍采诸家之文”这个大课题。清汪中在《吕氏春秋序》（原注：代毕尚书作）中则说：“（吕不韦）一意采奇词奥旨，可喜可观，庶几乎立言不朽者矣。”称其“立言不朽”，这就不仅是对其语言的赞赏，还有对《吕氏春秋》思想内容作了极大的肯定。请问，您的学说在“冷”了千年以后，为何此时又“热”起来了呢？

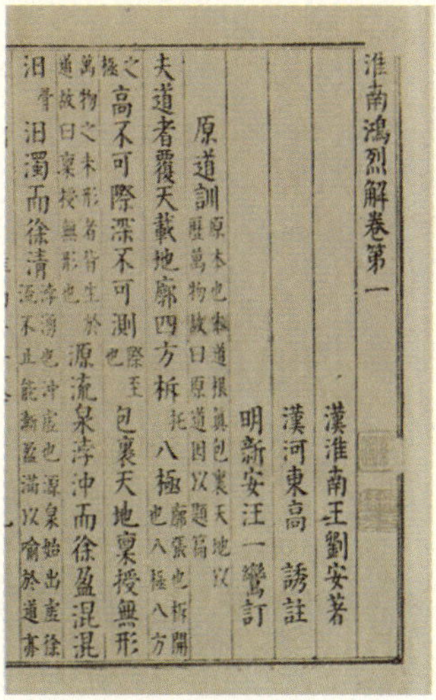
淮南鴻烈解卷第一
漢淮南王劉安著
漢河東高　誘註
明新安汪一鸞訂
原道訓 原本也本道根真包裹天地以歷萬物故曰原道因以題篇
夫道者覆天載地廓四方柝八極
高不可際深不可測
包裹天地稟授無形
源流泉浡沖而徐盈混混汩汩濁而徐清

汪一鸾作品书影

明代的汪一鸾在《重订<吕氏春秋>》中大赞其文风之善：“《吕氏春秋》其文则神奇而不吊诡，浩荡而不谬悠，峻杰而不凌兢，婉约而不懦缓，舍弘而不庞杂”，最后归结为“独造而不偏枯，遍采诸家之文而斧凿之。”

吕答：这真可谓时运也。一种学说的兴盛与衰亡，不完全取决于学说本身，往往与时代的发展与走向相关联。明代中叶以后，直至清季，长期处于战乱频仍之中，内忧外患严重，这些都是封建末世的征兆。面对苦难和困顿，人们又想起了大讲治国之道的《吕氏春秋》。时代呼唤“德礼”，正如明代的方孝孺在《逊志斋集·读<吕氏春秋>》中高度赞许了我的德治精神和求实态度，他说：“（《吕氏春秋》）其书诚有足取者，其《节丧》、《安死》篇讥厚葬之弊，其《勿躬》言人君之要在任人，《用民》篇言刑罚不如德礼，《达郁》、《分职》篇皆尽君人之道，切中始皇之病。”《吕氏春秋》中提到的“刑罚不如德礼”这些政治课题，重又被时代提了出来。清代的章学诚是文史大家，他认为《吕氏春秋》直接影响了中国史学的格局，对中国文化具有奠基的意义。因此，此时“吕学”的复兴具有必然之势了。

方孝儒故里

近代的先进人物，除了向西方寻找真理外，同时也在自己国家的民族思想武库中寻找思想的解剖刀。《吕氏春秋》中的朴素的民主主义精华，此时也得到了中国先进分子的肯定和发挥。先生，您看这样理解可以吗？

吕答： 近代中国的先进分子，他们大多是中学和西学兼备的通才，他们在向西方世界寻找真理的同时，没有数典忘祖，因为他们清楚地知道，在自己的祖宗的思想里也有真理在，也有民主性的精华在。比如，谭嗣同说："君也者，为民办事者也。……事不办而易其人，亦天下通义也。"（《仁学》）康有为认为，所谓君者，"为众民之所公举，即为众民之所公用。"（《孟子微》）孙中山先生带领民众推翻了统治中国两千余年的封建专制制度，建立了共和国，他说："人人应该以服务为目的，不当以夺取为目的。""聪明人才力愈大者，当尽其能力而服千万人之务，造千万人之福。"（《三民主义》）他们都承认，这些观点是深受《吕氏春秋》中"天下非一人之天下，天下之天下也"，"圣王之治天下也，必先公"（《吕氏春秋·贵公》）、"凡君之得以立，出乎众也"（《吕氏春秋·用众》）思想的影响的。

孙中山像

孙中山，名孙文，字载之，号逸仙。中国近代民主主义革命的先行者，中华民国和中国国民党创始人，三民主义的倡导者。

谭嗣同像

谭嗣同，中国近代资产阶级著名的政治家、思想家，维新志士；1898 年变法失败后被杀，年仅三十三岁，为世称的"戊戌六君子"之一。

康有为像

康有为，近代著名政治家、思想家、社会改革家、书法家和学者，他信奉孔子的儒家学说，并致力于将儒家学说改造为可以适应现代社会的国教，曾担任孔教会会长。著有《康子篇》、《新学伪经考》等。

愈到近现代，人们愈对吕学的一个“杂”字感兴趣。当然，对这个“杂”字，人们的理解还是很不相同的。郭沫若先生以为：“《吕氏春秋》表现得就是‘杂’，谋篇布局杂乱无章，许多文章似乎放在什么地方都可以。”（《十批判书》）但也有人对“杂乱无章”说持否定态度。周云之、刘培育著的《先秦逻辑史》说：“《吕氏春秋》是我国历史上时间最早、规模宏大的一部有谨严体系的私人学术著作，是一部先秦时期的百科全书。”两种说法完全不同，先生，您认为哪种说法更接近实际？

《先秦逻辑史》（中国社会科学出版社出版）书影

吕答：我认为后者更符合实际。可以说，在我之前的所有学术大家，他们的书都还是单篇结构，谈不上有什么全书的框架结构，我的《吕氏春秋》是第一部有全书框架结构的著作。这一点，学界有不少人都提及了。我自以为，《吕氏春秋》不管十二纪、八览，还是六论，都是经过精心编排的。就拿十二纪来说吧，不只每纪的篇目相等，就是整个十二纪中的每篇文章也相当整齐。每一纪开篇都是“月令”，后面四篇文章围绕该月令进行发挥，或世情，或人事，或人际关系。“月令”是“天时”，后面四文讲“人和”，天人之际配合得多好！从单篇文章的结构看，也十分严密，有论点，有论据，有论证。论据充分，论点清晰，论证简约，每纪每篇都给人一个明白无误的主旨。把《吕氏春秋》看成是杂拼之作，完全是一种偏见。

刘汝霖《汉晋学术编年》、《东晋南北朝学术编年》书影

刘汝霖，当代学者，师从经学家、古文字学家吴承仕，著有《汉晋学术编年》、《东晋南北朝学术编年》等。他统计《吕氏春秋》一书中有发挥儒家学说的文章26篇，道家的17篇，墨家的10篇，法家的41篇，名家5篇，阴阳家2篇，纵横家10篇，农家4篇，小说家1篇，兵家16篇。（见《吕氏春秋之分析》收《古史辨》第六册）

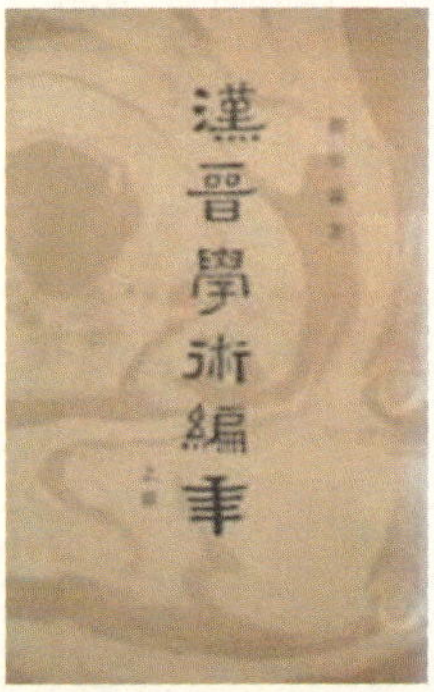

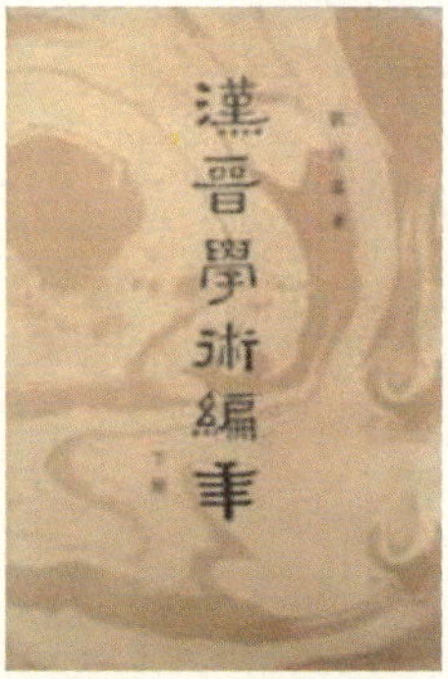

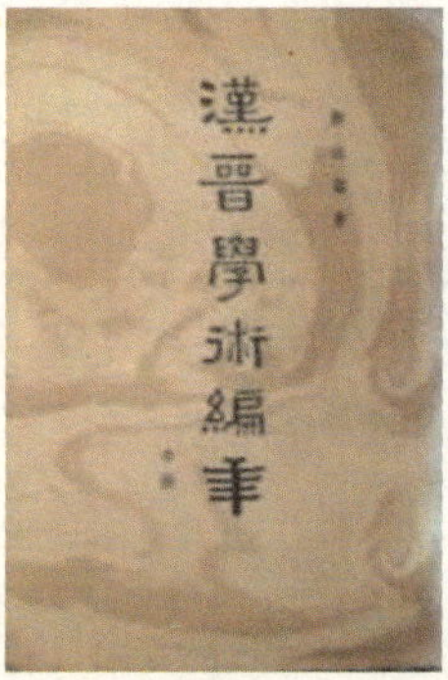

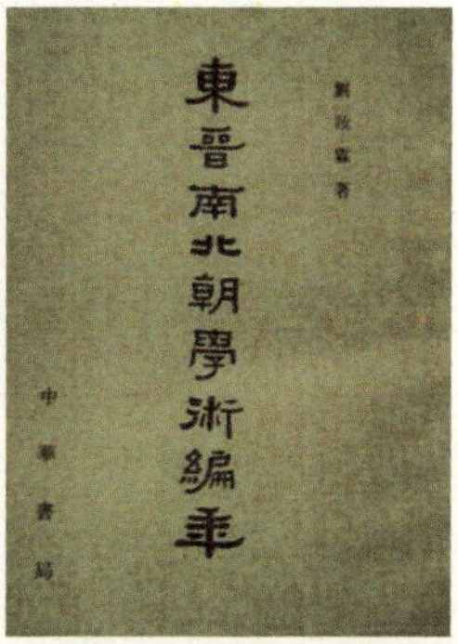

还有一些学者以为，《吕氏春秋》之“杂”表现为“诸子之说兼有之”（汪中：《<吕氏春秋>序》）还有一些学者为了证明“兼而有之”说，还精细地作过统计，说《吕氏春秋》中称引孔子、孟子、荀子、庄子都在八十次以上，其中孔子有77次，另有称引仲尼61次，共138次。称孟子的有81次，称荀子的有82次，称庄子的85次，称墨子的有68次，称韩非子的有37次，还有征引商子、管子、列子的。看，这不证明了“兼而有之”说是可以成立的吗？先生，您说呢？

吕答：以我看来，“兼而有之”说是符合实际的，但没有真正说到点子上，也没有触及到《吕氏春秋》的精微处。不错，《吕氏春秋》中有儒家的言词用语，有墨家的思想影子，也有道家的精神内涵，但是，这些东西一旦进入本书，立即被融化了，融为一体了。清代学者谭献说得好：“（吕氏）采庄、列之言，非庄、列之理；用韩非之说，非韩非之旨。”（《复堂日记》）我选取诸说，综合百家，一切都成了吕氏之学了。“兼而有之”说把问题简单化了。

孔子、孟子、荀子、庄子像

《四库全书总目提要》书影

《四库全书总目提要》列《吕氏春秋》于子目杂家类，认为其书“大抵以儒家为主，而参以道家、墨家，故多引六籍之文，与孔子、曾子之言”。

宋代有位大学者名叫高似孙，他在《子略》一书中认为："不韦乃极简册，攻笔墨，采精录异，成一家言。"话不多，但我们以为是说到了点子上了，好就好在"采精录异"四字。您吕不韦好似蜜蜂造蜜那样，从百花中"采精"，经过自我的消化吸收，形成只属于自我的"一家言"。先生，您说呢？

《吕氏春秋通论》书影

李家骧，当代学者。所著《吕氏春秋通论》（1995年岳麓书社），首次确认"吕学"学科。他在《〈吕氏春秋〉通论》一书中，对该书给予了极高的评价："《吕氏春秋》是先秦晚末采撷百家精英的集大成的巨制"，而吕不韦本人则是"杂家一流巨擘"。

吕答：对的。我是把各家的"异"笔录下来，把诸子的"精"采集起来，再进行冷静的比较、分析、消化、吸收，最后形成"一家言"。比如，《庄子·齐物论》中有"万不同"这一重要的观念，意思是世界上万物都是有其个性的，都是"不同"的。我把这一观念引入，并改造成"齐万不同"这一新命题。"万不同"强调的是不同，"齐万不同"强调的是异中又会有同。这样一改造，思想不就大大深化了吗？

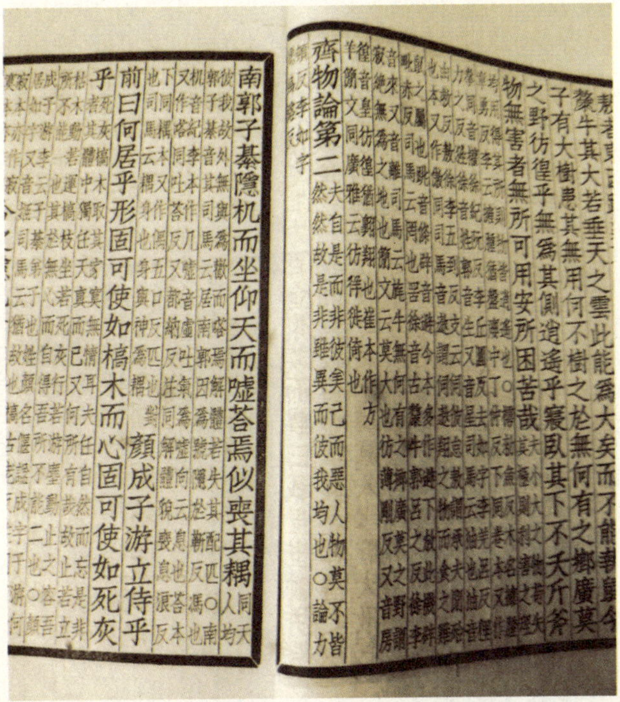
大若垂天之雲此能為大矣而不能執鼠今子有大樹患其無用何不樹之於無何有之鄉廣莫之野彷徨乎無為其側逍遙乎寢臥其下不夭斤斧物無害者無所可用安所困苦哉

齊物論第二

南郭子綦隱机而坐仰天而噓荅焉似喪其耦顏成子游立侍乎前曰何居乎形固可使如槁木而心固可使如死灰乎

《庄子·齐物论》书影

一四〇问

我们发现，春秋战国时期的诸子百家，他们为了证明自己观点的正确，常常要大骂对方，说穿了，他们取的是“大批判”的形式。尤其是儒墨两大家，攻击对方到不遗余力的地步，最后竟发展到人身攻击。孟子不是骂墨子是“无君无父”的“禽兽”吗？唯有您对各家各派都取宽容的态度，冷静分析、认真吸收的态度。是不是这样？

吕不韦

吕答：的确，我在引述诸子学说时，从来没有谩骂过什么人。因为我知道，对任何学说，仅凭骂是骂不倒的。让事实说话，让历史证明，才是最有说服力的。我坚信这样的原则：“上揆之天，下验之地，中审之人，若此则是非可不可无所遁矣。”（《吕氏春秋·序意》）我的意思是：向上度量于天，向下验证于地，中间审察于人，那么，是与非、可与不可，就自然显而易见了。是非是客观的，它得由自然来度量、验证、审察，既然如此，用得着骂这骂那吗？我在《吕氏春秋·用众》中说：“物固莫不有长，莫不有短，人亦然。故善学者，假人之长以补其短。”这里讲的人的短长，学派当然也如此了。

孟子自刻为母殉葬石像（孟母墓里出土）。

《吕氏春秋·用众》书影

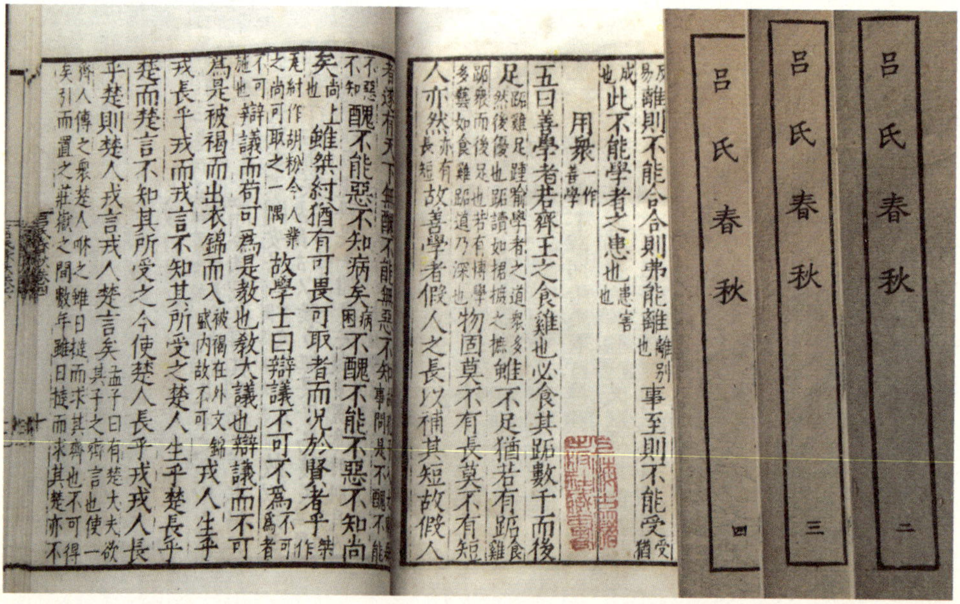

在您的身后千年，有位大学者，名为司马光。他主持编纂了部传世之作，叫做《资治通鉴》。有学者认为，从本质上论，您著的《吕氏春秋》一书就是最早的一部“资治通鉴”。陈义烈在《<吕氏春秋>多元化的思想内容》中说：“从政治角度看，《吕氏春秋》像一部《资治通鉴》，它综合百家九流，畅论古今天地人物，在许多方面有精辟的见解。”您以为这样的评述中肯吗？

吕答： 这种评说有一定道理。司马光的《资治通鉴》使当时的皇上感到“荒坠颠危，可见前车之失；乱贼奸宄，厥有履霜之渐”（《<资治通鉴>序》），而我的《吕氏春秋》，是为“诲”秦王嬴政而作，也有“鉴前车之失”的含义。不过，我自以为立意要比后世的《资治通鉴》高远得多。我是从“天下，非一人之天下，天下之天下也”出发，谋求建立一个“天下为公”的大同世界。我把希望托于秦王，也寄托于民众，这是后世《资治通鉴》的作者做不到的。

司马光像

司马光，北宋政治家、文学家、史学家，历仕仁宗、英宗、神宗、哲宗四朝。主持编纂了中国历史上第一部编年体通史《资治通鉴》。他尽管持儒家保守态度，但对吕不韦的大一统思想作了充分的肯定。

《资治通鉴》书影

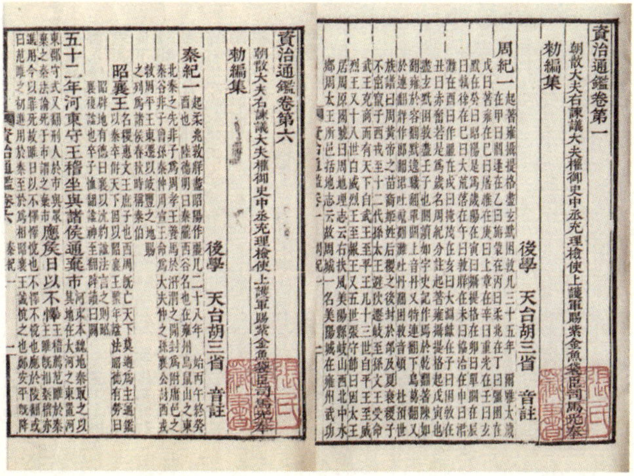

在春秋战国的数百年间，一面是百家争鸣，一面又是百家综合。先是孟子称孔子为“集大成者”，后来又有人称荀子为“集大成者”，再后来人们又称韩非子为“集大成者”，最后这个头衔落到了您的头上。学者孙以楷、刘慕方说：“《吕氏春秋》作为先秦最后一部不朽巨著，它通过对先秦诸子学说的全面整理继承，构建了一个庞大的集大成的理论体系，这是秦国统一天下的理论要求，它的结构体系及其观点、方法，支配中国人思维方式达两千年之久。”（《<吕氏春秋>——先秦诸子的集大成》）听了这个评价，您一定会很高兴吧？

吕答：我当然高兴。我的高兴不是出于虚荣，而是因为“集大成”的说法大致上反映了事实的真相。应当说，凡是杂家，总是选取诸说，综合百家的。我的过人之处可能是杂取的面特别广。我在《不二》篇中，说到“老聃贵柔，孔子贵仁，墨翟贵廉，关尹贵清，子列子贵虚，陈骈贵齐，阳生贵己，孙膑贵势，王廖贵先，倪良贵后，此十人者，皆天下之豪士也。”这里有道家、儒家、墨家、名家、兵家、阴阳家、法家、农家，这些豪士都是我“集大成”的对象。其实还不止，我的“杂”取面还要广得多。徐时栋在《吕氏春秋杂记序》中说：“考其征引神农之教，黄帝之诲，尧之戒，舜之诗，后稷之书，伊尹之说，夏之鼎，商、周之箴，三代以来礼乐刑政，以至春秋、战国之法令，《易》《书》《诗》《礼》《孝经》，周公、孔子、曾子、子贡、子思之言，以及列、老、庄、文子、子华子、季子、李子、魏公子牟、惠施、慎到、宁越、陈骈、孙膑、墨翟、公孙龙之书，上志故记，歌颂谣谚，其捃摭也博，故其言也杂，然而其说多醇而少疵。”说我“集大成”，应该说是一点也不夸张的。

《古书的真伪及其年代》书影

梁启超在《古书的真伪及其年代》书中说，《吕氏春秋》这部书经过两千多年的流传而没有残缺和窜乱，且有高诱的注，实属古书之中最完好和最易读的先秦诸子“集大成书”。

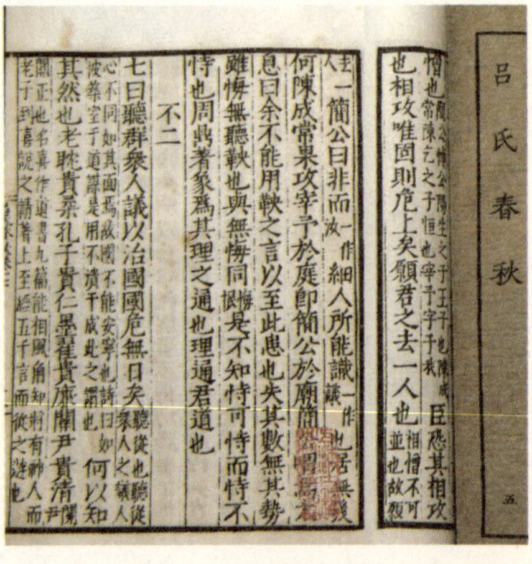
吕氏春秋
臣恐其相攻
也相攻唯固則危上矣願君之去一人也
何陳成常果攻宰予於庭即簡公於廟簡公喟焉太
息曰余不能用鞅之言以至此患也失其數無其勢
雖悔無聽鞅也與無悔同是不知恃可恃而恃不
恃也周鼎著象為其理之通也理通君道也
不二
聽群衆人議以治國國危無日矣
其然也老耽貴柔孔子貴仁墨翟貴廉關尹貴清

《吕氏春秋·不二》书影

每个民族的文化，都是有它自我所特有的性格特征的。有学者认为：“我们说中国传统文化是儒家文化，应该理解为：它是既以儒家思想为主导，同时又是不断地融合其他思想的文化。换言之，中国的传统文化，是具有杂家性格的儒家文化。可名之为：以佛治心，以道治身，以儒治国。”（刘元彦：《<吕氏春秋>：兼容并蓄的杂家》）这段话，能否推导出这样的结论：您是中国杂家性格传统文化的最早奠基者？

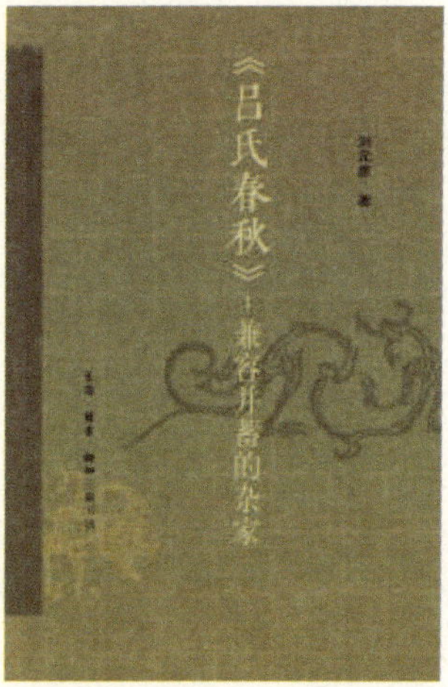

《<吕氏春秋>：兼容并蓄的杂家》（生活·读书·新知三联书店）书影

学者刘元彦在《<吕氏春秋>：兼容并蓄的杂家》一书中确认《吕氏春秋》清楚地反映了中华文化兼容并蓄、博采众长的特点，而且随着时代的发展，这一特点越来越被人们所认同。

吕答：我认为，这样说大致上没什么错。但是，如果精细一点的话，应该说我是中国具有杂家性格的传统文化的奠基者之一。孔子、墨子、老子、庄子、孟子、荀子、韩非子，他们对当时的文化都作了一定程度上的综合，都可说是中国杂家性格文化的最早奠基者。在我之后，这种文化的“杂化”更明显，更加剧：有儒与道之间的杂化，有儒与法之间的杂化，还有中华本土文化与外来的佛性文化之间的杂化。其实，“杂化”就是融合，这是文化发展的必然趋势。文化“单一化”是不可能的，文化从诞生之始就产生了交流和融合。《易经》称：“观乎天文以察时变，观乎人文以化成天下。”后世的《大学或问》对此也有阐述。从两千年的文化交流和融合的长河来看，我只是其中的涓涓细流。

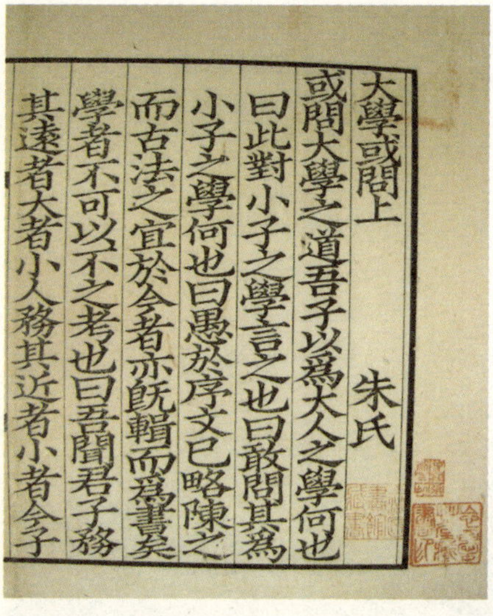
大學或問上　朱氏
或問大學之道吾子以爲大人之學何也
曰此對小子之學言之也曰敢問其爲
小子之學何也曰愚於序文已略陳之
而古法之宜於今者亦旣輯而爲書矣
學者不可以不之考也曰吾聞君子務
其遠者大者小人務其近者小者今子

《大学或问上》（宋刻本，现存上海图书馆）书影

讨论得够多了，这里想录上一段学者的话作为归结。刘元彦先生在《< 吕氏春秋 >: 兼容并蓄的杂家》一书中说:“秦王朝一共只维持了十五年，可称秦始皇为‘胜利的失败者’。反之，吕不韦虽然失败，被迫自杀，但《吕氏春秋》的主张，却在西汉初基本实现，而且被后世所重视，真可称为‘失败的胜利者’。为何他能成为‘失败的胜利者’呢？原因就在于他能兼容并蓄、博采众长。这是符合社会发展需要的。《吕氏春秋》清楚地反映了它的这一特点。而且随着时代的发展，这一特点越来越被人们所认同。”您喜欢这段话所表达的情怀吗？

吕答：喜欢，我很喜欢这段话。那倒不全是因为这段话是为我而发的，而是因为它体现了人生普遍的两种情状：一种是“胜利的失败者”，另一种是“失败的胜利者”。说秦始皇是“胜利的失败者”，这种说法不全面，因为他在建立中央集权的大帝国上，也是胜利者，但他搞极权政治，搞传子“万世”上，的确是失败者。至于我，当时是凄然辞世，不得善终，而我的“天下，非一人之天下”(《吕氏春秋·贵公》)的学说，却“活”下来了，我的“天下大同”成了人们心头永远的梦，在这点上，我的确又是胜利者。老子有言：“死而不亡者寿。”(《老子·三十三章》)我死了那么多年，人们没有忘记我，我真成了不死的寿者了。这是我高兴的事！

秦始皇像

（刘旦宅为郭志坤所著《秦始皇大传》绘）

吕不韦墓

后　记

为了提高国民的文化自觉和文化自信，为建设社会主义文化强国添一块砖、加一片瓦，我们花费了数年时间编纂了这套定名为“提问诸子”的丛书。我们的人手不多，写作这样大部头的书稿实在有点勉为其难。好在大家都有决心，齐心协力地干，几易其稿，现在终于可以面世了。

有朋友看了样稿后赞道，这是对国学精当的阐释和大胆的浅化。这当然是同道的过誉和奖掖，对我们来说实不敢当。国学博大精深，涵盖了中国固有的文化和学术，除我们涉及的子学外，还包括医学、戏剧、书画、星相、数术等方面的传统文化。若以学科分，应分为哲学、史学、宗教学、文学、礼俗学、考据学、伦理学、版本学等，其中以儒家哲学为主流。若以思想分，先秦时期就有所谓的“诸子百家”，形成了儒家、道家、法家、墨家、兵家等思想体系。我们触及的只是整个国学中的冰山一角，岂敢以偏概全？所言“精当的阐释和大胆的浅化”，倒确是我们的初衷之所在。这个“子”那个“子”，历代统治者为了一己之利，早已把他们涂抹得面目走样了，为文化自觉和自信计，非得还其原本的真相不可。在“精当”两字上，我们确是花了不少气力的。至于浅化，那更是当务之急。“提高全民族文化素质，增强国家文化软实力”，应是国策。既然这是关乎“全民”、“国家”的事，岂有不浅化之理？

需要说明的是，本丛书靠的是集体的智慧和力量。除了笔者的努力外，丛书主编黄坤明先生在选题和框架构想的设定上功不可没。在编撰过程中，得到了国家图书馆、上海图书馆、中华书局、商务印书馆、人民出版社、上海人民出版社、上海古籍出版社，以及诸子故居所在地纪念馆及地方政府的支持，他们给我们提供了大量的珍贵资料和照片，也提出了许多可贵的意见。在编写过程中，我们采纳了张晓敏、江曾培、李国章、陈广蛟、秦志华等先生的许多真知灼见，有关编辑胡国友、刘寅春、李梅、李琳、贺寅、周俊、金燕峰、孙露露、王华、王凤珠等作了精到的修饰和校正，在图文合成中，得到了梁业礼、王轶颀、本本、曾初晓、卢鹏辉、卢斌等的帮助，倪培民教授为丛书简介作了英文翻译，在此一并致谢。

当然，由于作者学力有限，必有偏差、失当和粗疏之处，在此诚望方家好友不吝指教，以待重版时修正。书中的图片有的是请友人实地拍摄的，有的是购买或有关方面赠送的，在此表示谢意外，谅不一一注明了。还有极个别图片已多处使用，且署名不一，实难确定作者。有的图片虽经寻访，但仍然找不到原作者。日后这方面的工作如有所进展，定当按相关规定付以稿酬。

作者

2011 年 10 月 18 日